基于 OrCAD 的电子电路分析与实践教程

严文娟　贺国权　主编

西南交通大学出版社
·成都·

内 容 简 介

本书主要内容包括 OrCAD 10.5 软件的安装及启动，电路图绘制软件 Capture，电路的 PSpice A/D 分析，逻辑模拟和数模混合模拟，电路的 PSpice 高级分析，并介绍了 OrCAD/PSpice 在电路分析基础、模拟电子技术、高频电子线路和数字电子技术中的仿真应用实例分析。

本书可作为高等学校电子信息类、测控仪器类、电气信息类、自动化类及其他相近专业本科生电子电路 CAD 课程的教材，也可作为从事电子电路 CAD 的工程技术人员的参考资料。

图书在版编目（ＣＩＰ）数据

基于 OrCAD 的电子电路分析与实践教程/ 严文娟，贺国权主编. —成都：西南交通大学出版社，2011.9（2023.8 重印）
ISBN 978-7-5643-1408-8

Ⅰ.①基… Ⅱ.①严… ②贺… Ⅲ.①电子电路－电路分析：计算机辅助分析－应用软件，OrCAD 10.5－教材 Ⅳ.①TN710

中国版本图书馆 CIP 数据核字（2011）第 185707 号

基于 OrCAD 的电子电路分析与实践教程

严文娟　贺国权　主编

*

责任编辑　李芳芳
特邀编辑　胡芬蓉
封面设计　何东琳设计工作室

西南交通大学出版社出版发行

四川省成都市二环路北一段 111 号西南交通大学创新大厦 21 楼
邮政编码：610031　　发行部电话：028-87600564
http://www.xnjdcbs.com

成都蜀通印务有限责任公司印刷

*

成品尺寸：185 mm×260 mm　　印张：13.25
字数：331 千字
2011 年 9 月第 1 版　　2023 年 8 月第 4 次印刷
ISBN 978-7-5643-1408-8
定价：29.00 元

图书如有印装质量问题　本社负责退换
版权所有　盗版必究　举报电话：028-87600562

前　言

电子电路 CAD 是电子电路分析和设计人员必须具备的基本技能，也是高等院校电子信息、测控技术、通信工程和自动化等相关专业的必修课程。OrCAD 10.5 软件是 Cadence 公司 2005 年 7 月推出的产品，集成了电原理图绘制、印制电路板设计、电路模拟仿真等功能，其功能强大，集成度高，应用广泛。本书主要介绍 Capture 和 PSpice 软件的使用，其特点是结合电路分析基础、模拟电子技术、高频电子线路和数字电子技术的电路进行了仿真分析，为后续运用电子电路 CAD 技术进行课程设计、毕业设计等工作奠定基础。

本书共 6 章，第 1 章介绍了电子设计自动化（EDA）的发展、特点、OrCAD 10.5 软件的安装及启动；第 2 章介绍了电路绘制软件 Capture 以及电路图的绘制；第 3 章详细介绍了 PSpice A/D 以及电路的仿真分析；第 4 章介绍了逻辑模拟和数模混合模拟；第 5 章介绍了电路的高级分析；第 6 章主要列举了 PSpice 在电路分析基础、模拟电子技术、高频电子线路和数字电子技术中的仿真应用实例分析。

本书第 2、3、4、5 章由严文娟编写，第 1 章和第 6 章由贺国权编写，附录由严文娟和贺国权共同编写，全书由贺国权统稿。

由于编者水平有限，书中难免存在疏漏之处，恳请读者批评指正。

作　者
2011 年 6 月

目　录

第1章　绪　论 ··· 1
1.1　电子电路 CAD 和 EDA 技术 ··· 1
1.2　电子电路 CAD 软件 OrCAD ··· 2
1.3　OrCAD 的安装 ·· 8
1.4　OrCAD 的启动 ·· 18

第2章　电路绘制软件 Capture ·· 19
2.1　OrCAD/Capture 绘图模块 ··· 19
2.2　Capture 绘图环境的设置 ·· 26
2.3　电路元件的放置 ·· 26
2.4　连线与节点的放置 ··· 30
2.5　电路图的编辑修改 ··· 31
2.6　网络名称（Place Net Name） ··· 39
2.7　电路图绘制实例 ·· 41
2.8　原理图的显示和打印输出 ··· 42

第3章　PSpice A/D 分析 ·· 46
3.1　电路模拟分析的基本过程 ··· 46
3.2　直流工作点分析 ·· 49
3.3　直流特性扫描分析 ··· 54
3.4　交流特性分析 ·· 62
3.5　瞬态特性分析 ·· 69
3.6　参数扫描分析 ·· 75
3.7　温度分析 ·· 79
3.8　蒙特卡罗分析 ·· 80
3.9　最坏情况分析 ·· 87
3.10　电路性能分析 ··· 91
3.11　初始偏置条件的设置 ··· 95
3.12　输出标识符 ·· 97

第4章　逻辑模拟和数模混合模拟 ·· 99
4.1　概　述 ··· 99
4.2　逻辑模拟 ·· 101
4.3　数/模混合电路的模拟 ··· 110

第 5 章 电路的高级分析 ································· 111
5.1 PSpice AA ································· 111
5.2 灵敏度分析 ································· 113
5.3 电路的优化设计 ································· 123
5.4 蒙特卡罗分析 ································· 131
5.5 热电应力分析 ································· 138
5.6 参数测绘仪参数扫描分析 ································· 142

第 6 章 PSpice 综合应用及举例 ································· 150
6.1 PSpice 在电路分析基础中的应用 ································· 150
6.2 PSpice 在模拟电子技术中的应用 ································· 159
6.3 PSpice 在高频电子线路中的应用 ································· 176
6.4 PSpice 在数字电子技术中的应用 ································· 186

附录 A 三极管的 PSpice 模型参数 ································· 196

附录 B 部分常用 PSpice A/D 菜单命令及功能 ································· 199

附录 C PSpice A/D 中常用的测量表达式 ································· 201

附录 D 元器件的 Smoke 参数表 ································· 202

参考文献 ································· 206

第1章 绪 论

本章在介绍了计算机辅助设计和电子设计自动化基本概念的基础上,分析了电子电路 CAD 软件 OrCAD 的功能特点、发展和运行时的有关规则,并对该软件的安装步骤进行了介绍。

1.1 电子电路 CAD 和 EDA 技术

1.1.1 CAD 和 EDA

现代电子产品在性能提高、复杂度增加的同时,价格却一直呈下降趋势,而且产品更新换代的步伐也越来越快,实现这种进步的主要原因是生产制造技术和电子设计技术的发展,前者以微细加工技术为代表,目前已进展到深亚微米阶段,可以在几平方厘米的芯片上集成数千万个晶体管;后者的核心就是 EDA(Electronic Design Automatic)技术,EDA 是指以计算机为工作平台,融合了应用电子技术、计算机技术、智能化技术最新成果研制成的电子 CAD 通用软件包,主要用来辅助进行 IC 设计、电子电路设计以及 PCB 设计方面的工作。没有 EDA 技术的支持,想要完成上述超大规模集成电路的设计制造是不可想象的,反过来,生产制造技术的不断进步又必将对 EDA 技术提出新的要求。

EDA 技术可分为以下三个阶段:

(1) 20 世纪 70 年代为 CAD 阶段。这一阶段人们开始用计算机辅助进行 IC 版图编辑和 PCB 布局布线,取代了手工操作,产生了计算机辅助设计的概念。

(2) 20 世纪 80 年代为 CAE 阶段。与 CAD 相比,除了纯粹的图形绘制功能外,又增加了电路功能设计和结构设计,并且通过电气连接网络表将两者结合在一起,以实现工程设计,这就是计算机辅助工程的概念。CAE 的主要功能是原理图输入、逻辑仿真、电路分析、自动布局布线、PCB 后分析。

(3) 20 世纪 90 年代为 EDA 阶段。尽管 CAD/CAE 技术取得了巨大的成功,但并没有使人们从繁重的设计工作中彻底解放出来,在整个设计过程中,自动化和智能化程度还不高,各种 EDA 软件界面千差万别,学习、使用起来困难,而且互不兼容,直接影响到设计环节间的衔接。基于以上不足,人们开始追求贯彻整个设计过程的自动化,这就是 EDA 即电子系统设计自动化。

1.1.2 EDA 技术的优点

(1) 缩短设计周期。采用 EDA 技术,用计算机模拟代替搭接试验电路的方法,可以减轻设计方案验证阶段的工作量。一些自动化设计软件的出现，更极大地加速了设计进程。另外，在设计印制电路板时，目前也有不少具有自动布局布线和后处理功能的印制电路板设计软件可供采用，它们将人们从烦琐的纯手工式布线中解放出来，进一步缩短了设计周期。

（2）节省设计费用。搭接试验电路费用高、效率低。采用计算机进行模拟验证可以减少研制费用。特别需要指出的是，随着微机的迅速发展和普及以及微机级 EDA 软件水平的不断提高，就可以在计算机硬件投资要求不大、EDA 软件费用也不太高的前提下，促进 EDA 技术的推广使用。

（3）提高设计质量。传统的手工设计方法采用简化电路及元器件模型进行电路特性的估算，通过搭接实验电路板的方式进行验证，很难进行多种方案的比较，更难以进行灵敏度分析、容差分析、成品率模拟、最坏情况分析和优化设计等。采用 EDA 技术则可以采用较精确的模型来计算电路特性，而且很容易实现上述各种分析。这样就可以在节省设计费用的同时提高设计质量。

（4）共享设计资源。在 EDA 系统中，成熟的单元设计及各种模型和模型参数均存放在数据库文件中，用户可直接分享这些设计资源。特别是对数据库内容进行修改或增添新内容后，用户可以及时利用这些最新的结果。

（5）很强的数据处理能力。由于计算机具有存储量大、数据处理能力强的特点，在完成电路设计任务后，可方便地生成各种需要的数据文件和报表文件。

1.2　电子电路 CAD 软件 OrCAD

OrCAD软件是Cadence Design Systems Inc.推出的EDA软件。Cadence Design Systems Inc.是全球最大的电子设计自动化公司，它的电子设计自动化（EDA）软件在全球计算机、通信、航空航天及民用消费电子的设计、研发部门中获得越来越多的应用。OrCAD系统是其旗舰产品，目前最新的版本已经发展到OrCAD 16.6。

本书主要介绍OrCAD 10.5，它是Cadence Design Systems Inc.在2005年7月推出的产品。

OrCAD 10.5 是一套完善的 EDA 系统，它包括了 OrCAD Capture 10.5、PSpice 10.5、OrCAD Layout 10.5 和 OrCAD PCB Designer (OrCAD PCB Designer with PSpice)等几大模块，无缝隙地实现电子电路设计自动化的全过程。

Cadence OrCAD Capture是一款多功能的PCB原理图输入工具。OrCAD Capture作为行业标准的PCB原理图输入方式，是当今世界最流行的原理图输入工具之一，具有简单直观的用户设计界面。Capture CIS是OrCAD Capture原理图输入系统中的一个高级版本，OrCAD Capture CIS具有功能强大的元件信息系统，可以在线和集中管理元件数据库，它允许一个团队人员共享或重复使用集中的元器件信息，从而大幅提升电路设计的效率。OrCAD Capture提供了完整的、可调整的原理图设计方法，能够有效应用于PCB的设计创建、管理和重用。将原理图设计技术和PCB布局布线技术相结合，OrCAD能够帮助设计师从一开始就抓住设计意图。不管是用于设计模拟电路、复杂的PCB、FPGA和CPLD、PCB改版的原理图修改，还是用于设计层次模块，OrCAD Capture都能为设计师提供快速的设计输入工具。此外，OrCAD Capture原理图输入技术让设计师可以随时输入、修改和检验PCB设计。

PSpice将行业领先的模拟和数模混合信号仿真技术相结合，为客户提供了一整套完整的电路仿真、验证解决方案。其先进的性能可以使它"作假设推断"分析，允许工程师在交付最终设计之前探索各种设计配置。PSpice的这种强大的、鲁棒的仿真引擎容易同OrCAD Capture设计实体和HDL Schematic Capture等集成。它允许工程师建立一个新设计、控制仿真和解释在一个信号环境中的结果。PSpice产品主要包括：PSpice、PSpice A/D和PSpice Advanced Analysis Option。

（1）PSpice。

PSpice是一种全功能仿真器，用于各种模拟电路设计。PSpice完善的内部模块允许工程师仿真从高频系统到低功率IC的各种电路，利用其可扩展的模型库来创建现场可用的部件或为新的设备建立模型。允许在提交最终设计之前，用"作假设推断"来全面探索设计中的相关情况。

（2）PSpice A/D。

PSpice A/D是一种复杂的模/数混合电路仿真器，是PSpice的一种功能超集模块，允许仿真包括了任何尺寸的模拟和数字部分的模/数混合电路设计。该模块包括了从IGBT和脉宽调制器到DAC和ADC电路的各种仿真，可以从同一个窗口、在同一时间轴上观察到模拟和数字部分的仿真结果。

（3）PSpice Advanced Analysis。

PSpice Advanced Analysis是来自Cadence的一种新的产品，其特色技术能适应来自Analog Workbench的产品。作为PSpice或PSpice A/D的一种增加选项，PSpice Advanced Analysis可以帮助设计师提高成本效益和设计可靠性。

OrCAD Layout是PCB设计工具。从单块电路板到复杂、多层的设计，OrCAD Layout提供了一个协调一致的全面的解决方案。它紧密地集成原理图设计系统OrCAD Capture、Capture CIS以及SPECCTRA全自动布线器，强有力的功能工具为设计师设计PCB提供了方便。

以上仅介绍了OrCAD 10.5版本的几个主要模块，其他模块的相关知识可参阅OrCAD 10.5帮助文件。

OrCAD常用文档类型如下：

- *.opj——项目管理文件；
- *.dsn——电路图文件；
- *.olb——图形符号库文件；
- *.lib——仿真模型描述库文件；
- *.mnl——网络表文件；
- *.max——电路板文件；
- *.tch——技术档文件；
- *.gbt——光绘文件；
- *.llb——PCB 封装库文件；
- *.log *.lis——记录说明文件；
- *.tpl——板框文件；
- *.sf——策略档文件（OrCAD 软件包含的库）。

PSpice可以对众多元器件构成的电路进行仿真分析。这些元器件以符号、模型和封装三种形式分别存放在扩展名为olb、lib、llb三种类型的库文件中。*.olb库（Capture专用的图形符号库）中的元器件符号用于绘制电路图，该类库属于只有电气特性而没有仿真特性的库，且器件属性中没有PSpiceTemplate属性；*.lib库（PSpice仿真库）中的元器件模型用于电路仿真分析，该类库中的元器件能够利用PSpice进行仿真分析，且器件属性中有PSpiceTemplate属性；*.llb库（PCB Layout器件封装库）中的元器件封装形式用于绘制印刷电路板的版图，OrCAD Layout提供3 000多个国际标准的器件封装。在电路仿真分析中只用到前两个库。

1.2.1 OrCAD软件的功能特点

OrCAD软件是集电路原理图绘制、印制电路板设计、模拟与数字电路混合模拟等功能于一体的电子电路CAD软件。它具有如下功能特点：

（1）高集成性。

将各模块软件集成在一个软件包中，实现信息的共享和自动交换，电路设计完成后，可以在同一个运行环境下直接调用OrCAD/PSpice软件，对电路进行模拟分析以及与印制板设计、软件 OrCAD/Layout 间的连接也非常方便，还具有设计变更的自动前向传递（Forward Annotating）、反向传递（Back Annotating）和信息的参照显示（Cross-Probing）。在 Capture 中对电路的修改，能自动传递到 PCB 设计中，在 PCB 设计时可将参考标识符、管脚和门交换、物理元件放置信息、设计约束等的变更反向传递到原理图中，还可以进行 CPLD/FPGA 的设计。

（2）模块化、层次化设计和按项目有效管理。

OrCAD软件提供了模块化和层次化设计的功能，可将整个电路按功能或特性分割成若干个子电路，先对每个子电路进行绘制和模拟，最后对整个电路进行模拟。

（3）强大的电路模拟和波形显示功能。

除支持基本的直流、交流和瞬态分析外，还可进行温度分析、参数扫描分析、蒙特卡罗分析和最坏情况分析；也可以进行模拟电路的分析，以及数字电路和数/模混合分析。

（4）丰富的元器件模型库和封装库及扩充功能。

OrCAD/Capture 软件的元器件库文件中包括 4 万多种常用的元器件符号，同时还包括有元器件的特性参数模型和封装信息。采用软件中提供的 Part Editor 模块，可以修改库文件中的图形符号或添加新的内容；还可以通过 Internet，从指定的数据库中查寻多达上百万个元器件的最新信息，将需要的元器件放入电路图或添加到库文件中。

（5）强大的电路印制板设计功能。

Layout Plus 模块同时支持手工布局/布线、自动布局/布线，可同时进行实时设计规则检查；可以智能化敷铜，能自动避开互连线、焊盘和过孔，不会形成没有连接的"孤岛"区或不希望的其他图形。

（6）具有与多种 EDA 和 CAD 应用软件交换数据的功能。

包括 Cadence 公司的 Allegro、SPECCTRA 以及 Protel、PADS、PCAD、Cadstar 等软件

都具有导入向导，可以方便地将其他系统生成的电路原理图、印制电路导入 Layout 环境中；可导出多达 30 种格式，用于所有的通用可编程器件和印制板布局工具，包括 EDIF、VHDL、Verilog、PSpice、Allegro、PowerPCB 和 PCAD 等软件。Hyperlynx 接口可方便地进行高速电路板的分析和模拟，包括进行布线前后的信号完整性分析。

（7）功能强大的机械接口和计算机辅助加工接口。

具有机械 CAD 系统接口，与 PRO/ENGINEER、SDRC、CATIA 和 Solid Edge 的数据双向交换；双向的 IDF 接口支持通过 PRO/ENGINEER 和 SDRC 机械 CAD 系统进行三维建模，允许双向交换机械数据、元器件布局等信息，生成三维轮廓图形；IPC-D-356 网络列表可以接口到后续的制作和测试设备上。

（8）软件的广泛适用性。

为了保证软件的广泛适用性，软件中提供了对不同习惯或标准的支持。

1.2.2 PSpice 软件的发展

用于模拟电路仿真的 SPICE（Simulation Program with Integrated Circuit Emphasis）软件，于 1972 年由美国加州大学伯克利分校的计算机辅助设计小组利用 FORTRAN 语言开发而成，主要用于大规模集成电路的计算机辅助设计。SPICE 的正式版 SPICE 2G 在 1975 年正式推出，但是该程序的运行环境至少为小型机。1985 年，加州大学伯克利分校用 C 语言对 SPICE 软件进行了改写，并由 MICROSIM 公司推出。1988 年 SPICE 被定为美国国家工业标准。与此同时，各种以 SPICE 为核心的商用模拟电路仿真软件，在 SPICE 的基础上做了大量实用化工作，从而使 SPICE 成为最为流行的电子电路仿真软件。

PSPICE 采用自由格式语言的 5.0 版本，自 20 世纪 80 年代以来在我国得到广泛应用，并且 6.0 版本开始引入图形界面。1998 年，著名的 EDA 商业软件开发商 OrCAD 公司与 MicroSim 公司正式合并，自此 MicroSim 公司的 PSpice 产品正式并入 OrCAD 公司的商业 EDA 系统中。不久之后，OrCAD 公司正式推出了 OrCAD PSpice Release 10.5，与传统的 SPICE 软件相比，PSpice 10.5 在三大方面实现了重大变革：第一，在对模拟电路进行直流、交流和瞬态等基本电路特性分析的基础上，实现了蒙特卡罗分析、最坏情况分析以及优化设计等较为复杂的电路特性分析；第二，不但能够对模拟电路进行仿真，而且能够对数字电路、数/模混合电路进行仿真；第三，集成度大大提高，电路图绘制完成后可直接进行电路仿真，并且可以随时分析观察仿真结果。目前，PSpice 软件的使用已经非常流行，在大学里，它是工科类学生必须掌握的分析与设计电路的工具；在公司里，它是产品从设计、实验到定型过程中不可缺少的设计工具。

1.2.3 运行 OrCAD/PSpice A/D 的有关规定

1. PSpice A/D 支持的元器件类型

PSpice A/D 支持的元器件符号、含义以及所属的库如表 1.2.1 所示。

表 1.2.1　常用元器件符号、含义以及所属的库

元件符号	含　义	所属的库
C	电　容	Analog
E	电压控制电压源	Analog
F	电流控制电流源	Analog
G	电压控制电流源	Analog
H	电流控制电压源	Analog
K_Linear	耦合系数	Analog
L	电　感	Analog
OPAMP	理想运算放大器	Analog
R	电　阻	Analog
XFRM_LINEAR	空心变压器	Analog
IAC	交流电流源（以频率为变量）	Source
IDC	直流电流源	Source
IEXP	指数电流源	Source
IPULSE	脉冲电流源	Source
IPWL	分段线性电流源	Source
IPWL_ENH	周期性分段线性电流源	Source
ISIN	正弦电流源（以时间为变量）	Source
VAC	交流电压源（以频率为变量）	Source
VDC	直流电压源	Source
VEXP	指数电压源	Source
VPULSE	脉冲电压源	Source
VPWL	分段线性电压源	Source
VPWL_ENH	周期性分段线性电压源	Source
VSIN	正弦电压源（以时间为变量）	Source
Sw_tClose	开关，于 t 时刻闭合	ANL_MISC
Sw_tOpen	开关，于 t 时刻打开	ANL_MISC
PARAM	设置元件参数为变量	SPECIAL

2. PSpice A/D 中的数字和单位

数字：在 PSpice A/D 中，数字采用通常的科学计数方式，即可以使用整数、小数和以 10 为底的指数。用指数表示时，字母 E 代表作为底数的 10。对于比较大或比较小的数字，还可以采用表 1.2.2 所示的比例因子。

表 1.2.2　PSpice A/D 中采用的比例因子

符　号	比例因子	符　号	比例因子
F（飞）	10^{-15}	M（毫）	10^{-3}
P（皮）	10^{-12}	K（千）	10^{+3}
N（纳）	10^{-9}	MEG（兆）	10^{+6}
U（微）	10^{-6}	G（吉）	10^{+9}
MIL（密尔）	25.4×10^{-6}	T（太）	10^{+12}

特别注意：

① 比例因子可用大写也可用小写，如 m 和 M 都表示 10^{-3}。而国标规定，m 表示 10^{-3}，M 表示 10^{+6}，我们通常的习惯也是这样。为了防止混淆，在该软件中用 MEG 表示 10^{+6}。这一点在使用时应特别小心。

② 比例因子只能用英文字母表示，如 10^{-6} 用 U 或 u 表示，而国标规定 10^{-6} 用 μ 表示。这一点在使用时也应注意，如电感量 $L = 1 \times 10^{-6}$ H，应写成 $L = 1$ uH（或 1 U）。

③ 我们习惯上表示电容为多少法（F）时可以省略单位，但 PSpice A/D 中的 F 是飞（10^{-15}），因此在表示电容值时，应注明其单位。

3. PSpice A/D 中的运算表达式和函数

常用函数的符号及含义如表 1.2.3 所示。

表 1.2.3　常用函数的符号及含义

函数符号	含　义
ABS(x)	x 的绝对值 |x|
ACOS(x)	x 的反余弦函数 arccos(x)，$-1.0 \leqslant x \leqslant +1.0$
ARCTAN(x)	x 的反正切函数 arctan(x)，结果单位为弧度
ASIN(x)	x 的反正弦函数 arcsin(x)，$-1.0 \leqslant x \leqslant +1.0$
ATAN(x)	反正切，arctan(x)
ATAN2(y, x)	(y/x)的反正切函数 arctan(y/x)
AVG(x)	平均值
COSH(x)	双曲余弦函数 cosh(x)，x 单位为弧度
COS(x)	余弦函数 cos(x)，x 单位为弧度
DDT(x)	x 对时间的导数，仅适用于瞬态特性分析
DB(x)	分贝，$20 \lg |x|$
EXP(x)	以 e 为底的指数函数，e^x
IF(t, x, y)	若 t 为"真"，结果为 x；若 t 为"假"，结果为 y

续表 1.2.3

函数符号	含 义
IMG(x)	x 的虚部,若 x 为实数,则 IMG(x)为 0
LIMIT(x, min, max)	若 x>max,结果为 max;若 x<min,结果为 min;其他情况,结果为 x
LOG(x)	自然对数,ln(x)
LOG10(x)	常用对数,lg(x)
M(x)	x 的幅值
MAX(x, y)	x,y 中的最大值
MIN(x, y)	x,y 中的最小值
P(x)	x 的相位
PWR(x, y)	x 绝对值的 y 次方,$\|x\|^y$
PWRS(x, y)	结果为 $+\|x\|^y$(若 x>0),或 $-\|x\|^y$(若 x<0)
R(x)	x 的实部
RMS(x)	有效值
SDT(x)	将 x 对时间积分,仅适用于瞬态特性分析
SGN(x)	若 x>0,结果为 1;若 x<0,结果为 -1;若 x=0,结果为 0。正负号函数
SIN(x)	正弦,sin(x)
SINH(x)	双曲正弦,x 单位为弧度
STP(x)	若 x>0,结果为 1;若 x<0,结果为 0
SQRT(x)	开平方 $x^{\frac{1}{2}}$
TAN(x)	正切,tan(x)
TANH(x)	双曲正切函数,th(x)

4. 电路图中的节点编号

① 由设计者设置的节点名称;
② 为电路端口符号确定的节点名称;
③ 用元器件的引出端作为节点号名称;
④ 用数字编排作为节点序号。

1.3 OrCAD 的安装

OrCAD 10.5 软件的安装步骤如下:

(1)打开光盘,一般有 Disk1 和 Disk2,打开 Disk1 双击"setup.exe"文件,会弹出如图 1.3.1 所示的准备安装界面,之后会出现许可证书认证界面,如图 1.3.2 所示。

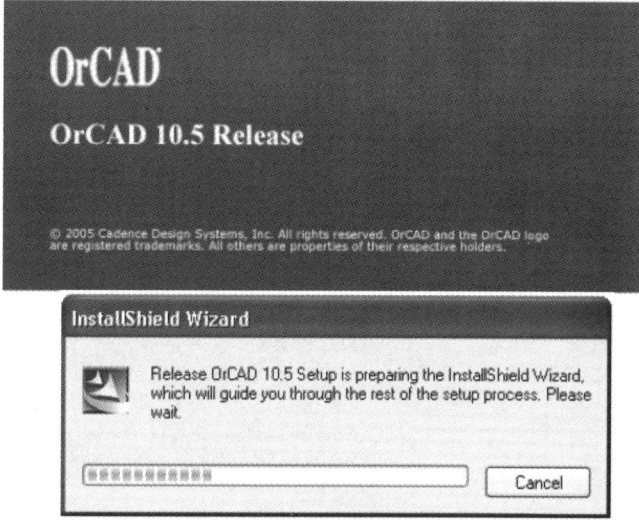

图 1.3.1 准备安装界面

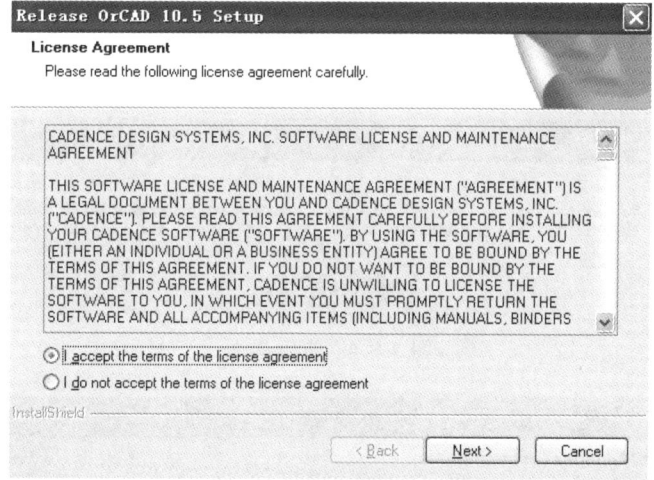

图 1.3.2 许可证书认证界面

（2）在图 1.3.2 中选择"I accept the terms of the license agreement"，点击"Next"按钮，系统正式开始安装程序。

（3）在弹出的如图 1.3.3 所示的安装界面中选择"Install Products"选项后，会出现如图 1.3.4 所示的提示界面，按提示关闭所有在运行的查杀病毒程序，关闭病毒防火墙，并单击图 1.3.4 中的"确定"按钮。

（4）在弹出的如图 1.3.5 所示的"License Manager Communication"对话框中，可选择性填写，也可不填，单击"Next"按钮，系统会弹出如图 1.3.6 所示的提示框，提示最后须将 License.dat 写入系统环境变量，以保证程序的正常运行。

（5）在弹出的如图 1.3.7 所示的用户信息对话框中，输入各用户信息后，点击"Next"按钮，会弹出如图 1.3.8 所示的用户信息确认界面，如果有错，点击"No"按钮，并返回上一步更改，否则点击"Yes"按钮。

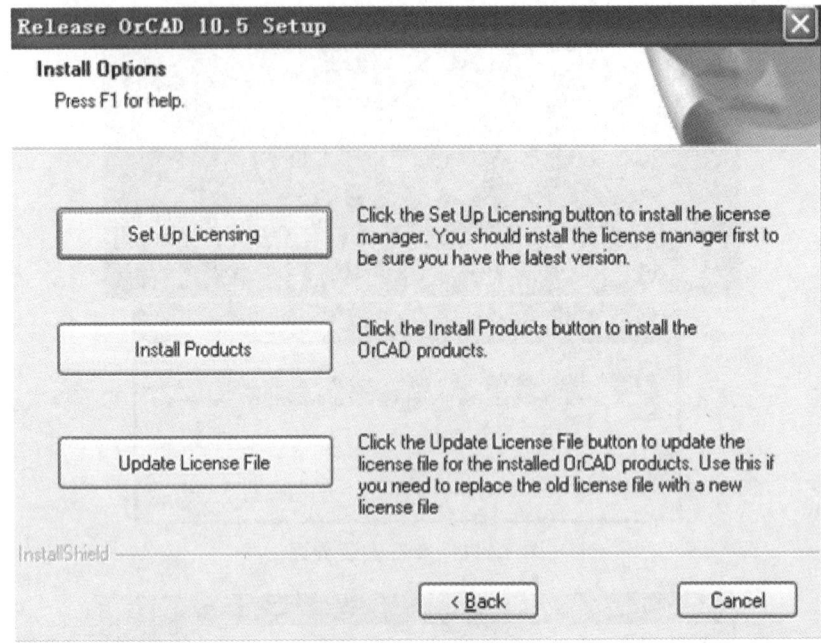

图 1.3.3 安装界面

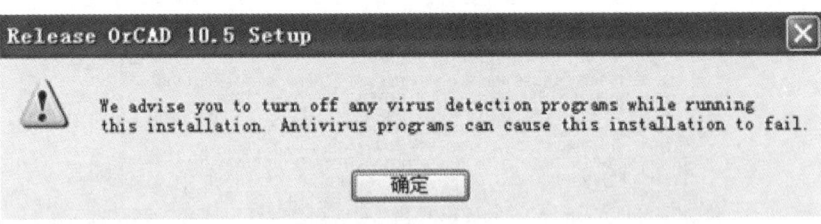

图 1.3.4 提示界面

图 1.3.5 License Manager Communication 对话框

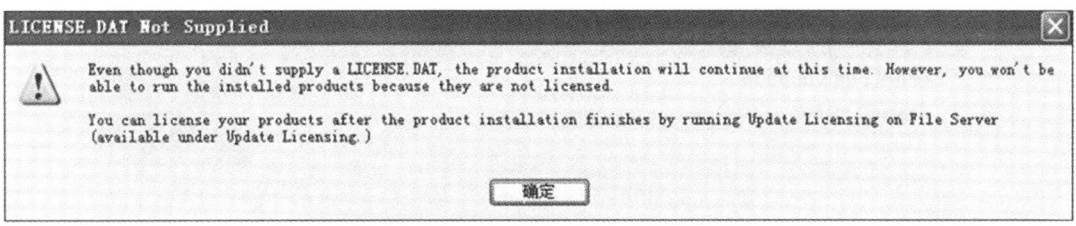

图 1.3.6　环境变量提示框

图 1.3.7　用户信息对话框

图 1.3.8　用户信息确认界面

(6) 在弹出的如图 1.3.9 所示的控制文件路径对话框中, 点击"Next"按钮。

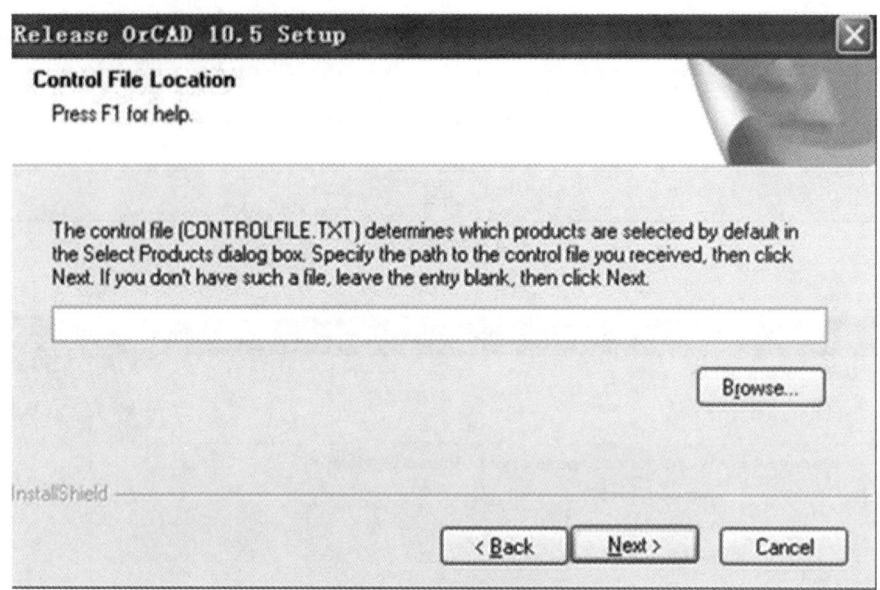

图 1.3.9　控制文件路径对话框

（7）在弹出的如图 1.3.10 所示的安装产品选择对话框中，勾选需要安装的产品（19 个模块），点击"Next"按钮。勾选要安装的部分产品说明如下。

用于 PSpice 仿真的主要产品模块：

PO1110　OrCAD Capture CIS——电原理图和数据库支持，即信息管理系统；

PO1320　PSpice A/D——复杂的模/数混合电路仿真模块；

PO1340　PSpice Advanced Analysis——高级分析工具，包含 Sensitivity、Monte Carlo、Smoke、Optimizer、Parametric Plotter Analysis 五个高级分析功能。

其他部分产品模块：

PO1100　OrCAD Capture——电原理图；

PO1120　OrCAD Capture CIS Option——一些用于 Capture CIS 的选项；

PO1310　PSpice——全功能仿真模块；

PO1330　PSpice Optimizer——优化模块；

PO1331　Smoke Option——热电应力模块；

PO1332　PSpice Advanced Optimizer Option——高级优化的选项；

PO1410　OrCAD Layout——PCB 的设计工具，包含 Orcad Unison Suite、Orcad Layout Plus 和 Orcad Layout；

PO1420　OrCAD Layout Plus——用于 PCB 的设计；

PO1530　OrCAD Unison Ultra——从原理图输入到仿真、板级布局布线的设计；

PO1600　SPECCTEA 6U for OrCAD——6 层自动 PCB 设计器；

PO3030　OrCAD PCB Designer with PSpice——运用 PSpice 的 PCB 设计器。

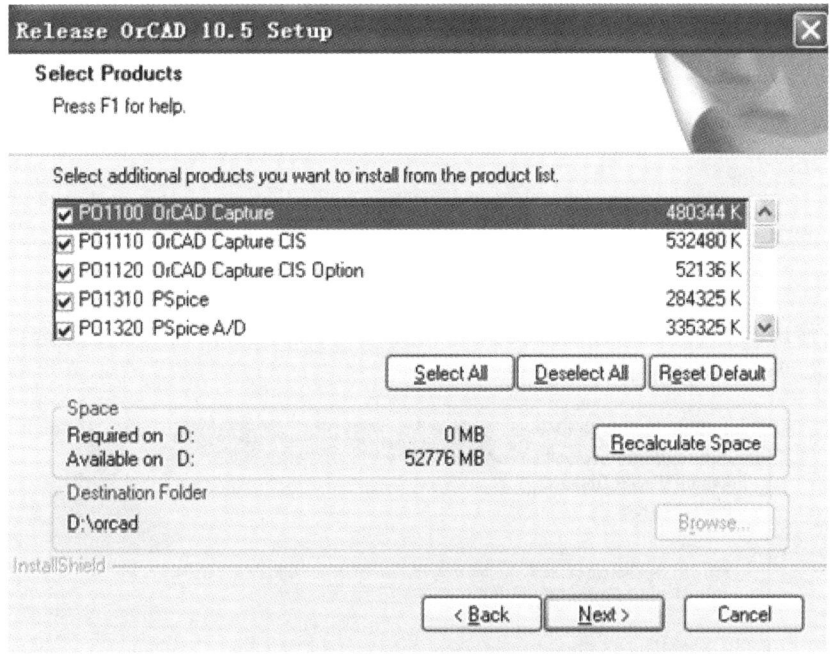

图 1.3.10　安装产品选择对话框

根据实际情况添加其他选项，也可以选择所有选项，有的产品模块已经包含了其他产品模块的功能。例如，当选择 PO1100 OrCAD Capture 与 PO1110 OrCAD Capture CIS 时，建议最好选择其中一项，推荐选择 PO1110 OrCAD Capture CIS，因为 PO1110 OrCAD Capture CIS 产品模块已经包含了 PO1100 OrCAD Capture 产品模块的所有功能。

（8）在弹出的如图 1.3.11 所示的安装路径对话框中，选择需要安装的工作路径，点击"Next"按钮，会弹出如图 1.3.12 所示的界面，提示是否安装 IntelliCAD 软件工具，如果需要安装，选择"Yes"按钮，否则选择"No"按钮。

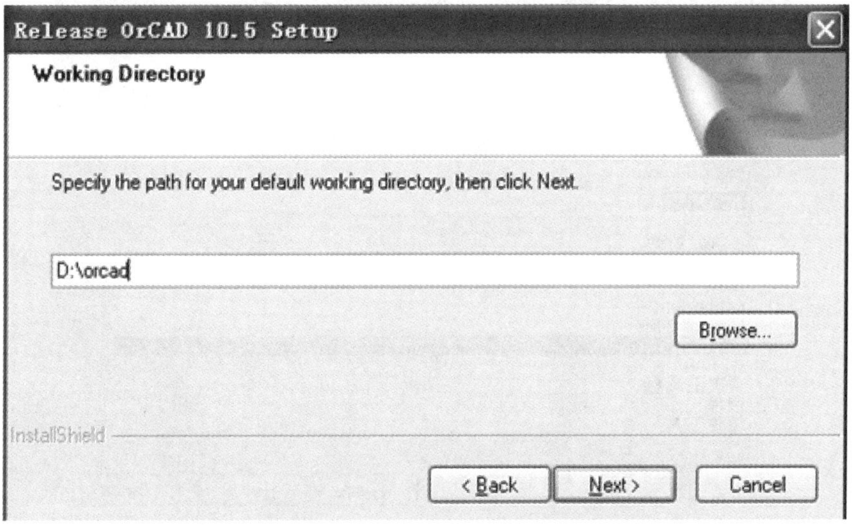

图 1.3.11　安装路径对话框

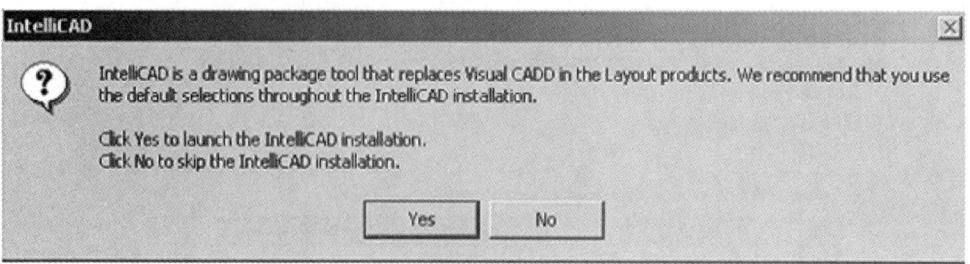

图 1.3.12　是否安装 IntelliCAD 软件工具

（9）在弹出的如图 1.3.13 所示的脚本观察选项对话框中，选择合适的选项（一般选择 None），单击"Next"按钮。

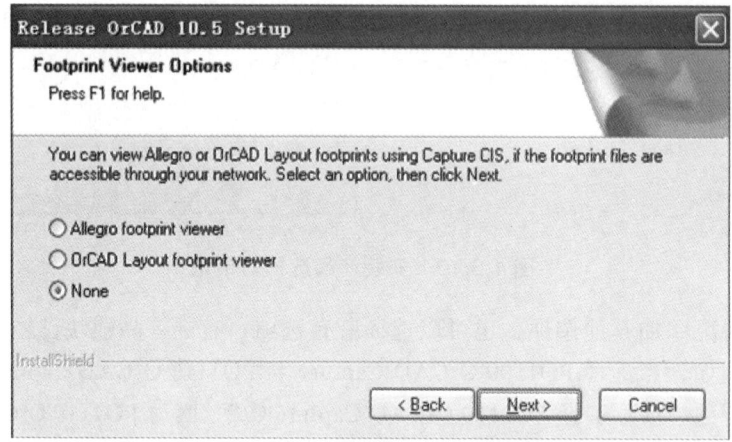

图 1.3.13　脚本观察选项对话框

（10）在弹出的如图 1.3.14 所示的文件夹选择对话框中，选择自己需要的文件夹后，单击"Next"按钮，此时系统开始自动安装，如图 1.3.15 所示。

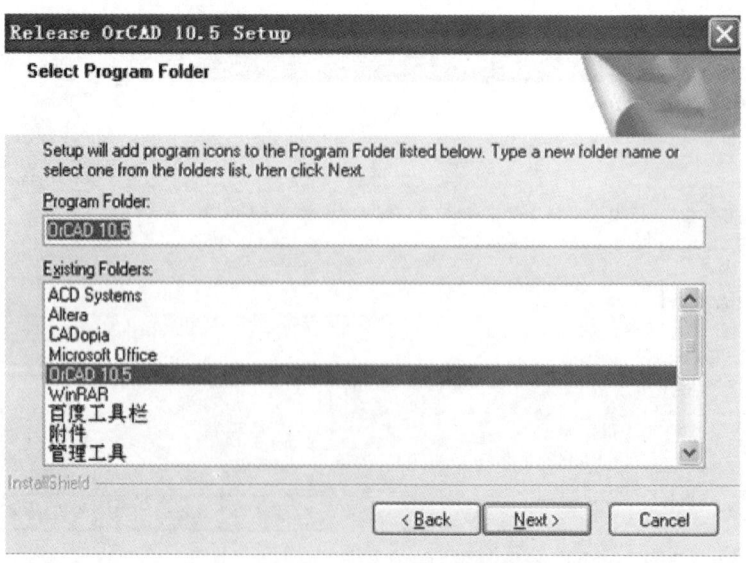

图 1.3.14　文件夹选择对话框

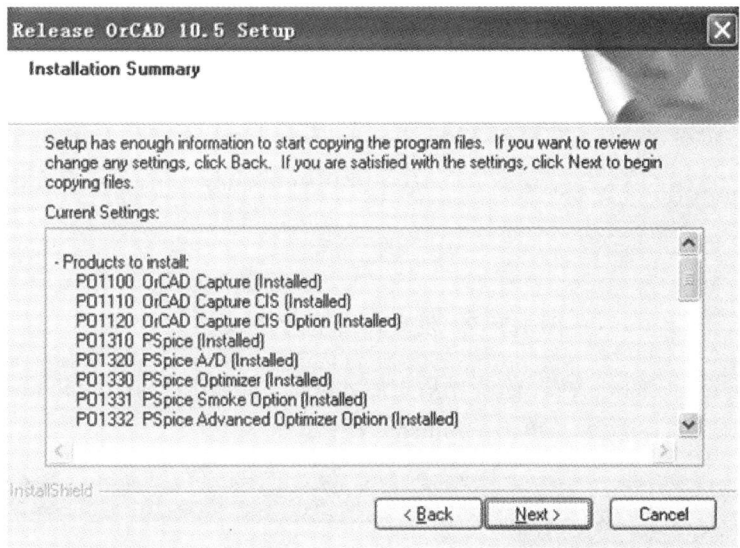

(a)安装摘要界面

(b)安装显示

图 1.3.15　安装过程显示

（11）在安装过程中，会弹出如图 1.3.16 所示的产品文件及文本文件额外注册提示界面，分别单击"否"按钮。

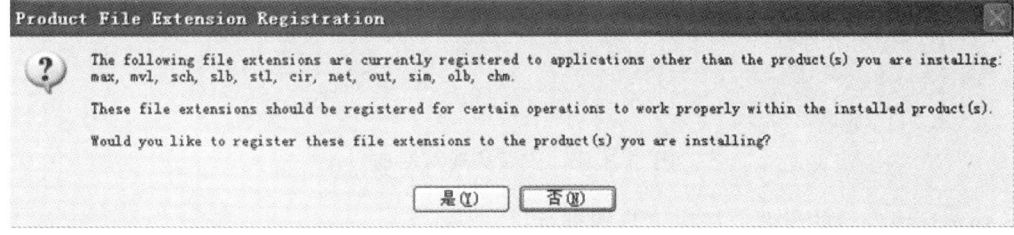

(a)产品文件额外注册提示界面

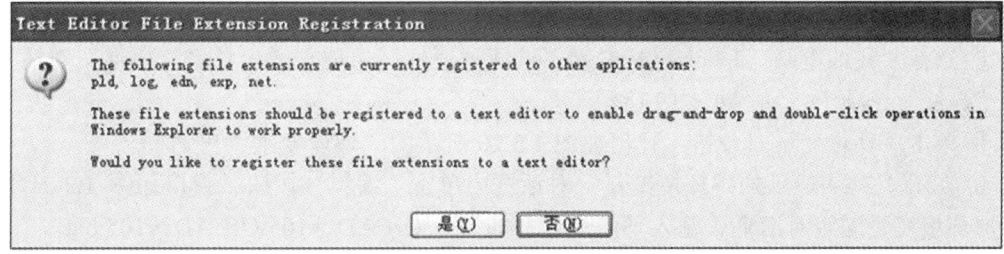

(b)文本文件额外注册提示界面

图 1.3.16　产品文件及文本文件额外注册提示界面

（12）在安装结束时，系统会再次提示没有 License 许可文件，如图 1.3.17 所示，此时单击"确定"即可。

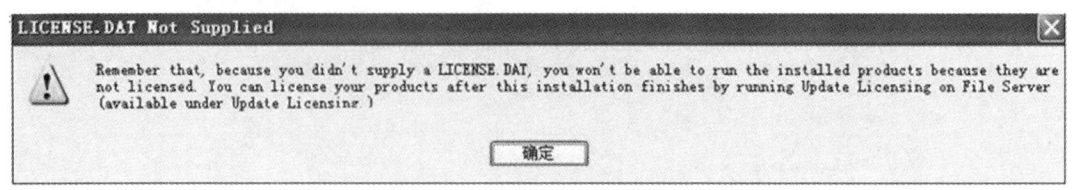

图 1.3.17　没有 License 许可文件

（13）出现安装完成的对话框，选择稍后重启计算机，即点击"No, I will restart my computer later"按钮，如图 1.3.18 所示，单击"Finish"按钮。

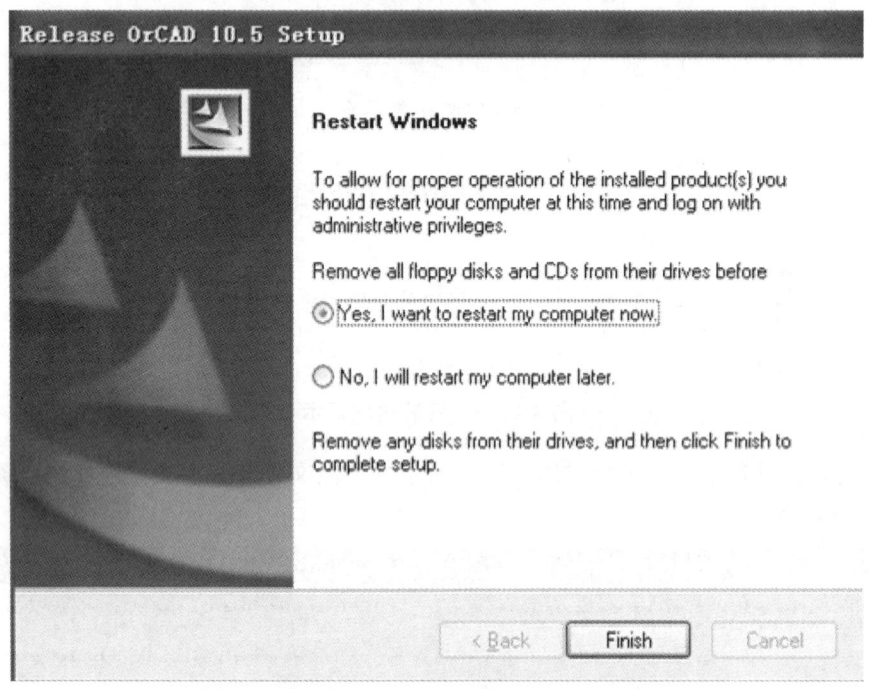

图 1.3.18　安装完成对话框

（14）环境变量的设置，按以下步骤进行：

① 将 Crack 文件夹中的 OrCAD_v105.dat 文件复制到指定安装的路径下，如 D：\OrCAD_v105\OrCAD_v105.dat，注意扩展名为 dat。

② 选择"我的电脑"，单击鼠标右键，选择"属性"选项，弹出"系统属性"对话框，单击"高级"选项卡，如图 1.3.19 所示。

③ 单击"环境变量"按钮，弹出如图 1.3.20 所示的"环境变量"对话框。

④ 在图 1.3.20 所示的"环境变量"对话框中单击"编辑"按钮，弹出如图 1.3.21 所示的用户环境变量编辑对话框，输入环境变量，如 D：\OrCAD_v105\OrCAD_v105.dat。

⑤ 同上步骤输入系统属性的环境变量，如图 1.3.22 所示。

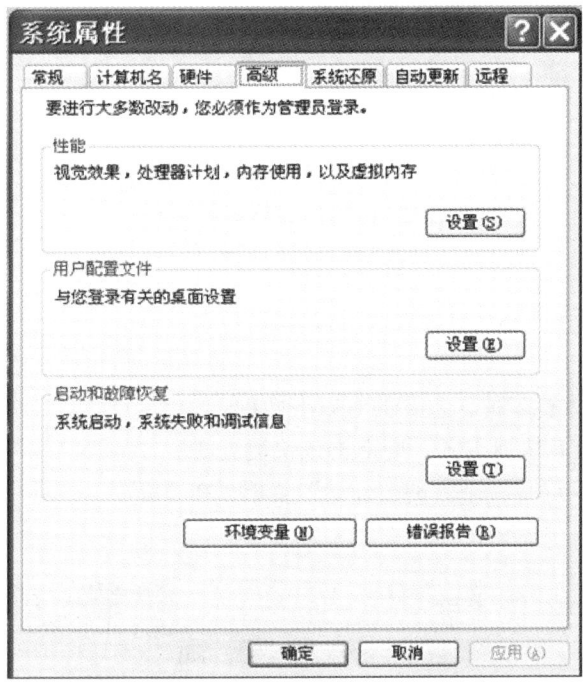

图 1.3.19 系统属性对话框

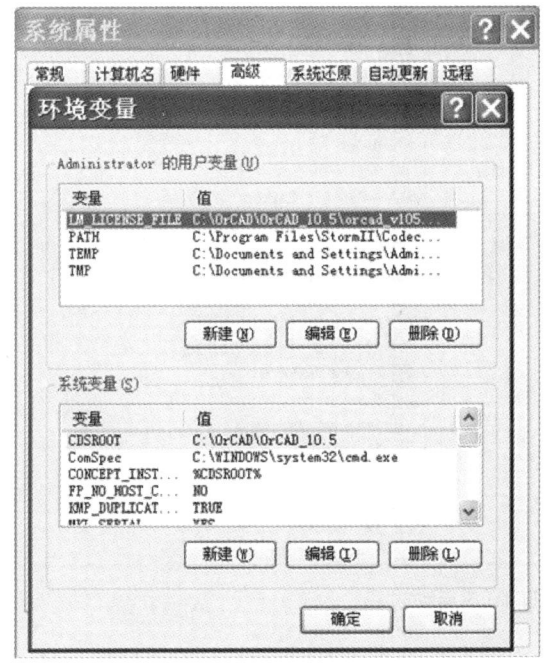

图 1.3.20 "环境变量"对话框

图 1.3.21 编辑用户变量

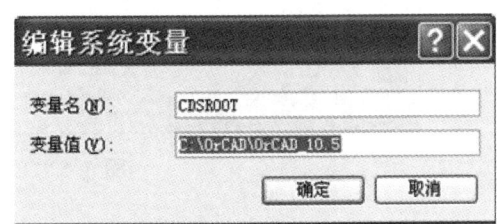

图 1.3.22 编辑系统变量

（15）重启计算机后，可能出现如图 1.3.23 所示的找不到应用文件界面，此时可不理会它，直接点击"OK"即可，至此，整个安装过程完成。

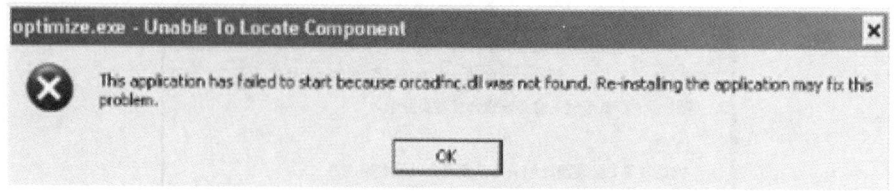

图 1.3.23　找不到应用文件界面

1.4　OrCAD 的启动

OrCAD 的启动方式有多种，主要的有以下两种：

（1）如果在桌面上有快捷方式，则双击该快捷方式。

（2）单击 Windows 屏幕左下方的"开始"菜单，在"程序"选项中单击"Capture"子选项，如图 1.4.1 所示。

图 1.4.1　OrCAD 10.5 启动过程

第 2 章　电路绘制软件 Capture

OrCAD Capture（CIS）是 OrCAD 的统一输入和管理软件。本章将以 Capture CIS 作为 PSpice 的图形输入方式，来介绍 Capture CIS 的使用方法及环境参数的设置。

2.1　OrCAD/Capture 绘图模块

2.1.1　启动 Capture 软件

点击程序/OrCAD 10.5/Capture CIS 或 Capture（见图 1.4.1），即可启动 Capture，弹出如图 2.1.1 所示的界面。该界面中包含系统控制菜单、标题栏、菜单栏、记录窗口、状态栏和工作区，其功能和一般应用软件类似。

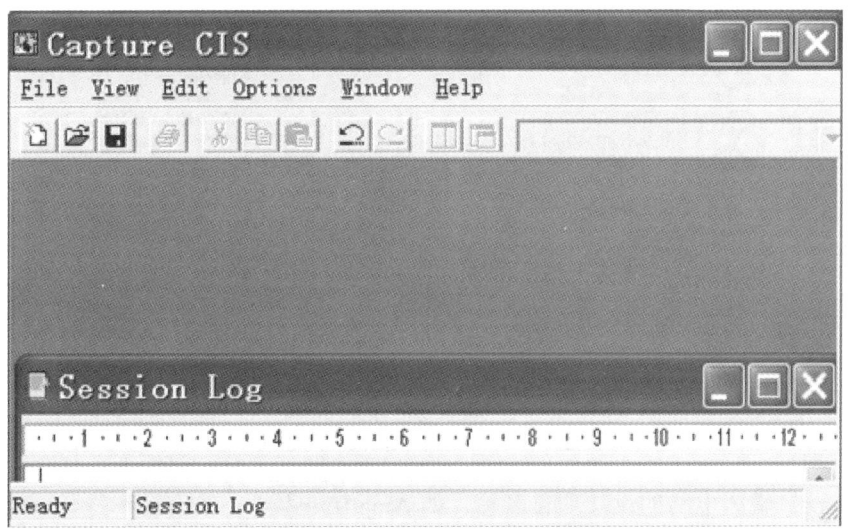

图 2.1.1　Capture 启动窗口

2.1.2　设计项目操作

如果是第一次绘图，则在启动窗口（见图 2.1.1）中选择执行 File/New 项，会出现如图 2.1.2 所示的菜单，选择 Project 子命令，屏幕上将弹出如图 2.1.3 所示的"New Project"对话框，在该对话框中可进行 3 项设置。

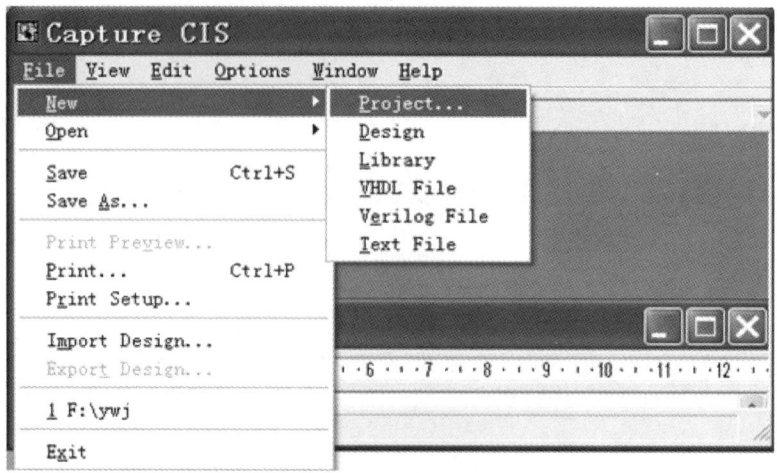

图 2.1.2 创建新项目文件界面

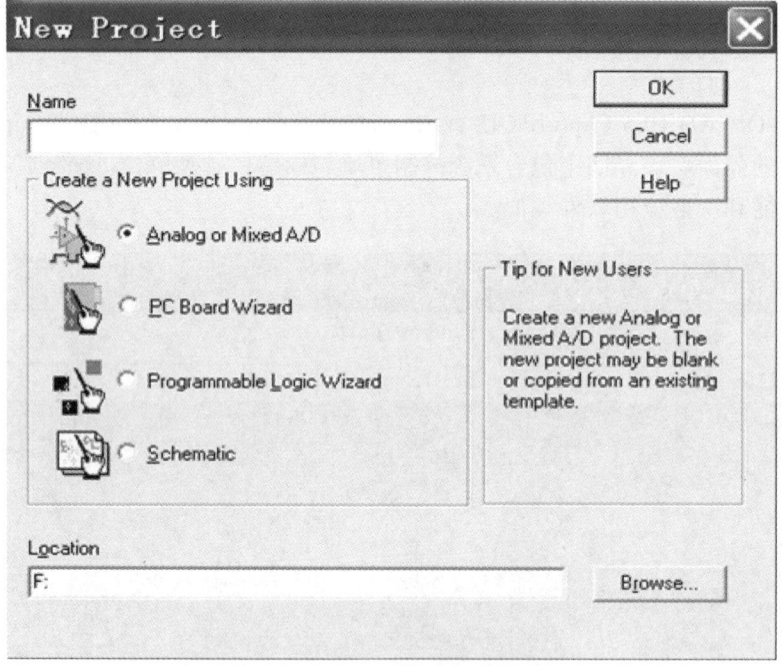

图 2.1.3 "New Project"对话框

(1) Name：输入电路的设计项目名称，如 Amplifiers。

(2) Location：输入新建项目存盘路径或单击"Browse"按钮可以改变存盘路径。

(3) Create a New Project Using：工程项目后续处理功能选择，共 4 项：

- Analog or Mixed A/D（本工程以后将进行数/模混合仿真）；
- PC Board Wizard（本工程以后将用来进行印刷版图设计）；
- Programmable Logic Wizard（本工程以后将用于可编程器件的设计）；
- Schematic（本工程只进行原理图设计）。

在这里可根据自己设计及分析电路的需要选择不同的功能。

对以上 3 项作如下说明：

（1）在工程项目后续处理功能中选择"Analog or Mixed-signal Circuit"时（1）（2）两项中的名称或路径绝不能有中文出现。

（2）Location 中输入新建项目所存盘中一定要新建一个文件夹。

（3）Create a New Project Using 的选择一定要正确，否则将会影响以后的分析。

本书主要是进行数/模混合仿真，所以选择 Analog or Mixed-Signal Circuit，单击"OK"按钮，程序弹出如图 2.1.4 所示的对话框；如果要建立空项目，则选择"Create a blank project"；如果是在已有电路的基础上创建，则选择"Create based upon an existing project"。

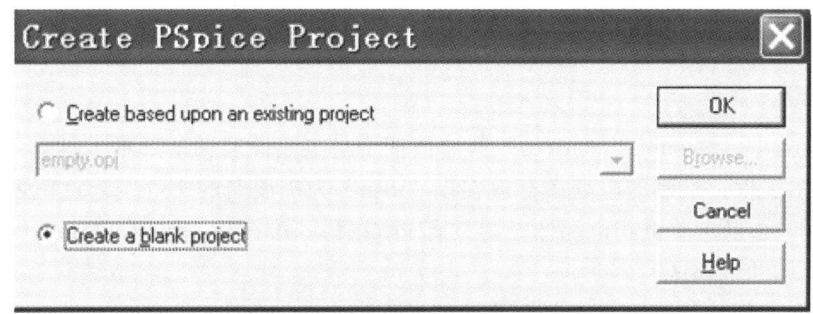

图 2.1.4　创建 PSpice 项目对话框

2.1.3　Capture 工作窗口

在图 2.1.4 中单击"OK"按钮，进入如图 2.1.5 所示的 Capture 工作窗口，该窗口主要有 3 个工作区：项目管理器窗口、电路图编辑窗口、信息查看窗口。

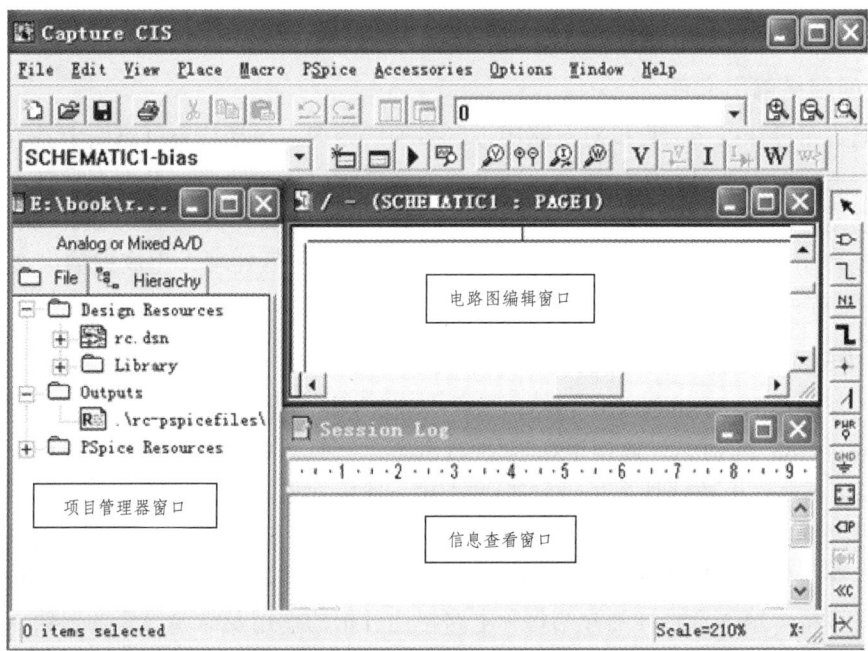

图 2.1.5　Capture 工作窗口

（1）项目管理器窗口：管理与原理图相关的一系列文件，相当于资源管理器。
（2）电路图编辑窗口：原理图窗口，相当于一张图纸。
（3）信息查看窗口（Session Log）：用于显示相关操作的提示或出错信息。

2.1.4 项目管理器窗口

在 OrCAD 软件包中，将一个设计任务当做一个项目。对要进行模拟分析的电路设计项目，由项目管理器（Project Manager）对该项目涉及的电路图、模拟要求、相关的图形符号库和模型参数库、有关输出结果等实施组织管理。每个设计项目对应一个项目管理器窗口。

项目管理器中包括 3 类文件：

1. 电路设计文件

项目管理器中"Design Resources"部分包括了与电路图有关的 3 种文件。

① 电路图文件：绘制的电路图存放在以".dsn"为扩展名的文件中。每一张电路图对应一页（PAGE）。如果是单页式电路图，则只有 PAGE1 一页图纸。双击"PAGE1"图标，可显示该图纸中具体的电路图。

② 电路图专用符号库：在绘制电路图的过程中，Capture 软件自动将该电路图中采用的各种元器件图形符号提取出来，形成有关该电路图专用的符号库，这就是图 2.1.5 项目管理窗口的"Design Cache"中存放的内容。

③ 当前配置的图形符号库：Capture 中提供的 4 万多种元器件图形符号存放在近 80 个不同的图形符号库文件中（以".dsn"为扩展名）。当进行一个新的设计项目时，需要根据电路设计要求，确定将要从哪些库中调用元器件符号，也可预先为该电路设计配置所需的符号库。图 2.1.5 项目管理器窗口的"Library"中存放的就是该电路设计中已配置的符号库文件名及其路径。

2. 中间结果输出文件

完成电路图设计以后，可以对电路图进行多种后处理，包括检查电路图中是否存在违反常规连接关系规则的情况。例如，是否在电源和地之间出现了短接，是否有浮置的节点，是否生成电路连接网表文件等。后处理的结果分别放在"Outputs"下方以".drc"和".net"为扩展名的文件中。如果进行了元器件统计报表生成等其他后处理，生成的输出文件也会在"Outputs"下方列出。

3. 与 PSpice 运行有关的文件

项目管理窗口的"PSpice Resources"中与 PSpice 电路模拟有关的文件夹包括：

① Simulation Profiles：调用 PSpice 进行电路模拟时，要针对电路特性分析的需要设置分析要求。每种基本电路特性分析设置要求采用一项 Profile 存放。其中"Simulation Profiles"下的 4 项分别存放交流小信号（AC）、直流工作点（Bias）、直流特性（DC）和瞬态分析（TRAN）这 4 种特性分析的参数设置结果。PSpice 运行时，根据这些参数设置的要求，进行相应的电路特性分析模拟。第 3 章将详细介绍每种电路特性分析的作用及需要设置的参数。

② Include Files：对于一些特殊电路的模拟分析，如果还需要增加一些"Simulation

Profiles"中未包括的分析要求,可以将这些要求放在一个以".inc"为扩展名的文件中,这就是所谓的"Include Files"。一般情况下,进行电路模拟时可以不需要 Include Files。

③ Model Libraries:OrCAD 对符号库中的各种商品化元器件产品,提供了相应的产品特性数据库供电路模拟使用。如果需要针对某一设计项目建立自己的特性库,则建立的特性库文件名就被存放在"Model Libraries"文件夹中。

④ Stimulus Files:电路模拟时,施加在输入端的激励信号波形可以采用两种方法产生,其中一种是利用激励信号编辑器 StmEd 产生的激励信号波形,存放在扩展名为".stl"的文件中,这些文件就存放于"Stimulus"文件夹中。

2.1.5 电路图编辑窗口

选中电路图编辑窗口,可进入 Capture 绘图区,如图 2.1.6 所示,在此窗口中可以进行电路图的绘制。在此编辑窗口中有两组工具按钮与其他软件不同。

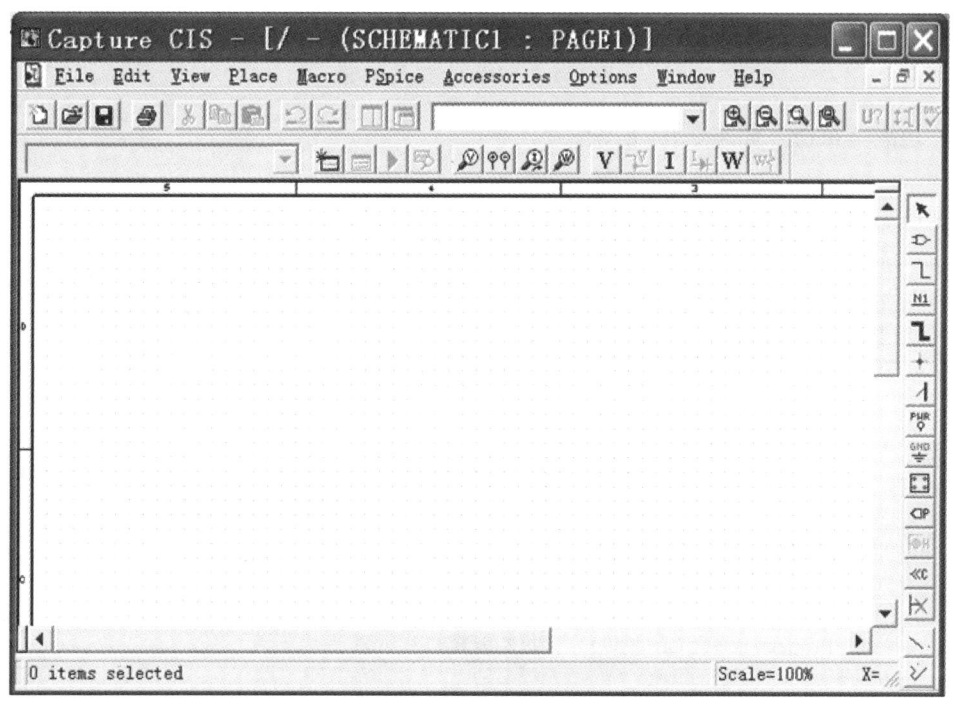

图 2.1.6 Capture 绘图区

① 与 PSpice 软件有关的 11 个按钮,如图 2.1.7 所示。

图 2.1.7 "PSpice"工具按钮

: 新建仿真设置; : 编辑已有仿真参数; : 观察仿真结果; : 运行 PSpice 仿真; : 放置电压探针; : 放置电压差探针; : 放置电流探针; : 放置功率

探针；**V**：显示静态电压值；**V**：显示选取元件的电压；**I**：显示电流值；**I**：显示选取元件的电流；**W**：显示功率值；**W**：显示选取元件的功率。

② 在窗口右边有 Place 工具按钮，如图 2.1.8 所示。

选取 | 放置元件 | 绘制导线 | 放置节点 | 放置总线 | 放置总线节点引出管脚 | 放置电源 | 放置地 | 放置层次电路图块 | 放置端口符号 | 放置引脚 | 放置跨页连线符号 | 放置空引脚符号 | 绘制无电气特性符号 | 放置文字

图 2.1.8 Place 工具按钮

③ 功能菜单命令如表 2.1.1 所示。

表 2.1.1 功能菜单命令

主菜单	菜单命令	功　能
File	New	新建设计项目、电路图设计、元件库等
	Open	打开设计项目、电路图设计、元件库等
	Export Selection…	将当前选中的单元电路存为库文件
	Import Selection…	导入已存为库文件的单元电路
	Import Design…	将 PSpice 绘制的*.sch 文件，或 EDIF 和 PDIF 格式的电路图文件转换为 Capture 接受的数据格式
	Export Design…	将 Capture 绘制的电路图文件转换成通用的 EDIF 格式或 AutoCAD 软件接受的 DXF 数据格式
Edit	Properties…（Ctrl + E）	编辑选中元器件的参数
	Part	编辑选中元器件的符号
	PSpice Model	编辑选中元器件上的模型参数
	PSpice Stimulus	编辑由 SOUCSTM 库导入的信号源
	Mirror	对选中元器件符号进行镜像处理
	Rotate（R）	对选中元器件符号进行旋转处理
View	Toolbar	打开或关闭工具栏
	Status Bar	打开或关闭状态栏
	Grid	打开或关闭电路图的网络

续表 2.1.1

主菜单	菜单命令	功　能
Tools	Customize…	自定义工具栏与命令
Place	Part（P）	放置元器件
	Wire（W）	绘制电路连接导线
	Bus（B）	绘制电路连接总线
	Junction（J）	放置电路连接节点
	Bus Entry（E）	放置电路总路线引入线
	Net Alias…（N）	自定义网络节点名
	Power…（F）	放置电源
	Ground…（G）	放置地线
	No Connect（X）	放置浮置引线标志
	Title Block…	图纸标题框
	Text…（T）	放置无电气特性的文字
PSpice	New Simulation Profile	新建仿真分析类型与参数设置
	Edit Simulation Profile	编辑修改仿真分析的参数设置
	Run（F11）	运行当前激活类型的 PSpice 仿真分析
	View Simulation Results（F12）	浏览仿真分析结果
	View Output File	浏览以文本文件（*.OUT）输出的仿真结果
	Create Netlist	建立电路连接网表文件
	View Netlist	浏览电路连接网表文件
	Advanced Analysis	高级分析
	Markers	设置自动采集数据的探针
	Bias Points	显示直流偏置点（静态工作点）分析结果
Options	Preference…	设置 Capture 运行参数
	Design Templat…	设置与电路设计相关参数
	Auto Backup…	设置自动备份参数
	Schematic Page Properties…	设置与图纸页面相关的参数
Windows	New Window	新建一个与当前激活状态窗口完全相同的窗口
	Cascade	将多个窗口以层次方式排列
	Tile Horizontally	将多个窗口上下排列
	Tile Vertically	将多个窗口左右排列
Help	ORCAD Capture Help（F1）	OrCAD Capture 帮助
	Web Resources	网路资源
	Learning ORCAD Capture	OrCAD Capture 教程
	Documentation	OrCAD Capture 文档

2.2 Capture 绘图环境的设置

Capture 的环境参数包括系统属性及设计模板两大类。
系统属性：Options→Preferences，如图 2.2.1 所示。

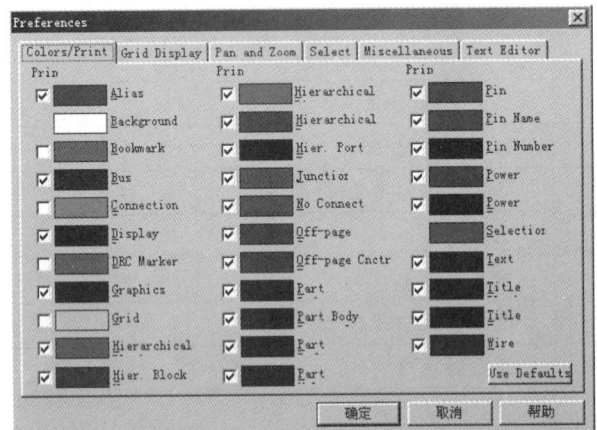

Colors/Print：颜色设置
Grid Display：设置显示栅格
Pan and Zoom：设置放大与缩小的倍数
Select：模式选择
Miscellaneous：其他设置
Text Editor：文档设置

图 2.2.1 系统属性

系统设计模板参数：Options→Design Template，如图 2.2.2 所示。

Fonts：字体设置
Title Block：标题栏内容的设定
Page Size：要绘制的图纸大小
Grid Reference：边框的设定与显示
Hierarchy：设置阶层的属性
SDT Compatibility：与 SDT 文件兼容性的设置

图 2.2.2 设计模板参数

2.3 电路元件的放置

元器件是构成电路最基本和最重要的元素，主要包括各种电气元件（电阻、电容和集成电路等）、各种电源、激励信号源和接地符号。其放置方法有 3 种：① 选择菜单 Place/Part；② 单击工具栏上的 ；③ 按热键[P]。

1. 调出元器件符号选择对话框

选择上述方式中的任意一种方法均可调出元件库，各部分的功能如图 2.3.1 所示。

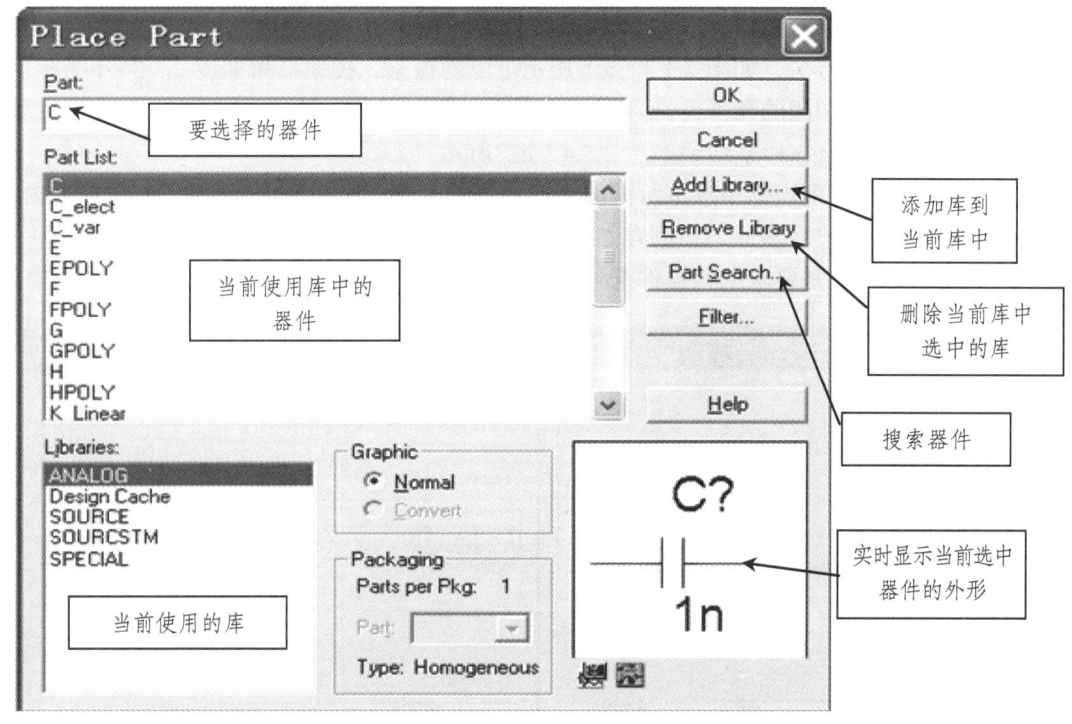

图 2.3.1　Place Part 选择框

2. 元器件选择的基本步骤

① 首次启动该软件时，图 2.3.1 的"Libraries"列表框中如果是空白的，则根据绘图的需要点击"Add Library"，会出现如图 2.3.2 所示的元器件库对话框，在 pspice 目录下点击所需的库文件，并按"打开"按钮，则所选择的库文件就被添加到 Place Part 选择框中。

图 2.3.2　元器件库对话框

② 在图 2.3.1 中的"Libraries"列表框中，选取元器件符号所在的符号库名称，则该库中的元器件符号将按字母顺序列在 Part List 的元器件符号列表框中。

如果所需的元器件未在"Libraries"列表框所有库中，而且也不知道此元件所在的库名，可点击"Part Search"按钮进行搜索,如果知道元件的标识符,则直接在"Part"文本框中键入要查找的元器件符号名,如图 2.3.3(a)所示电阻的搜索,搜索结果如图 2.3.3(b)所示;如果不能完全肯定要调用的元器件符号的确切名称,可采用通配符"*"和"?"。如图 2.3.4(a)所示二极管的搜索,搜索结果如图 2.3.4(b)所示。

③ 在元器件符号列表框中点击所需的元器件符号名称,则在图 2.3.1 所示的预览框内将显示出被选的元器件符号图形(如电容 C)。

④ 若所选符号正是要求的元器件符号,按下"OK"按钮,该符号即被调至电路图中。

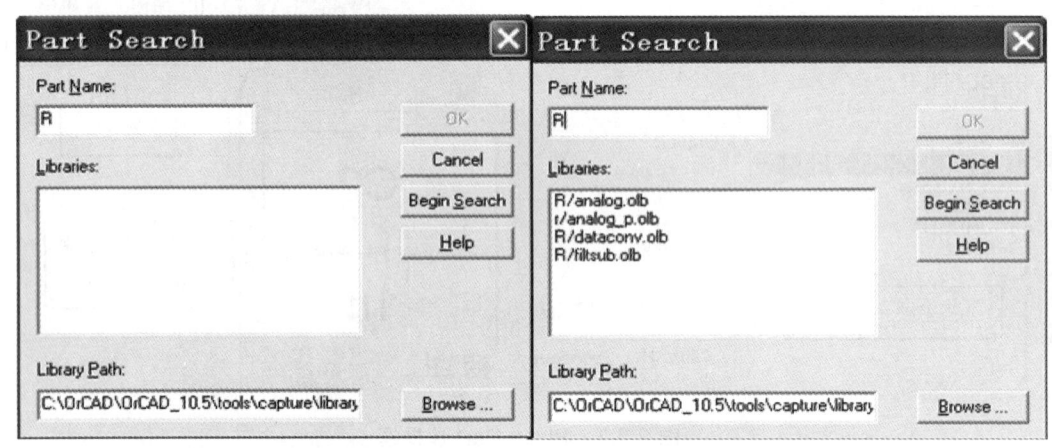

(a)电阻元件的搜索　　　　　　　　　　(b)电阻元件的搜索结果

图 2.3.3　电阻元件的搜索及结果

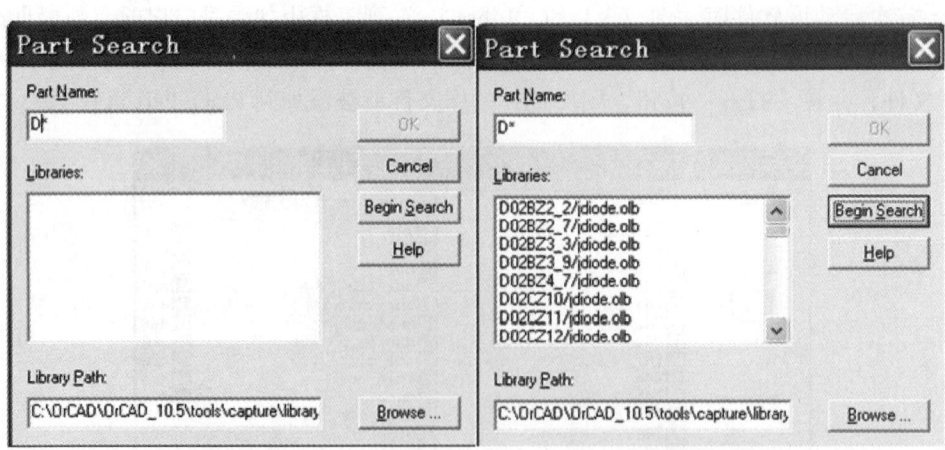

(a)二极管元件的搜索　　　　　　　　　(b)二极管元件的搜索结果

图 2.3.4　二极管元件的搜索及结果

3. 放置元器件在电路图的合适位置

选择好所需元件后,绘图页上会出现随光标移动的元件符号,移动鼠标到待放置元件的位置,单击鼠标左键,该元件就放好了,此时可以继续在其他位置放置该元件,且程序会自动为放置的同类元件进行编号。如果要结束该元件的放置,可采用如下 3 种方法之一:① 单击鼠标右键,在弹出的如图 2.3.5 所示的快捷菜单中,选择执行其中的 End Mode 命令;② 按

Esc 键；③ 点击 Place 工具按钮中的 Selection 按钮，也可结束元器件的放置。

在放置元件之前，可根据元件在电路图中所在位置的方向，对元件进行旋转，其操作是单击鼠标右键，系统会弹出如图 2.3.5 所示的快捷菜单：① Mirror Horizontally 和 Mirror Vertically 将元器件符号对 Y 轴和 X 轴作镜像翻转；② Rotate 将元器件符号逆时针转 90°；③ Edit Properties 修改元器件的属性参数。

图 2.3.5 元器件快捷菜单

4. 电源、接地符号的放置及选用原则

电源和接地符号是电路中不可或缺的，其放置和选用原则与普通元件有所区别。

（1）电源符号的类型。

OrCAD/Capture 符号库中有两类电源符号：一类是 CAPSYM 库中提供的几种电源符号，如图 2.3.6 所示，它们仅仅是一种符号，在电路图中只表示该处要连接的是一种电源，本身不具备任何电压值，但是具有全局相连的特点，即电路中具有相同名称的这一类电源符号在电学上是相连的，通过执行"Place/Power"或单击工具栏上的 按钮，在弹出的对话框中选择 CAPSYM 库；另一类电源符号是由 SOURCE 库提供的，这些符号真正代表一种激励电源，可设置一定的电平值，如模拟电路中的直流电源、交流和瞬态信号源以及数字电路中的输入激励信号源，这一类电源符号与元器件的放置一样，需执行 Place Part 子命令，从 SOURCE 库（或 SOURCSTM 库）中选用。

图 2.3.6 不具有电压值的电源符号

（2）"接地"符号。

电路图中的接地符号通过执行"Place/Ground"或单击工具栏上的 按钮，在弹出的对

话框的 CAPSYM 库和 SOURCE 库都有接地符号，但是在调用 PSpice 对电路进行模拟分析时，所选用的地必须是从 SOURCE 库中选用名称为 "0" 的符号，如图 2.3.7 所示，如果选用了其他接地符号，则必须将其符号名改为 0，这点必须注意。

（3）数字电路中高低电平信号符号。

在数字电路中需要对电路的某些输入端加高电平和低电平信号时，应选择 "Place/Power" 子命令，从 SOURCE 库中选用 "$D-HI" 和 "$D-LO" 两种符号。

图 2.3.7 接地符号

分析图 2.3.8 差分放大电路中的电源及接地符号，图中各有两个 VDD 和 VEE，不具备任何电压值，但 VDD 之间与 VEE 之间在电学上是相连的，即具有全局相连的特点。Vi 是具有一定电平值的电源。电路中共有 3 个 "地" 符号，在电学上也是相连的。

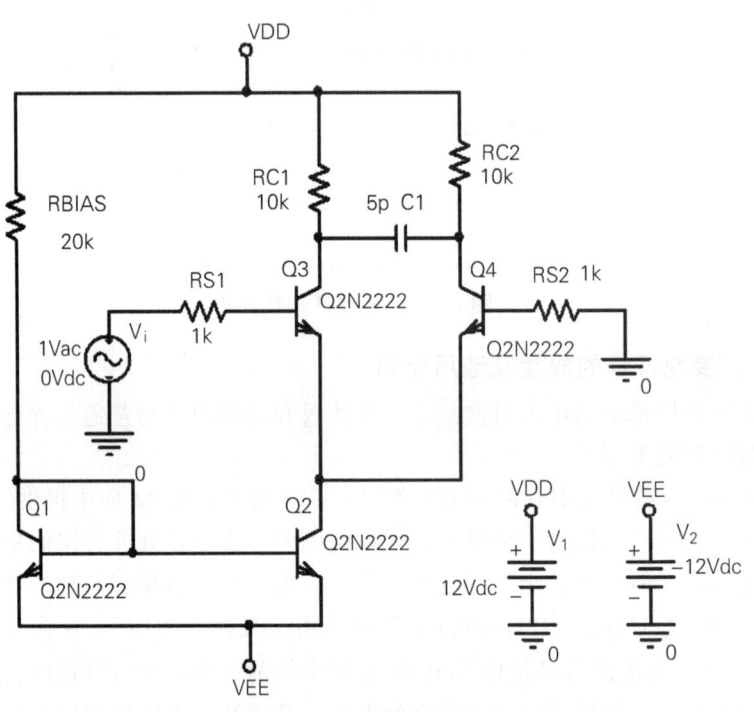

图 2.3.8 差分放大电路

2.4 连线与节点的放置

点击 Place Wire（或 Place Bus）按钮进入连线（或放置数据总线）状态，此时鼠标变成十字形，移动鼠标，点击左键即可开始连线（或放置数据总线）。

连线时，在交叉且连接的地方会有一个红点提示，如果需要在交叉的地方添加连接关系，点击 Place Junction，把鼠标移动到交叉点并点击左键即可。

放置数据总线后，点击 Place Bus Entry 按钮放置数据总线引出管脚，管脚的一端要放在数据总线上。

2.5 电路图的编辑修改

绘制了电路图后，往往还需要根据实际情况，对已绘制的电路图进行编辑修改，包括移动、删除、复制电路组成元素，编辑修改元器件的属性参数等。本节先介绍几种基本的编辑修改操作，再介绍元器件属性参数的编辑修改方法。

2.5.1 电路元素的编辑修改

电路元素是电路图中的基本组成部分（如元器件、电源、驱动信号等），简称元素（Object）。对电路图的编辑修改，实际上就是对这些电路元素进行修改。对电路图的编辑修改操作与 Windows 一般的应用程序类似，而在编辑修改之前，同样必须先选中待编辑修改的电路元素。

1. 元素的选中

在"Page Editor"窗口中，工具按钮 ▶（Selection）起着绘制电路元素和选择电路元素两种作用。当结束一个电路元素的绘制时，图 2.1.8 所示工具按钮栏中的"Selection"按钮处于按下状态；当选中一个或多个电路元素后，被选中的电路元素将以特定颜色显示，以区别于未选中的元素。采用的颜色取决于 Capture 运行环境设置，系统默认的设置为粉红色。

这里详细介绍几种不同的选中操作：

（1）选中单个电路元素。

用鼠标左键单击电路的某个部分，例如，对一个双极晶体管，可以选中整个晶体管符号（在该符号范围内单击），也可以只选中该晶体管的器件编号、器件型号、发射极引线、基极引线和集电极引线这 5 个组成部分中的一个（单击相应部分）。

如果几个电路元素重叠在一起，只需按下"Tab"键，再用鼠标左键单击其中一个元素，则所有重叠元素都处于选中状态。

（2）选中多个电路元素。

在按下"Ctrl"键后，再依次单击要选中的电路元素，可以使多个元素均处于选中状态。

（3）选中一个区域内的所有元素。

将光标移至某一位置后，按下鼠标左键，以拖动方法确定一个矩形，可使矩形区域内的所有电路元素均处于选中状态。

选中一个区域的元素后，按下"Ctrl"键，并按上述方法选中其他区域，可使多个区域内的电路元素同时处于选中状态。

（4）选中与一个节点相连的全部互连线。

选中与一个节点相连的一段互连线后，再从快捷菜单中选择执行"Select Entire Net"，则在电学上与该节点相连的所有互连线均被选中。

（5）选中一页电流图纸中的全部元素。

选择执行"Edit/Select All"子命令，可使当前页中的所有电路元素均被选中。

需要注意的是，执行此命令后，电路图中的标题栏也被选中。如果对选中的电路元素进行处理（如旋转、复制），那么标题栏也同样要受到处理，这可能是我们不希望的。

（6）选中状态的去除。

用鼠标左键单击电路图上的空白位置，将使所有被选中的电路元素脱离选中状态。

（7）从一组选中的电路元素去除个别元素的选中状态。

若电路图中已有一组元素处于选中状态，在按下"Ctrl"键的同时，单击其中某一个处于选中状态的元素，将使该元素脱离选中状态。

（8）通过搜寻选中电路组成元素。

在一个规模较大、电路组成比较复杂的电路中，可以选择执行"Edit/Find"命令，通过指定电路元素属性参数的方式，查找设计项目中或者一页电路图中具有指定属性参数的一个或多个电路元素，并使被查找的元素同时处于被选中状态。在指定属性参数名时，可以使用通配符"*"和"?"。

2. 元素的改变、移动、复制、删除

电路图的编辑是通过选择执行"Edit"菜单下的各子命令，或选中元素后单击鼠标右键弹出如图 2.5.1 所示的快捷菜单来对电路元素进行各种处理。

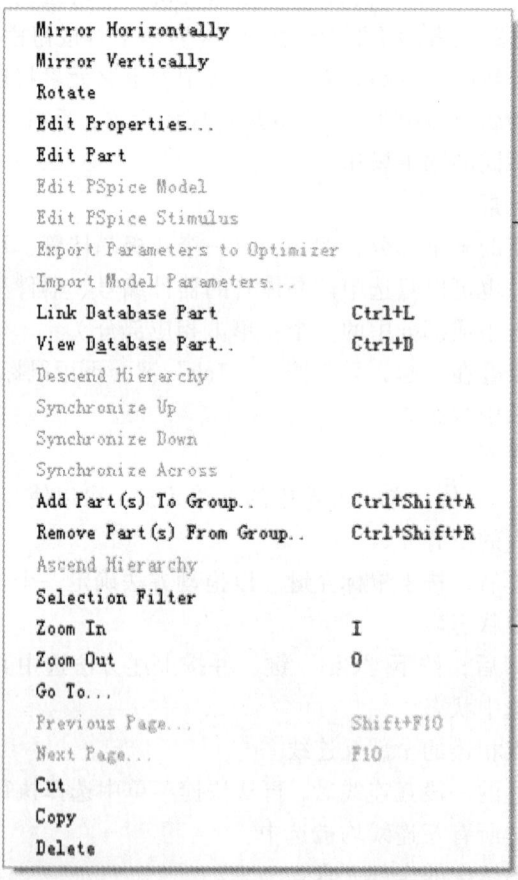

图 2.5.1　选中元素后单击鼠标右键弹出的快捷菜单

（1）电路元素放置方位的改变。

选中电路元素后，选择执行快捷菜单（见图 2.3.5）。

（2）电路元素大小和形状的改变。

有些电路元素（如互连线、总线以及矩形和椭圆形等）被选中以后，图形符号上还会出现有"缩放块"，如图 2.5.2 所示。对这些带有缩放块的图形，可以用鼠标拖动缩放块的方式改变图形的大小和形状。

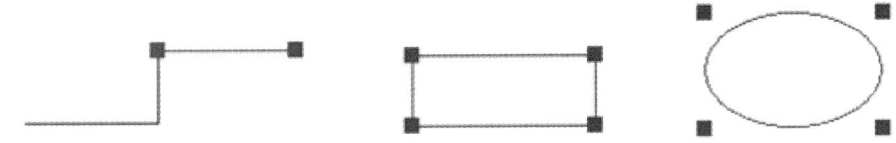

图 2.5.2　互连线、矩形和椭圆上的缩放

（3）电路元素的移动。

在电路图中可以采用下述几种方法移动被选中的一个或一组电路元素。

① 保持连接关系不变的拖动。用鼠标左键拖动的方法，将选中的一个或多个电路元素拖动到新的位置后，松开鼠标左键，即将选中的电路元素拖动到新的位置。采用这种拖动方法，被移动的电路元素与电路中其他部分相连的互连线和总线就好像橡皮筋一样会随之伸长或压缩，以保证电路的连接关系保持不变，故又称之为"橡皮筋"功能。

说明：如果一个电路元素包括几个组成部分，可以用上述方法移动元素中某个被选中的组成部分。例如，对电路图中的一个双极性晶体管，可以采用本方法分别改变其元器件编号（Part Reference）和元器件值（Part Value）这两项内容的放置位置。

② 电路元素的单独移动。先按下"Alt"键，再采用拖动的方法，这样只移动被选中的电路元素。电路中原先与该元素相连的互连线不会随之发生伸长或压缩变化，即这时只有被选中的电路元素单独移动。显然，电路的连接关系将发生变化。

③ 通过剪贴板移动电路元素，在"Page Editor"窗口中，"Edit"命令菜单中的"Cut""Copy""Paste"等子命令的功能与通常 Windows 应用程序中的同名命令一样，可对选中的元素进行剪切、复制和粘贴处理。

选中电路元素后，选择执行"Edit/Cut"子命令，将选中的电路元素剪切到剪贴板上。再选择执行"Edit/Paste"子命令，就将剪贴板上的内容调至电路图内，附着在光标箭头上。移动光标至合适位置后，单击鼠标左键，即将剪贴板上的内容固定放置在光标所指位置上，起到了移动电路元素的作用。

说明：采用上述方法，也可以将被选中的电路元素移至其他电路设计中，甚至移到其他 Windows 应用程序中。

（4）电路元素的复制（Copying Objects）。

在电路图的绘制过程中，可以采用以下几种方法，复制已绘制的一部分电路元素，加速电路绘制速度。

① 使用鼠标左键进行复制。选中一个或多个电路元素后，按下"Crtl"键，再用鼠标左键将选中的电路元素拖动到指定的位置后，松开"Crtl"键和鼠标左键，即将选中的电路元素复制在当前光标位置处。注意：如果不按"Crtl"键，则拖动的结果是移动电路元素，且保持连接关系不变。

② 通过剪贴板复制电路元素。这一方法与上述"通过剪贴板移动电路元素"的步骤基本一样，唯一区别是复制时应在选中电路元素后，选择执行"Edit/Copy"子命令，将被选中的电路元素复制到剪贴板上；而移动操作时，是执行"Edit/Cut"子命令，将被选中的电路元素剪切到剪贴板上。

③ 通过外部文件复制电路元素。如果电路中某一部分是一个基本的电路单元，以后可能要多次使用，可以选择执行"File/Export Selection"子命令，将这一部分电路存入一个自建的库存文件中，在需要的时候（包括绘制其他电路图时），选择执行"File/Import Selection"子命令从库中调入。

（5）电路元素的删除。

电路元素的删除操作比较简单，选中待删除的一个或多个电路元素后，采用下面几种方法均可将选中的电路元素删除。

① 按"DEL"键；
② 按"Backspace"键；
③ 从快捷菜单中选择执行"Delete"命令；
④ 选择执行"Edit/delete"子命令。

3. "Undo""Redo"和"Repeat"的应用

利用"Edit"菜单下的子命令"Undo""Redo"和"Repeat"，可以实现对绘图"操作"的撤销、恢复和重复执行。

（1）操作的撤销（Undo）。

选择执行"Edit/ Undo"子命令，可以撤销执行的一次操作，恢复操作前的状态。

（2）操作的恢复（Redo）。

在选择执行"Edit/Undo"子命令撤销了刚刚执行的一次操作后，选择执行"Edit/Redo"子命令，即可恢复刚被撤销了的操作。

（3）操作的重复执行（Repeat）。

选择执行"Edit/Repeat"子命令，可以重复执行刚才进行的操作。例如，在移动了一个电路元素后，选中另一个元素，在选择执行"Edit/Repeat"子命令，就使刚被选中的元素自动按刚才移动操作中的移动方向和移动距离进行移动。在重复放置整列式的电路元素中，"Repeat"子命令是非常有用的。

2.5.2 元器件属性的编辑修改

电路元素的属性参数对随后的 Layout 印制电路板设计和 PSpice 电路模拟有很大的影响，属性参数的编辑修改比电路的编辑修改要复杂。这里在介绍属性参数概念的基础上重点介绍几种基本的电路元素属性参数编辑修改方法。

1. 元器件属性的概念

组成电路的绝大多数元素都有其自身的属性参数，拥有表示与该电路元素有关的各种信息。对于少数电路元素,如电连接节点(Junction)等不需要附加描述信息,因此没有属性参数。电路元素的属性参数分为下述两类:

(1)固有的属性参数(Inherent Properties)。

在元素的属性参数中,有一部分是 OrCAD/Capture 运行时必须要有的参数。例如,对于元器件,在 Capture 运行时必须要知道其器件编号、元器件值,以及这些参数在电路图中显示时采用的颜色、字体方向等,这类参数称之为固有属性参数。可以修改一部分固有属性参数的设置值,但不能删除固有属性参数。

(2)自定义的属性参数(User-Defined Properties)。

在调用其他软件或模块对绘制好的电路图进行处理时,往往需要给电路元素添加一部分参数。例如,调用后处理模块对电路图使用的元器件进行统计并生成详细清单报表时,可能要增加制订的"价格""生产厂家"等参数,这些参数称为自定义的属性参数,与固有属性参数具有同样的作用。

不同电路元素具有的属性参数各不相同,但每项属性均用参数名(Name)、参数设置值(Value)描述。这里,参数设置值具有广义的概念,不一定是具体的数值。例如,对于一个电阻,其元器件编号的参数名为"Reference",该参数的值是电阻在电路中的编号,可能为 RS1;而电阻值的参数名为"Value",其值为该电阻的阻值,例如,可取为 10 kΩ。对于有具体型号的元器件,如晶体管,其元器件值即为该产品型号本身,实际上数据库中还有一组描述该器件特性的参数。对于 PSpice 库的器件,可调用 Edit/PSpice Model 命令,启动模型编辑模块,如图 2.5.3 所示,对这些特性的参数进行必要的修改,特性参数所代表的具体含义见附录 A。

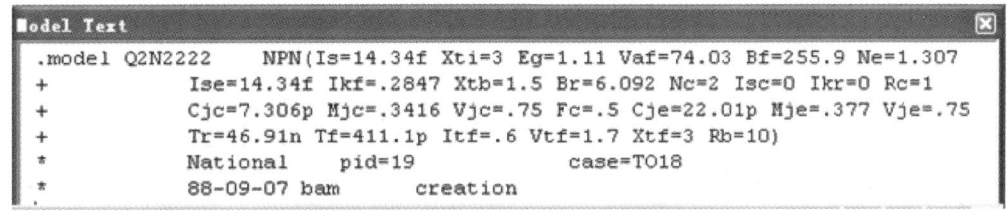

图 2.5.3 Q2N2222 晶体管的模型描述

2. 属性参数的编辑修改方法

OrCAD 软件包中的 Layout Plus 和 PSpice 等软件以及几十种其他 CAD 软件都可以采用 Capture 生成电路图,因此,Capture 为每个电路元素设置有多种属性参数,不同参数适用于不同的软件,但对每个属性参数的编辑修改方法是一样的。

根据属性参数种类和使用范围的不同,Capture 软件提供有 5 种不同的方法用于修改电路元素的属性参数。

① 属性参数编辑器(Property Editor):对于电路图中的大部分电路元素的属性参数,可在属性参数编辑器窗口中进行修改。

② 属性参数修改对话框(Dialog Box):对一些属性参数很少的电路元素,如只有参数

名称（Name）一项属性参数的电路元素，修改其属性参数时，双击选中的这类元素，屏幕上将出现相应的对话框用于参数的修改。有些电路元素虽有多项属性参数，但是如果只选择其中一项进行修改，也是采用对话框的形式。

③ 参数浏览列表编辑器（Browse Spread Editor）：如果要同时修改整个电路设计（Design）中的电路元素属性参数，可以在"Browse"窗口的属性参数浏览列表中进行。

④ Part Editor：如果要修改元器件符号库中元器件符号的属性参数，应在"Part Editor"窗口中进行。

⑤ Update Property File：在 Capture 软件中，可以用更新属性参数文件的方法同时修改所有需修改的属性参数。

3. 属性参数编辑器（Property Editor）

（1）属性参数编辑器的启动。

在"Page Editor"窗口中调用属性参数编辑器的方法有以下三种：

① 选中一个或多个电路元素后，从快捷菜单中选择执行"Edit Properties"命令。
② 选中一个或多个电路元素后，选择执行"Edit/Properties"命令。
③ 双击待修改其参数的电路元素。

（2）属性参数编辑器的基本结构。

调用属性参数编辑器后，屏幕上出现的属性参数编辑器如图 2.5.4 所示。属性参数编辑器由编辑命令按钮、参数过滤器（Filter）、电路元素类型选择标签和属性参数编辑工作区组成。

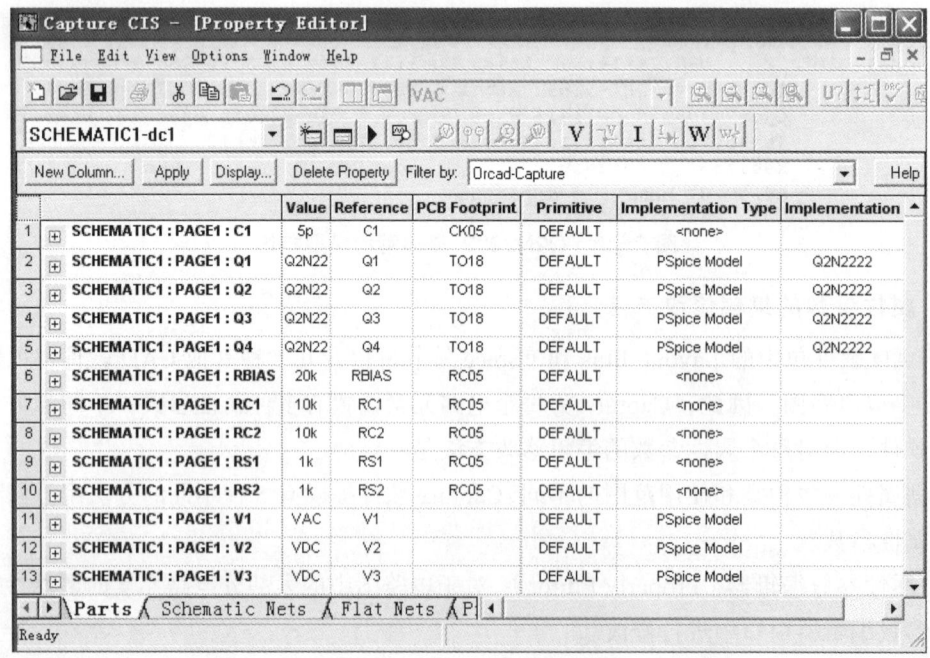

图 2.5.4　属性参数编辑器

① 编辑命令按钮，共有 4 个，位于编辑器上部。

New Column：打开新增属性参数对话框，为选中的元素新增一个自定义参数。

Apply：编辑修改属性参数后，单击"Apply"按钮，即更新电路图中电路元素的属性参数。

Display：选中电路元素的一项属性参数后，单击"Display"按钮，将打开设置属性参数显示方式的对话框，设置属性参数的显示方式。

Delete Property：删除选中的属性参数。

② 参数过滤器（Filter）。由于 Capture 绘制的电路图要同时考虑多种 CAD 软件的需要，因此为每一种电路元素设置的属性参数很多。为了针对不同软件的需要，应该有选择地显示参数，为此属性参数编辑器提供了参数过滤器。从"Filter"文本框右侧下拉式列表中选择某一类型后，参数编辑器中将只显示出电路元素中与该类型条目相关的参数。若选择"Filter"文本框右侧下拉式列表中的第一项<ALL>选项，则显示电路元素的所有属性参数。

③ 电路元素类型选择标签。采用属性参数编辑器可以编辑修改元器件（Parts）、节点（Nets）、元器件引脚（Pins）、图纸标题栏（Title Blocks）、具有全局相连特性的符号（Global）、端口符号（Port）和节点名（Net Aliases）等多种类型电路元素的属性参数。调用属性参数编辑器之前，在电路图中选择的电路元素可以包括多种类型。使用位于属性参数编辑器底部的标签，可确定在属性参数编辑器工作区中显示哪一类电路元素的属性参数。

④ 属性参数编辑工作区，以表格形式显示的是参数编辑区，其中最上面一行为标题行，该行中每一格对应一项属性参数名。标题行中显示的参数名个数与电路元素类型有关，也与选用的"Filter"条目有关。参数编辑区的每一行对应一个电路元素，最左边两格分别是行号和该电路元素的编号名称，以及其所在的电路设计名和电路图纸名，该行中其余单元格内是与该电路元素对应的各个属性参数的参数值（Value），可根据需要修改这些参数值，不允许修改的参数值以斜体表示。

（3）属性参数编辑器中的基本操作。

① 改变工作区中标题栏的排列方式。

② 改变工作区中各行电路元素的排列顺序。

③ 新建自定义的属性参数。

（4）属性参数编辑器中参数值的修改方法。

在属性参数编辑器中，修改属性参数值的步骤如下：

① 在"Page Editor"窗口中，选中一个或一批待修改其属性参数的电路元素。

② 采用前面介绍的方法，启动属性参数编辑器"Page Editor"。

③ 根据需要在属性参数编辑器窗口底部电路元素类型选择标签区上单击一个标签,确定要修改哪类电路元素的属性参数。

④ 在属性参数编辑器窗口的"Filter"下拉列表中，选定上述电路元素的那一类"Filter"条目相关的要修改的属性参数。这时，在属性参数编辑器工作区中，即显示出上述选定的电路元素和 Filter 条目对应的属性参数。

⑤ 选中待修改的属性参数值所在的单元格，采用下述 3 种方法之一，修改该单元格中显示的属性参数值。

- 文本编辑方法。对于元器件的"Value"和"Reference"这类参数，采用通常的文本编辑方法即可修改其参数值。修改时，可以用"Del"键或"Backspace"键删去不要的字符，键入新参数值后即可。

- 从下拉式列表中选取。例如，一个 7400 与非门电路封装中包括四个 7400 门电路。图 2.5.5 中参数 Designator 的作用是指定选用 7400 电路是封装中的第几个门。在用光标选中该参数值的单元格后，该格右方将出现下拉式按钮，在相应的下拉式列表中列出了 7400 封装中的四个门电路编号 A、B、C、D，直接从中选择需要的编号即可。

			Value	Reference	Designator	PCB Footprint	Implementation Type	Implementation
1	+	SCHEMATIC1 : PAGE1 : U1	74LS00	U1	A	DIP.100/14/W.300/L.800	PSpice Model	74LS00
2	+	SCHEMATIC1 : PAGE1 : U1	74LS00	U1	B	DIP.100/14/W.300/L.800	PSpice Model	74LS00

图 2.5.5 与数字电路有关的属性参数

- 打开新的对话框。如果要修改某一个属性参数在电路图中的显示模式，在选中该属性参数值 1K 所在单元格后，单击图 2.5.4 中的"Display"按钮，屏幕上即出现如图 2.5.6 所示的对话框。在该对话框中，可以设置该属性参数在电路图中的显示格式（Display Format）、采用的字体（Font）、颜色（Color）和放置方位（Rotation），这种类型的对话框在多种情况下都会出现。

⑥ 完成一类电路元素属性参数值的修改后，单击"Apply"按钮，即更新电路图中相应的参数值。

⑦ 重复上述第③～⑥步，可以修改并更新电路图中与另一类电路元素或另一项"Filter"条目对应的属性参数值。

⑧ 完成需要修改的各类元素参数后，单击窗口右上方"关闭"按钮，即退出参数编辑器，返回"Page Editor"窗口。

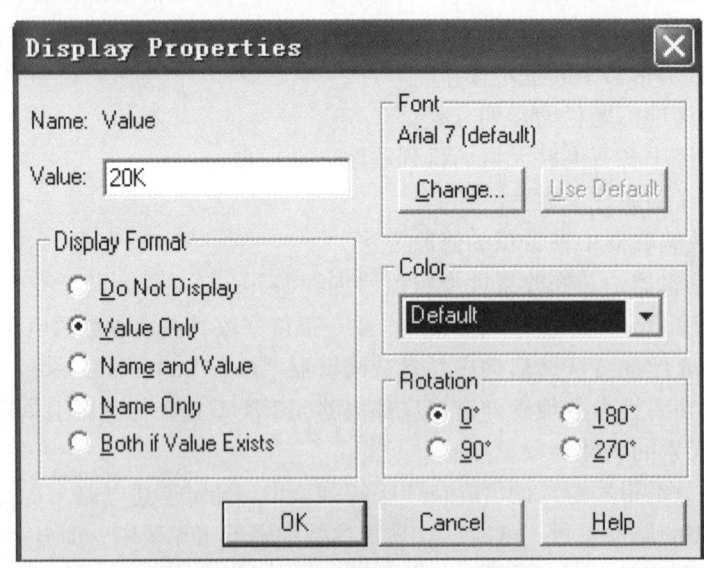

图 2.5.6 "属性参数修改"对话框

（5）修改不同类型元器件的属性参数时应注意的几个问题：

① 基本无源元件属性参数值的修改。在电路图中绘制无源元件时，元件值均采用缺省值，

如电阻值均为 1 k，电容均为 1n，等等。如果选中了运行环境设置中 Miscellaneous 标签下的 auto Reference 一栏，则每个元件类别和绘制顺序自动进行编号，如对电阻的编号分别为 R1，R2…。因此，应根据电路图设计的需要，在编辑窗口中修改这些无源元件的 Value 和 Reference 的参数值，还可以调出图 2.5.6 所示对话框，确定这些参数值在电路图中的显示方式。

② 商品化半导体器件属性参数的修改。图 2.3.8 中 Q1 器件是一个有具体型号的商品化半导体器件，其 Reference 参数值 Q1 是绘图过程中自动产生的器件编号，Value 参数值 Q2N2222 是该器件的型号名，该器件的具体特性值由系统模型参数库提供。图 2.5.4 中 Implementation 参数栏下的 Q2N2222 就是模型参数库中描述双极晶体管 Q2N2222 特性的模型名。一般模型名与器件名相同，是由绘图过程中调用的器件名自动填入的，一般不需要修改。因此，对于有型号的半导体器件，需要修改的只是 Reference 参数值，而 Value 不能修改。

③ 数字逻辑器件属性参数值的修改。对于数字电路，其 Value 和 Implementation 两项参数分别为该门电路的型号及特性数据库中描述该型号数字电路的模型名，是由系统根据绘制电路图时调用的器件名自动填入的，一般不需要修改。因此与商品化的半导体器件一样，可以修改的只是数字电路的编号以及参数值在电路中的显示方式。数字门电路与一般模拟器件的编号有所不同，如图 2.5.5 所示。

④ 电源和接地符号属性参数值的编辑修改。从 SOURCE 库中调用电源和信号源，它们的直流电平值以及信号源或激励源的波形均需按一定的格式描述，如直流电压源（或电流源）、交流和瞬态分析采用的信号源以及逻辑模拟中的输入激励源等；从 SOURCSTM 库中调用的电源和信号源，其相应的信号波形需调用 StmEd 模块以交互方式设置，设置结果存放在文件中；采用 Place/Power 和 Place/Ground 绘制的电源和接地符号具有全局相连特性，其电路元素类型为 Global。修改这类符号时，应在属性参数编辑器底部选择 "Global" 标签。

4. 属性参数修改对话框

前面介绍了在属性参数编辑器中同时修改元器件各种属性参数的方法。如果只修改其中一项参数，如修改图 2.3.8 所列差分放大电路中电阻 RBIAS 的值，可按下述方法进行：

① 选中待修改的 RBIAS 电阻值 20 k（注意：不是选中整个电阻符号）。

② 双击电阻值 20 k 符号，屏幕上将出现与图 2.5.6 相同的对话框。

③ 根据需要，修改图中 Value 文本框中的电阻值，同时可以修改该电阻值在电路图中显示的格式（Display Format）、采用的字体（Font）、颜色（Color）和放置方位（Rotation）。完成各项参数的修改后，单击 "OK" 按钮。

对于电源和接地符号、端口连接符号（Off-Page Connector）、节点（Net Alias）等单项参数的编辑修改，也可以通过双击该符号，打开类似于图 2.5.6 所示的对话框，在 "Value" 文本框中更改其名称，也可在 "Font" 和 "Color" 栏中修改显示字体和颜色。如选项显示呈灰色，则表示不允许修改。

2.6 网络名称（Place Net Name）

当程序为所绘制的电路图产生网络表格时，系统会自动为电路中的每一个网络标识如互连线、总线、元器件引出端等构成的一个节点进行标识。网络标识是网络对象独一无二的标识，其主要作用：① 有了唯一的网络标识，可以把电气连线汇总到总线上面而不至于混淆；② 有了相同网络标识的连线就是相互连接的，因而中间就可不用有线形相连，这在使用多个分图表示完整原理图时非常必要。网络标识包括 Net Alias（网络别名）、Off-page Connections（跨页连接口）、Hierarchial Port（层次输入/输出端口）、Power Object Name（电源对象名）、Hidden Pin（管脚隐藏）。

网络别名的标识方法：选择 Place/Net Alias 菜单或点击工具栏上的 按钮，调出 "Place Net Alias" 对话框，如图 2.6.1 所示，在 "Alias" 文本框中输入要定义的名称，然后点击 "OK" 按钮退出对话框，把鼠标移动到电路图中将要命名的连线上，点击鼠标左键即可。

如果需要改变网络别名的显示属性，可以单击图 2.6.1 所示对话框中的 "Change" 按钮，会弹出如图 2.6.2 所示的字体对话框，在该对话框中选择需要显示的字体、字形及大小即可。

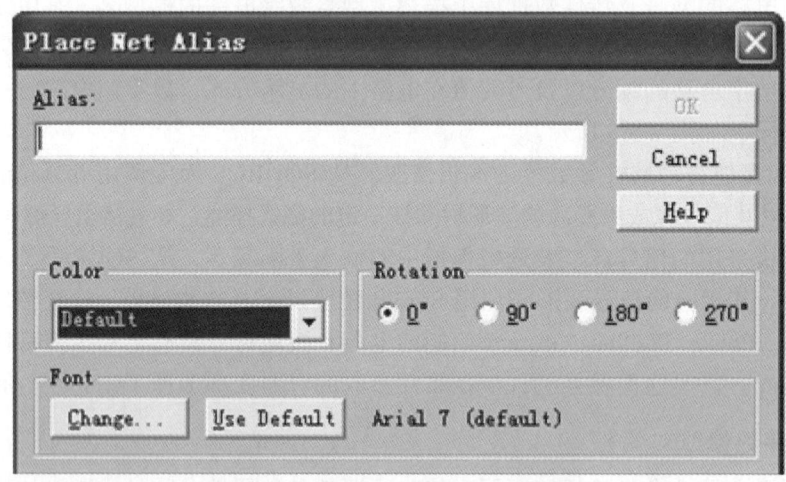

图 2.6.1 "Place Net Alias" 对话框

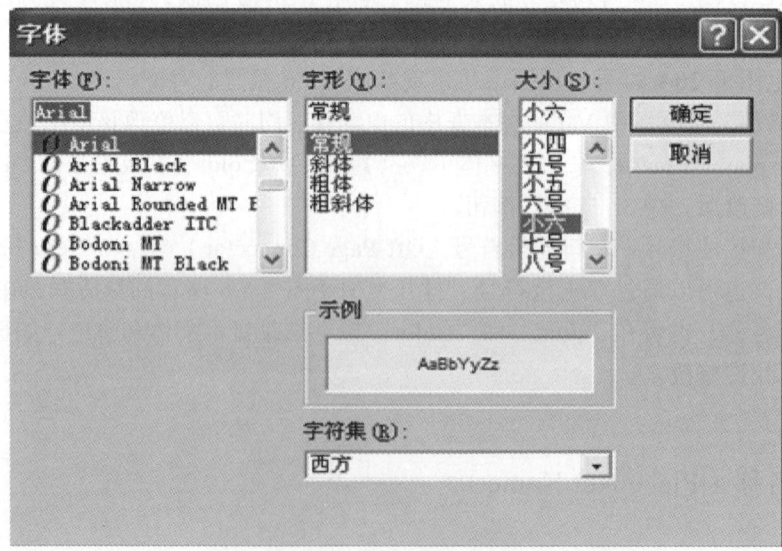

图 2.6.2 "字体" 对话框

使用网络标识要注意如下几点，否则生成网络表时会导致错误。

① 用相同网络标识代替互连线表示连接关系的用法，不仅适用于在分图表示连接关系，也适用于在同一张图上为简化连线的绘制而表示连接关系。

② 网络标识不能随意定义。网络标识的前几个字符不能与已有的元件标识（元件名）相同，比如已有的元件标识为 Q1，就不能再用诸如 Q1：2 之类的网络标号。

③ 不能直接为元件管脚放置网络标识，只能在其引出线上放置网络标识。

2.7 电路图绘制实例

图 2.7.1 所示为一共射放大电路。

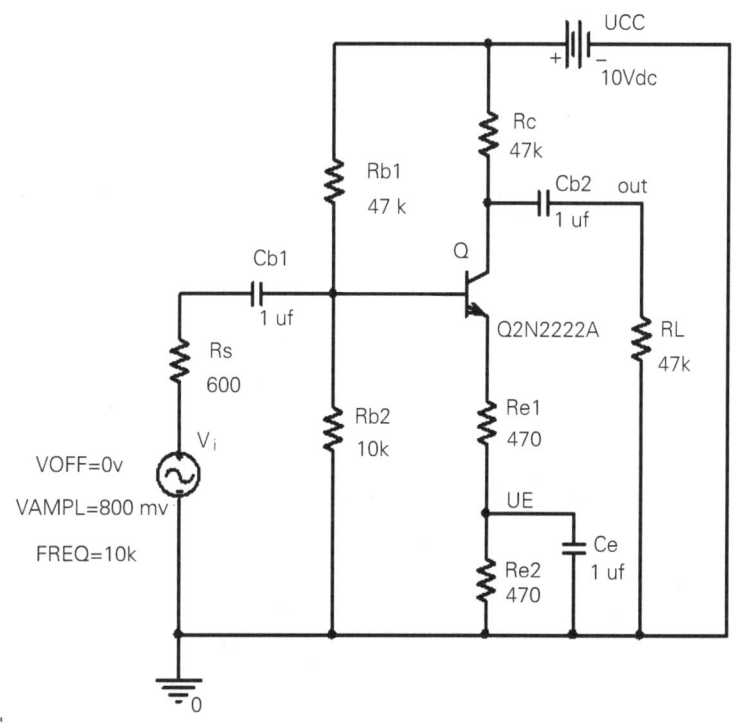

图 2.7.1　共射放大电路

绘制放大电路图的具体步骤是：

① 绘制元器件符号，从 OrCAD/Capture 符号库中调用合适的元器件符号（如电阻、电容、晶体管、电源和接地符号等），放于电路图中合适的位置。

图中的双极晶体管 Q1 从 BIPOLAR 符号库中调用；电容 Cb1、Cb2、Ce 和电阻 Rs、Rb1、Rb2、Rc、R1、Re、RL 从 ANALOG 库中调用；UCC 和 V1 从 SOURCE 库中调用；"接地"符号从 SOURCE 库中调用，名称为 0 的符号。

② 元器件间的电连接，包括互连线、节点符号及节点名 out 等。

2.8 原理图的显示和打印输出

2.8.1 电路图的显示

对于绘制好的电路图，可通过"View/Zoom""In""Out""Area""Scale""All"等子命令或通过 Windows 应用程序中常见的工具按钮 对图形在屏幕上显示的大小、区域做出调整。

屏幕上除了显示电路图元素外，通常还有坐标网格点和图幅分区，这是 Capture 为了便于确定电路组成元素在图纸上的位置而设置的。另外，利用电路图中放置的书签，还可以实现电路图显示的特定器件的快速查找。

1. 坐标网格点（View/Grid）

坐标网格点相当于常规的 X-Y 坐标系统，坐标原点位于图纸的左上角位置。工作区中坐标网格点采用点状还是网格线则取决于运行环境参数设置，网格点间距的缺省分度值为 0.1 英寸（1 英寸 = 2.54 cm），网格点的显示与否，可以通过执行菜单命令"View/Grid"进行控制。在绘图过程中，若不改变运行环境参数的设置，则光标在选定、绘制连线和拖动器件等操作时，其端点的起始和终止只能落在网格点上，这样便于保证元器件与互连线间真正实现电连接。

2. 图幅分区（View/Reference）

选择执行"Options/Schematic Page References"子命令，并在屏幕上出现的设置框中单击"Grid Reference"标签后，相应的标签页如图 2.8.1 所示，标签页中有 3 项设置用于控制图幅分区的使用。

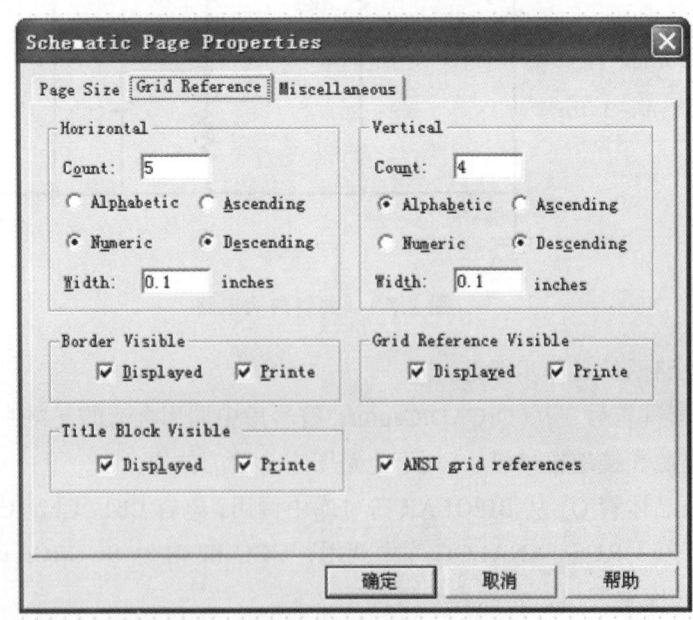

图 2.8.1 "Grid Reference"标签

① 图幅分区式样控制：图 2.8.1 中 Horizontal 栏内的 4 组参数决定了水平方向图幅分区的样式。

Count：确定水平方向的分区数。

Alphabetic（字母）和 Numeric（数字）：确定水平方向图幅分区采用字母还是数字进行编号，图中设置为采用数字。

Ascending（增大）和 Descending（减小）：确定水平方向图幅分区的编号顺序从图纸左上角坐标原点开始，按照从左向右方向顺序增大还是减小，图中设置为减小。

Width：设置图幅分区编号框线的宽度。

图 2.8.1 中 Vertical 栏内的参数设置要求与上述几个参数相同，只是确定垂直方向图幅分区的编号是顺序增大还是顺序减小时，则以图纸左上角坐标原点，编号顺序则按照从上向下的的方向。

② 图幅分区的显示控制："Grid Reference Visible"栏内 Displayed 是否被选中，决定了是否在屏幕上显示图幅分区。另外，在绘图窗口中选择执行"View/Grid Reference"子命令，也可以使图幅分区在显示与不显示之间变化。

3. 电路图显示的快速定位（View/Go To）

如果电路图幅面较大，在屏幕上只能显示其中的一部分，则可以通过菜单命令"View/Go To"调出如图 2.8.2 所示对话框，通过设置某个标签下的参数，显示电路图的某一部分。

① 在"Location"标签下，可调 X，Y 坐标，并可选择光标移动的是绝对值（Absolute）还是相对值（Relative）。

② 在"Grid Reference"标签下，可设置显示电路图的图幅分区在水平方向（Horizontal）还是垂直方向（Vertical）的位置，设定确认后，指定的图幅分区范围将显示于屏幕窗口的中央。

③ 在"Bookmark"标签下，设置指定的书签名"Name"后，光标即指向电路图中该书签所在的位置，并将书签显示在屏幕窗口的中心。

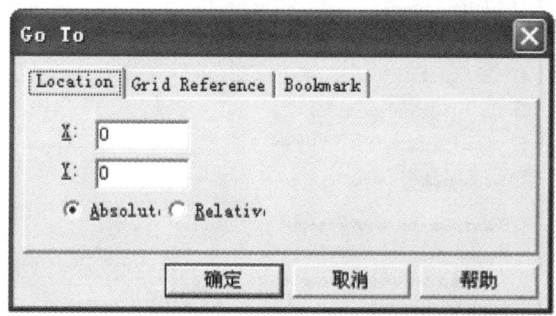

图 2.8.2 "Go To"对话框

2.8.2 电路图的打印输出

1. 打印机的设置

在输出打印之前，应先设置好输出时采用的打印机、绘图仪以及采用的纸张。在设计管理窗口、电路图绘制窗口、元器件图形符号编辑窗口,选择执行"File/Print Setup"子命令,屏幕上都将出现打印机设置框,其中待设置的参数与一般应用程序中打印机参数设置的内容基本相同,包括下述 3 类参数。

① 输出设备设置:选择打印机设备名称及相关属性参数设置,包括纸张(Paper)、打印质量(Print Quality)、设备选项(Device Options)和双面打印方式(Duplex)等几类参数的设置。

② 纸张设置:选择打印机纸张规格以及确定送纸方式是自动进纸(Feeder)还是手动送纸(Manual)。

③ 打印方向设置:根据电路图大小和方向,选择在打印纸上以纵向还是横向排布方式打印电路图。

2. 打印参数的设置

设置好打印设备和纸张后,还应进行打印参数设置。选择执行"File/Print"子命令,屏幕上将弹出如图 2.8.3 所示的打印参数设置对话框。图中顶部显示出已设置的打印设备名称,其余部分用于设置与电路图打印输出有关的参数。

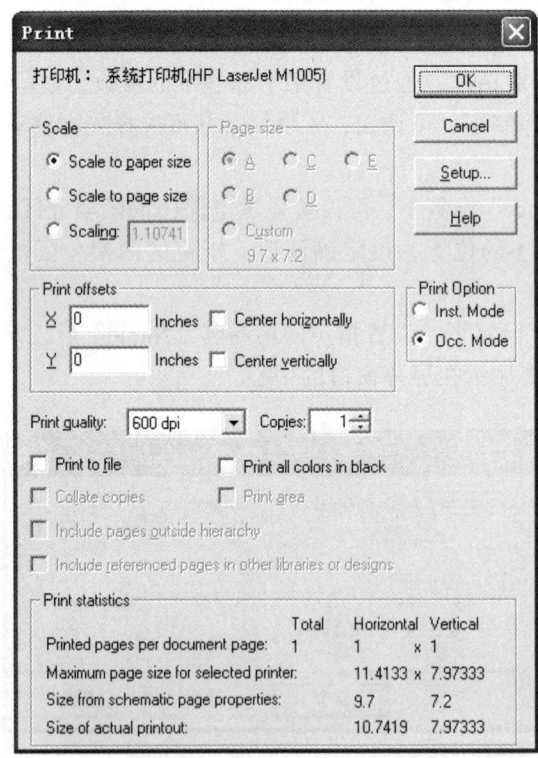

图 2.8.3 打印参数设置对话框

① 打印倍率的设置:在图 2.8.3 中 Scale 一栏,提供了设置打印倍率的 3 种方法,可选用其中的一种。

② 打印偏移量的确定:图 2.8.3 中"Print offsets"一栏,用于设置打印输出时 X 和 Y 方向的尺寸偏移量,即打印出的电路图左上角与打印纸左上角之间的距离,若一幅电路图要采

用多张打印纸，则指电路图与第一张打印纸左上角之间的距离。

③ 打印文件的生成。

④ 其他参数的设置。

3. 输出预览

为了保证输出满足预定要求，在正式用打印机或绘图仪输出之前，可以预览输出效果，选择执行"File/Print Preview"子命令，屏幕上弹出形式与图 2.8.3 相同的打印预览对话框。按正式输出的要求设置好有关参数后，单击"OK"按钮，屏幕上即显示出预览的结果。

4. 采用打印机或绘图输出的步骤

① 选中要输出的一页或多页电路图。

② 选择执行"File/Print Setup"子命令，完成打印机的设置。

③ 选择执行"File/Print"子命令，设置输出倍率、打印偏离量、打印质量、输出份数、是否输出至一个文件等参数。

④ 单击"OK"按钮，将电路图送至输出设备。

第 3 章　PSpice A/D 分析

绘制好电路图，即可调用 OrCAD 软件包中的 PSpice 软件对电路进行模拟分析。本章主要介绍了对模拟电路进行各种特性的参数设置及波形的调用方法，简单介绍了初始偏置条件的设置和输出标识符。

3.1　电路模拟分析的基本过程

采用 PSpice 软件对电路的分析过程如图 3.1.1 所示，其主要过程如下：

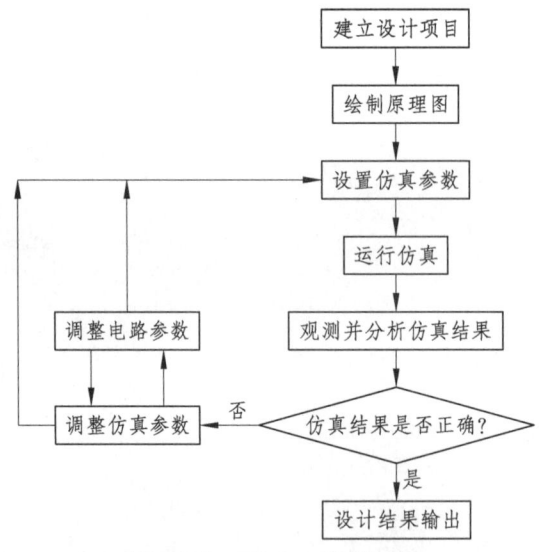

图 3.1.1　PSpice 分析过程

1. 绘制原理图

原理图的具体绘制方法已在 Capture 中介绍过了，下面主要介绍使用 PSpice 绘制原理图时应该注意的问题。

① 新建 Project 时应选择"Analog or Mixed-signal Circuit"。

② 调用的器件必须是 PSpice 模型。

首先，调用 OrCAD 软件本身提供的模型库，这些库文件存储的路径为 Capture/Library/PSpice，此路径中的所有器件都提供了 PSpice 模型，可以直接调用。

其次，若使用自己的器件，必须保证*.olb、*.lib 两个文件同时存在，而且器件属性中必须包含 PSpice Template 属性。

③ 原理图中至少必须有一条网络名称为 0，即接地。

④ 必须有激励源。

⑤ 原理图中的端口符号并不具有电源特性，所有的激励源都存储在 Source 和 SourceTM 库中。

⑥ 电源两端不允许短路，不允许仅由电源和电感组成回路，也不允许仅由电源和电容组成割集。

解决方法：电容并联一个大电阻，电感串联一个小电阻。

⑦ 最好不要使用负值电阻、电容和电感，因为它们容易引起不收敛。

2. 仿真参数设置

① PSpice 的仿真类型。

在 OrCAD PSpice 中，可以分析的类型有以下 9 种。

直流分析：当电路中某一参数（称为自变量）在一定范围内变化时，对自变量的每一个取值，计算电路的直流偏置特性（称为输出变量）。

交流分析：其作用是计算电路的交流小信号频率响应特性。

噪声分析：计算电路中各个器件对选定的输出点产生的噪声等效到选定的输入源（独立的电压或电流源）上。即计算输入源上的等效输入噪声。

瞬态分析：在给定输入激励信号作用下，计算电路输出端的瞬态响应。

基本工作点分析：计算电路的直流偏置状态。

蒙特卡罗统计分析：为了模拟实际生产中因元器件值具有一定分散性所引起的电路特性分散性，PSpice 提供了蒙特卡罗分析功能。进行蒙特卡罗分析时，首先根据实际情况确定元器件值分布规律，然后多次"重复"进行指定的电路特性分析，每次分析时采用的元器件值是从元器件值分布中随机抽样，这样每次分析时采用的元器件值不会完全相同，而是代表了实际变化情况。完成了多次电路特性分析后，对各次分析结果进行综合统计分析，就可以得到电路特性的分散变化规律。与其他领域一样，这种随机抽样、统计分析的方法一般统称为蒙特卡罗分析，简称为 MC 分析。由于 MC 分析和最坏情况分析都具有统计特性，因此又称为统计分析。

最坏情况分析：蒙特卡罗统计分析中产生的极限情况即为最坏情况。

参数扫描分析：在指定参数值的变化情况下，分析相对应的电路特性。

温度分析：分析在特定温度下电路的特性。

灵敏度分析：计算电路中元件的参数变化对输出变量的影响，它包含直流灵敏度和交流灵敏度。

② 建立仿真描述文件。

在设置仿真参数之前，必须先建立一个仿真参数描述文件，点击 ![icon] 或执行 "PSpice/New Simulation Profile" 菜单命令，系统弹出如图 3.1.2 所示的对话框。在 "Name" 框中输入仿真描述文件;在"Inherit From"框中显示可继承的已有的仿真描述文件,默认为"none"。若新建的仿真参数描述文件是需要通过修改一个已有的仿真参数描述文件获得,则可从"Inherit From"右侧下拉列表选取一个已有的仿真参数描述文件,或通过点击"…"按钮,选择一个已有的仿真参数描述文件(*.sim)。点击"Create"按钮,系统将接着弹出如图 3.1.3 所示的对话框。

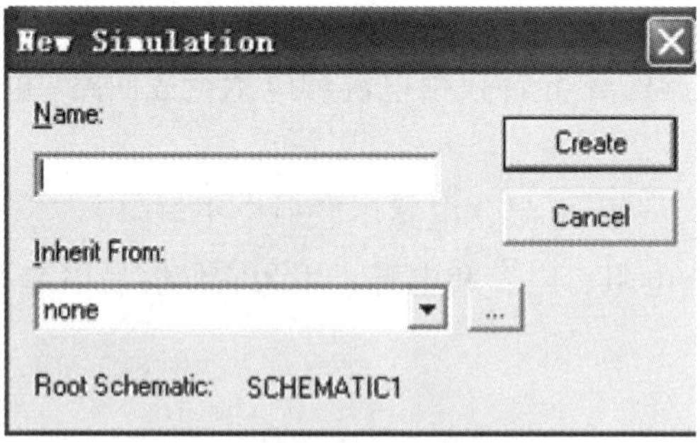

图 3.1.2 仿真文件设置对话框

该对话框的"Analysis"标签页,用于电路分析类型与参数的设置。设置内容包括:基本分析类型的选择、分析类型选项的选择以及分析参数的设置等。

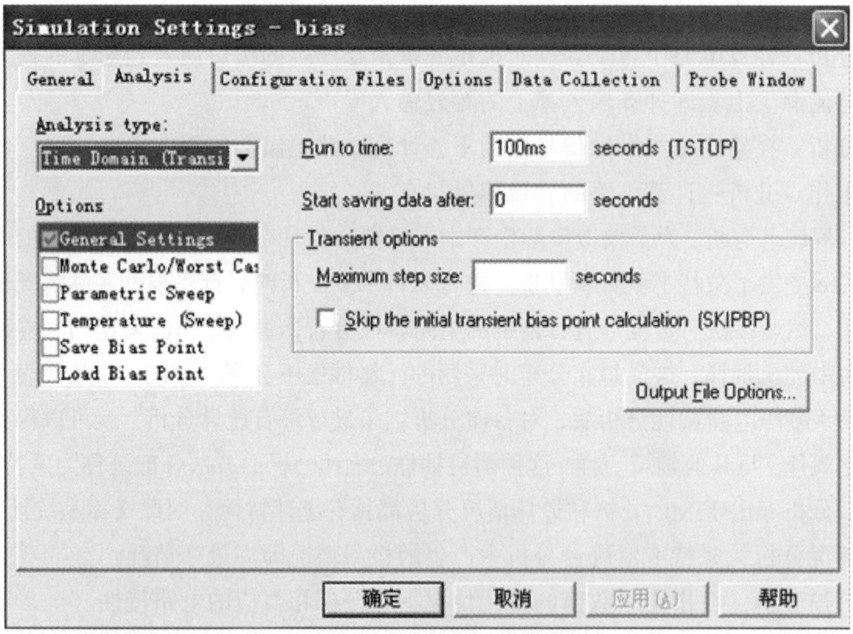

图 3.1.3 仿真参数设置对话框

基本分析类型的选定:在"Analysis type"中,有 4 种选择。
Time Domain(Transient):时域(瞬态)分析;
DC Sweep:直流分析;
AC Sweep/Noise:交流/噪声分析;
Bias point:基本偏置点分析。

在"Options"选项中可以选择在每种基本分析类型上要附加进行的分析,其中"General Settings"是最基本的必选项(系统默认已选)。

模拟类型组中其他分析类型的选定:确定基本分析类型后,可以在其下方的 Options 中选定该模拟类型组中还需要同时进行哪几种电路特性分析。对应不同的基本分析类型,"Options"中列出的可供选择的分析类型不完全相同,要进行哪种分析,一定要在"Options"栏中单击该种分析类型名前的复选框,使框中出现选中标志。

分析参数的设置:不同电路分析类型,需要设置的分析参数也不相同,在图 3.1.3 中点击"Options"栏中某种分析类型名后,在其右侧即显示出该种分析中需设置的参数,下面结合例子进行分析。

3. 运行 PSpice 分析

当仿真参数设置好后,用鼠标单击工具上的 ▶ 或 PSpice/Run 菜单,即可执行 PSpice 分析。如果电路图绘制正确,仿真参数设置合理,运行 PSpice 后,程序会在窗口内显示"Simulation Complete"信息,说明分析过程进展顺利。此时可以从"Output File"文件观察程序的文本结果,还可以打开波形观察程序"Probe",对仿真结果进行图形观察和处理。如果仿真过程有错,则在窗口内会显示错误及警告信息,并能显示错误在什么地方。

3.2 直流工作点分析

直流工作点分析包括直流偏置点、直流灵敏度和直流传输特性分析。

计算电路的直流偏置点时,PSpice 将电路中的电容开路、电感短路、信号源取其直流电平,然后用迭代的方法计算出电路中各节点的电压、各回路的电流值及各元器件的功耗。

灵敏度分析就是定量分析、比较电路特性对每个电路元器件参数的敏感程度。PSpice 中直流灵敏度分析是分析指定的节点电压对电路中电阻、独立电压源和独立电流源、电压控制开关和电流控制开关、二极管、双极晶体管共 5 类元器件参数的敏感度,并将计算结果自动存入 OUT 输出文件中。需要注意的是对一般规模的电路,灵敏度分析产生的 OUT 输出文件中包含的数据量将很大。PSpice 中采用两种不同的方式定量表示直流灵敏度。

(1)元件灵敏度 S:电路特性参数 T 对元器件值 X 绝对变化的灵敏度,即 T 对 X 的变化率。

$$S(T, X) = \Delta T / \Delta X$$

(2)相对灵敏度 S_N:电路特性 T 对元器件值 X 相对变化为 1% 情况下的灵敏度。

$$S_N = S(T, X) \cdot X / 100$$

直流传输特性分析用于计算电路的小信号直流增益、输入电阻和输出电阻。在进行直流传输特性分析时,PSpice 程序首先计算电路直流工作点,并在工作点进行电路元件线性化处理,然后计算出线性化电路的小信号增益、输入电阻和输出电阻,并将结果自动存入 OUT 文件中。本项分析又简称为 TF 分析。

3.2.1 直流偏置点分析

1. 仿真设置

图 3.2.1 所示为共射放大电路,点击 ▦ 或 "PSpice/Edit Simulation Profile",调出 "Simulation Setting" 对话框,在 "Analysis type" 中选择 "Bias Point Detail",在 "Options" 中选择 "General Settings",完成直流工作点分析设置,如图 3.2.2 所示。然后运行 Run,即可完成直流工作点分析。

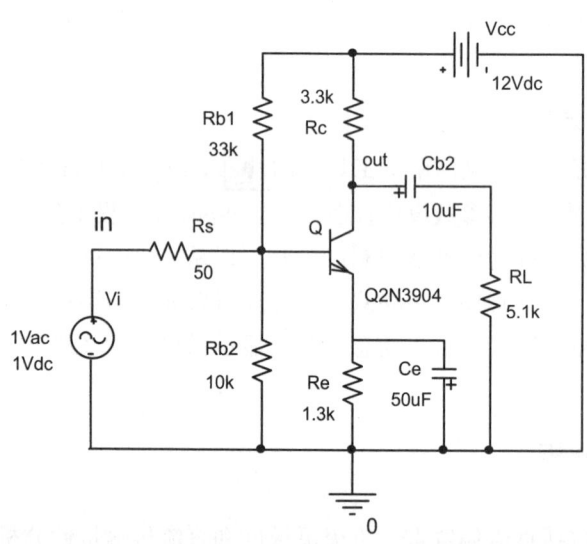

图 3.2.1 共射放大电路

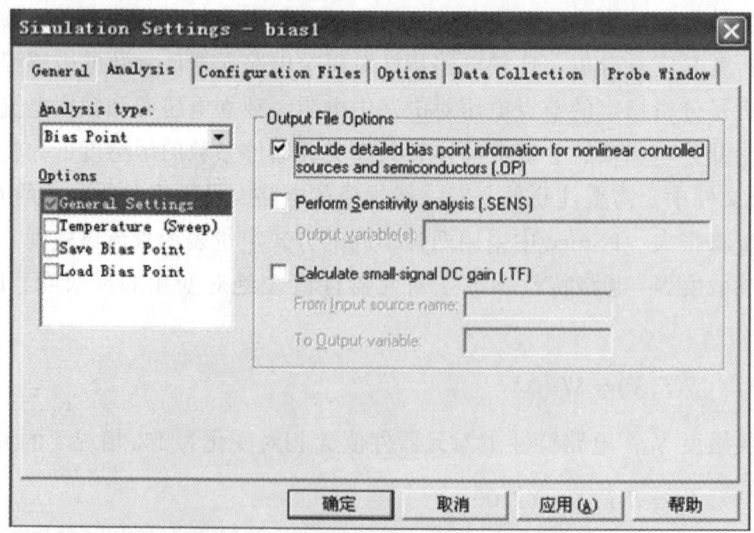

图 3.2.2 直流偏置点仿真参数设置

2. 结果分析

将直流工作点分析结果存入 Output file 文件中,其内容包括:各个节点电压、流过各个电压源的电流、总功耗以及所有非线性受控源和半导体器件的小信号（线性化）参数。其结果如下：

```
NODE   VOLTAGE    NODE   VOLTAGE    NODE     VOLTAGE    NODE     VOLTAGE
( IN )  1.000 0   ( OUT ) 11.040 0  (N00673) 1.011 5    (N00799) 0.381 2
(N00875) 12.000 0 (N00980) 0.000 0     各个节点电压
VOLTAGE SOURCE CURRENTS
NAME            CURRENT
V_Vcc           －6.239E－04     流过各个电压源的电流
V_Vi            2.295E－04
TOTAL  POWER  DISSIPATION   7.26E－03      WATTS      总功耗
           Q2N3904
           NPN
           IS       6.734 000E－15
           BF       416.4
           NF       1
           VAF      74.03
           IKF      0.066 78
           ISE      6.734 000E－15
           NE       1.259
           BR       0.737 1
           NR       1
           RB       10
           RC       1                         半导体器件的小信号参数
           CJE      4.493 000E－12
           MJE      0.259 3
           CJC      3.638 000E－12
           MJC      0.308 5
           TF       301.200 000E－12
           XTF      2
           VTF      4
           ITF      0.4
           TR       239.500 000E－09
           XTB      1.5
           CN       2.42
           D        0.87
```

如果需要直观地观察各节点的工作点电流、电压以及各元件的功率，可直接点击工具栏上的 V 、I 和 W 按钮，其运行结果分别如图 3.2.3（a）、(b)、(c) 所示。值得注意的是，电阻的网络表形式为 R1 node1 node2 value。

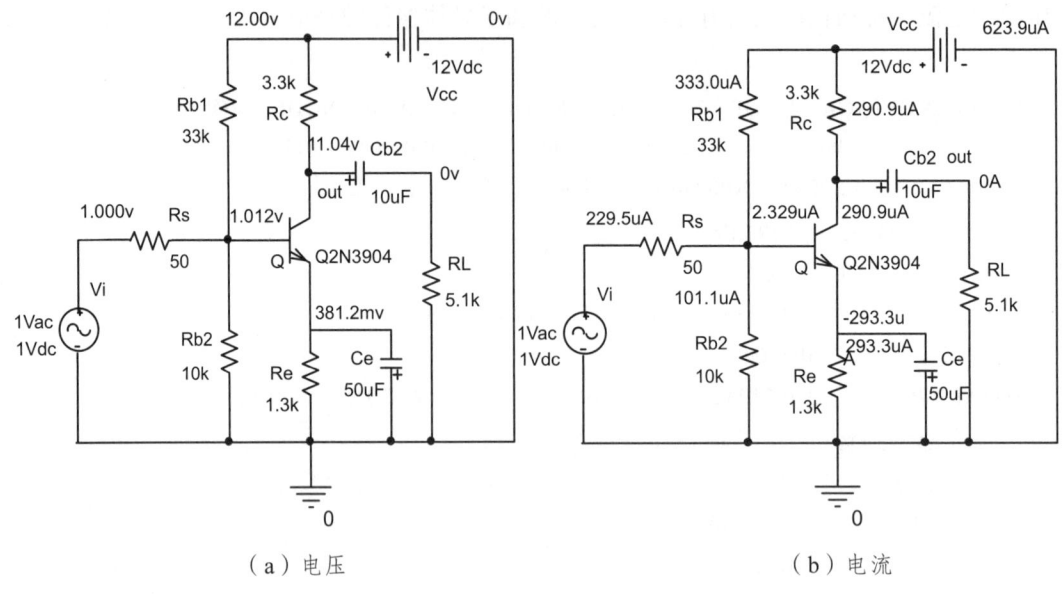

（a）电压　　　　　　　　　　　　　（b）电流

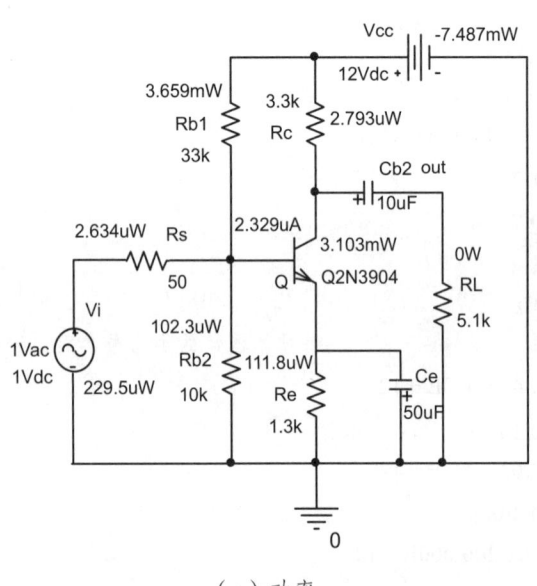

（c）功率

图 3.2.3　电压、电流和功率

PSpice 规定，node1 为电流的正极性端，node2 为负极性端，**I** 按钮标出的只是电流的大小，而方向并未在图中标示，因此，需仔细分析电路的电流和功率，特别是在元件被旋转以后。

3.2.2　直流灵敏度分析

1. 仿真设置

进行直流灵敏度分析时只需指定节点电压的一个参数，其分压电路如图 3.2.4 所示，分析输出电压 V(out)对电阻 R1、R2 和输入电压 Vin 的直流灵敏度，选中"Perform Sensitivity Analysis"并在其下方的 Output 栏中键入节点电压参数名，即完成直流灵敏度分析设置，如图 3.2.5 所示。

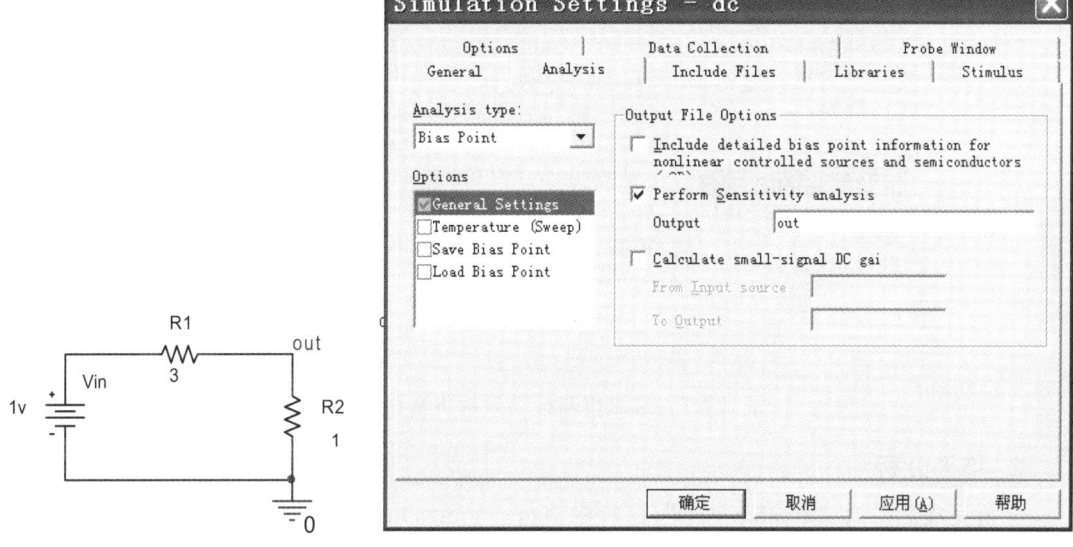

图 3.2.4　　　　　　　　　　图 3.2.5　灵敏度分析仿真参数设置

2. 结果分析

分析完成后，在"PSpice A/D"窗口中，执行"View/Output File"子命令，可得到各元器件的灵敏度，如图 3.2.6 所示。

DC SENSITIVITIES OF OUTPUT V(OUT)			
ELEMENI NAME	ELEMENT VALUE	ELEMENT SENSITIVITY (VOLTS/UNIT)	NORMALIZED SENSITIVITY (VOLTS/PERCENT)
R_R1	3.000E+03	-6.260E-05	-1.875E-03
R_R2	1.000E+03	1.875E-04	1.875E-03
V_V1	1.000E+00	2.500E-01	2.500E-03
		元件灵敏度	相对灵敏度

图 3.2.6　灵敏度分析结果

3.2.3 直流传输特性分析

1. 参数设置

电路如图 3.2.1 所示，要进行直流传输特性分析，应在图 3.2.7 所示 Bias Point 电路特性分析类型设置中，选择"Calculate small-signal DC gain"，并在"From Input source"栏中填入输入信号源名；在"To Output"栏中填入输出变量名。

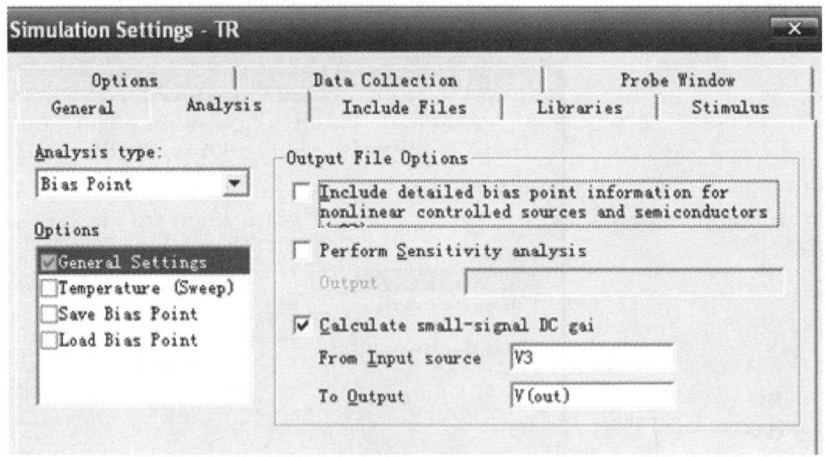

图 3.2.7　直流传输特性分析仿真参数设置

2. 结果分析

分析完成后，在"PSpice A/D"窗口中执行"View/Output File"子命令，仿真结果如图 3.2.8 所示。

```
****     SMALL-SIGNAL CHARACTERISTICS

     V(OUT)/V_Vi = -2.342E+00

   INPUT RESISTANCE AT V_Vi =  7.443E+03

   OUTPUT RESISTANCE AT V(OUT) =  3.297E+03
```

图 3.2.8　直流传输特性分析结果

即：增益 V（OUT）/V_Vi = − 2.342E + 00；

输入电阻为；7.443E + 03；

输出电阻为 3.297E + 03。

3.3　直流特性扫描分析

3.3.1　功　能

直流特性扫描分析（DC Sweep）的作用是指当电路中某一参数（称为自变量）在一定范围内变化时，对自变量的每一个取值，计算电路的直流偏置特性（称为输出变量）。在分析过程中，将电容开路、电感短路，各个信号源取直流电平值；若电路中还包括逻辑单元，则将每个逻辑器件的延时取为 0，逻辑信号激励源，取其 $t=0$ 时的值。

在进行直流特性扫描分析时，还可指定一个参变量并确定其变化范围。对参变量的每一个取值,均使自变量在其变化范围内按每一个设定值,计算输出变量的变化情况。直流特性扫描分析在分析放大器的转移特性、逻辑门的高低逻辑阈值等方面均有很大的作用。本项目分析又简称为 DC 分析。

3.3.2 DC 分析的参数设置

要进行 DC 分析,必须指定自变量和参变量并设置其变化情况。

例:分析 MOS 晶体管输出特性的电路图,电路如图 3.3.1 所示。

点击 或 "PSpice/Edit Simulation Profile",调出 "Simulation Settings" 对话框,在 "Analysis type" 中选择 "DC Sweep",在 "Options" 中选择 "Primary Sweep",如图 3.3.2 所示。

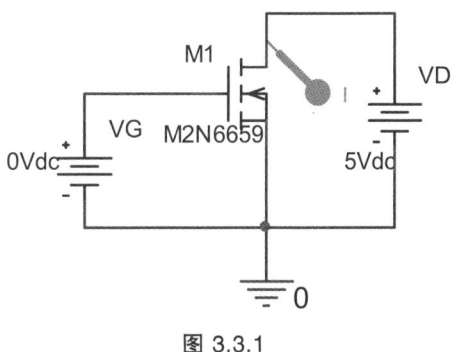

图 3.3.1

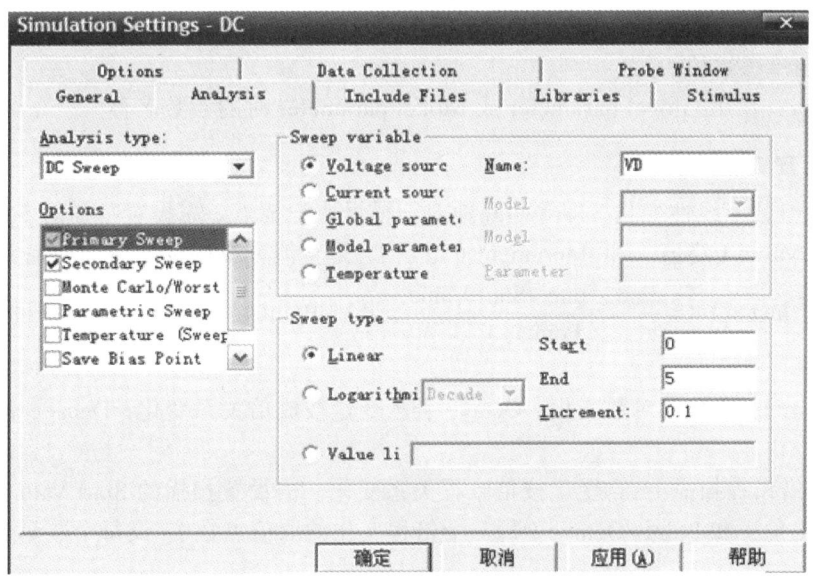

图 3.3.2　DC Sweep 参数设置

Options 栏是一些可复选的项,各项的含义如下:
Primary Sweep——主扫描;
Secondary Sweep——次扫描;
Monte Carlo/Worst——蒙特卡罗/最坏情况分析;
Parametric Sweep——参数扫描;
Temperature Sweep——温度扫描;
Save Bias Point——保存直流工作点数值;
Load Bias Point——导入直流工作点数值。
在电路仿真分析中用到的选项主要是 "Primary Sweep" 和 "Parametric Sweep","Primary

Sweep"是必须选择的。"Parametric Sweep"用于元件参数变化的情况,它可以和"Primary Sweep"同时选择。

在选择"Primary Sweep"选项后,有两项需要进行参数设置,即其扫描变量类型(Sweep variable)和扫描方式(Sweep type),各项的含义如下。

1. 扫描变量类型

Voltage source:电压源,以独立电压源作为扫描变量,在 Name 框中键入起变量作用的独立电压源名称。

Current source:电流源,以独立电流源作为扫描变量,在 Name 框中键入起变量作用的独立电流源名称。

必须在 Name 里输入电压源或电流源的 Reference,如"V1""I2"。

Global parameter:全局参数变量,以定义的全局参数作为扫描变量,在"Parameter name"框中键入全局参数名称。

Model parameter:以模型参数为变量,在"Model type"框中键入或在下拉列表中选取模型类型,在"Model name"框中键入模型名称,在"Paraeter name"框中键入参数名称。

Temperature:以温度为变量,PSpice 的内定温度为 27 ℃,修改温度值可更新元器件模型参数中的温度参数值。

Parameter:使用 Global parameter 或 Model parameter 时的参数名称。

2. 扫描方式

Linear:参数以线性变化,即等间隔地对扫描量取扫描点。需设置扫描的 Start Value(初始值)、End Value(终值)和 Increment(增量),是直流分析中最常用的扫描方式。其增量计算公式为:$\text{Increment} = \frac{\text{End Value} - \text{Start Value}}{\text{Points} - 1}$,其中 Points 为起始值至终止值范围内的取样点数。

Logarithmic:参数以对数变化,Octave 表示变量按成倍关系变化;Decade 表示变量按十进制数量级变化。

Octav(倍频程扫描):自变量按倍频程关系变化。需设置扫描的 Start Value(初始值)、End Value(终值)和 Points/Octave(每一个倍程变化的取值点数)。设每个数量级内取 Points 个采样点。其增量计算公式为:$\text{Increment} = 2^{\frac{1}{\text{Points}+1}}$。

Decade(十倍频程扫描):自变量按十倍频程关系变化。需设置扫描的 Start Value(初始值)、End Value(终值)和 Points/Decade(每一个十倍程变化的取值点数)。设每个数量级内取 Points 个采样点。其增量计算公式为:$\text{Increment} = 10^{\frac{1}{\text{Points}+1}}$。

Value List:只分析列表中的值,需在 Value 框中设置扫描值,多个扫描值间可用空格或逗号分隔。

3.3.3 分析点设置

为了便于观察仿真波形,可以在电路图上放置一些电压、电流探针及节点别名。

放置探针后,运行仿真程序后就会直接显示对应点的电压、电流波形。

根据测量对象不同，先点击所需要的探针快捷按钮，光标会变成探针的形状，将光标移到电路图上合适的位置，单击鼠标左键，电路图上就会增加一个相应的探针。电压探针和电流探针都要放在元件的节点上，电压探针的正负极也要放在元件节点上。若在电路中放置多个同一类型的探针，只要接着在图上相应位置点击鼠标即可。

以图 3.3.1 为例：分析时选择电压源 VD 为自变量，VG 为参变量，其参数设置如图 3.3.3 所示。

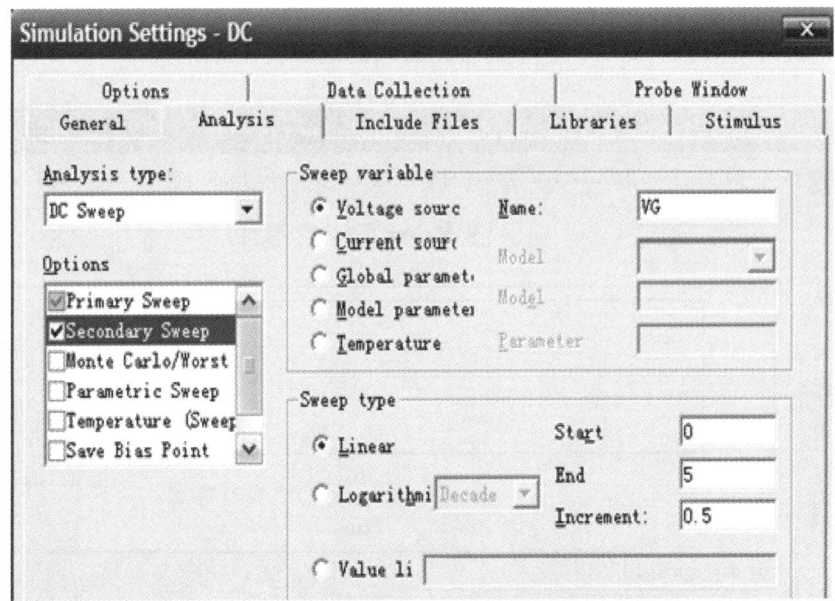

（a）自变量类型设置

（b）参变量类型设置

图 3.3.3　直流扫描仿真参数设置

3.3.4 观察仿真结果

在"Simulation Settings"中按"OK"按钮退出并保存设置参数。点击 ![icon] 或"PSpice/Markers/Current Into Pin",放置电流观测探针,观测探针位置如图 3.3.1 所示。点击 ![icon] 或选择"PSpice/Run"运行 PSpice,自动调用 Probe 模块,分析完成后,即可以看到如图 3.3.4 所示的波形。

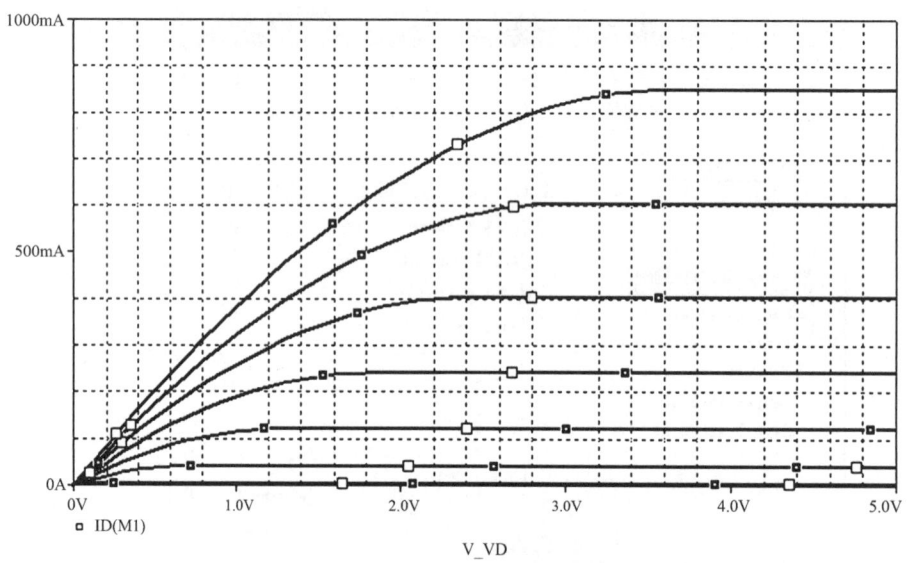

图 3.3.4 MOS 管的输出特性曲线

也可以直接点击 ![icon] 或"PSpice/Run"运行 PSpice,自动调用 Probe 模块,得到如图 3.3.5 所示的 Probe 窗口对话框。此对话框中的常用的快捷键如表 3.3.1 所示。

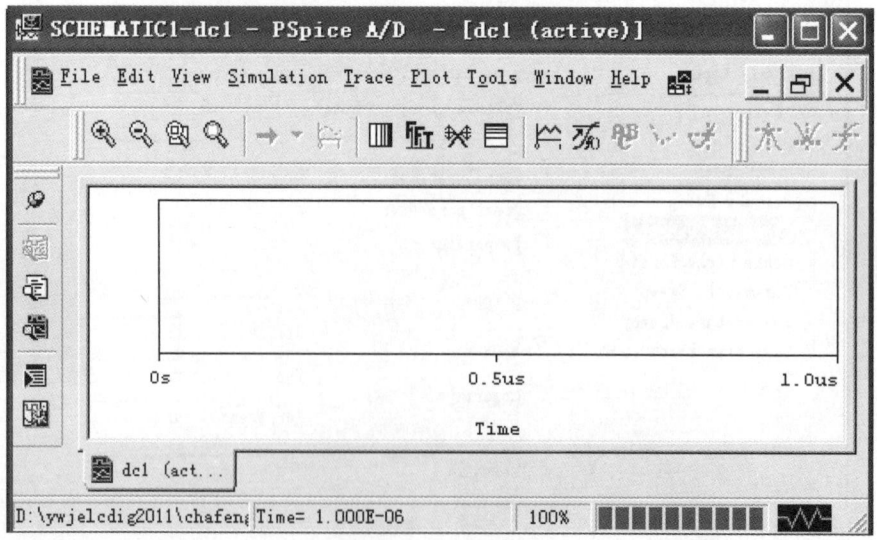

图 3.3.5 Probe 窗口

表 3.3.1　Probe 程序中的快捷键及功能

快捷键	菜单项	功　能
Ctrl + X	Cut	剪切
Ctrl + C	Copy	复制
Ctrl + V	Paste	粘贴
Delete	Delete	删除
Ctrl + Y	Add Y Axis	增加一条 Y 轴
Shift + Ctrl + Y	Delete Y Axis	删除一条 Y 轴
Insert	Add	添加轨迹
Ctrl + Delete	Delete All	在选取的图形中删除所有轨迹
Ctrl + U	Undelete	恢复最后一次删除的轨迹
Shift + Ctrl + C	Display	设置数据指针开或关
Shift + Ctrl + F	Freeze	冻结指针
Shift + Ctrl + S	Search	搜索
Shift + Ctrl + X	Max	指向下一个最大值
Shift + Ctrl + M	Min	指向下一个最小值
Shift + Ctrl + R	Previous Transition	指向前一个边沿
Shift + Ctrl + N	Next Transition	指向下一个边沿
Shift + Ctrl + P	Peak	指向下一个波峰
Shift + Ctrl + T	Trough	指向下一个波谷
Shift + Ctrl + L	Slope	指向下一个斜坡
Shift + Ctrl + I	Point	指向下一个点
Ctrl + A	Area	放大指定的区域
Ctrl + I	In	以指定点放大四周
Ctrl + O	Out	以指定点缩小四周
Ctrl + N	Fit	显示屏幕中所有数据
Ctrl + L	Redraw	刷新屏幕
Ctrl + P	Previous	恢复前一个视图
F12	Restore	恢复最后的 Probe 访问
Ctrl + F12	Open	打开一个文件
Shift + Ctrl + F12	Print	打开一个打印对话框
Alt + F4	Exit	退出 Probe
F1	Help	Probe 帮助

在 Probe 窗口中比较重要的工具条有图 3.3.6 所示的波形图标工具栏、图 3.3.7 所示的标尺图标工具栏和图 3.3.8 所示的浏览工具栏图标按钮。

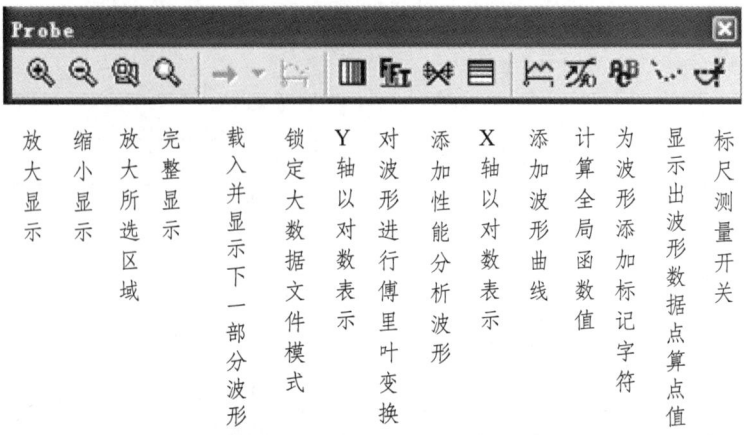

图 3.3.6 波形图标工具栏

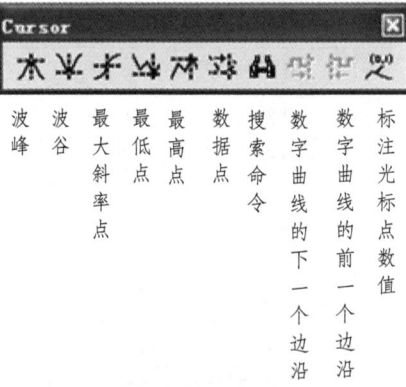

图 3.3.7 标尺图标工具栏

图 3.3.8 浏览工具栏图标按钮

在图 3.3.5 中直接点击 ![icon] 或 "Trace/ Add Trace",可得到如图 3.3.9 所示的 "Add Traces" 对话框。

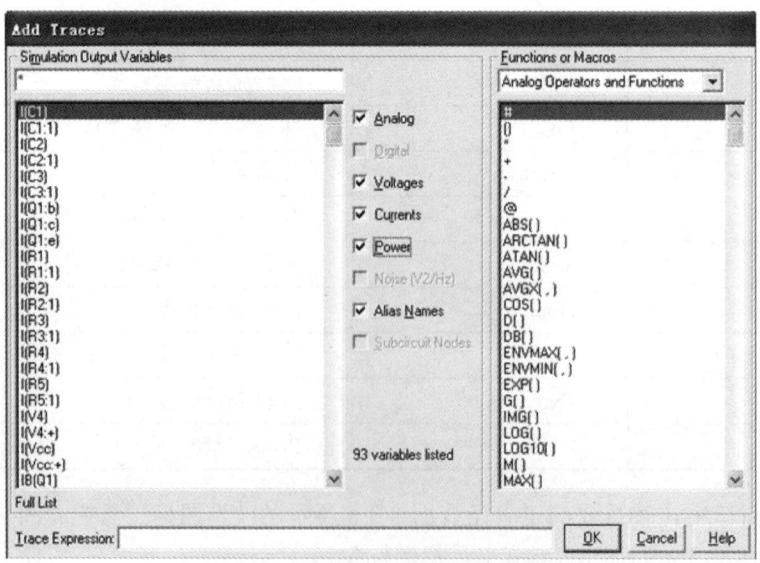

图 3.3.9 "Add Traces" 对话框

图 3.3.9 所示的对话框由三部分组成：左边部分是输出变量名列表，中间部分是用于控制变量列表中所显示的变量类型，右边部分是函数和宏。

输出变量名列表框内列出了在模拟分析中产生的节点电压、支路电流、噪声信号等的变量名，这些变量名代表的信号波形均可在 Probe 窗口中显示。用鼠标单击要显示的变量名，则被选中的变量名将依次出现在图 3.3.9 最下面的"Trace Expression"右侧的文本框中，也可在"Trace Expression"文本框中直接输入变量名。

控制变量列表中所显示的变量类型包括：Analog（模拟量）、Digital（数字量）、Voltages（电压量）、Currents（电流量）、Power（功率）、Noise（V^2/Hz）（噪声）、Alias Names（别名）、Subcircuit Nodes（内部子电路）7 项。当电路规模较大时，列表框内的输出变量名会很多，为了方便选择所需的变量名，可从控制变量列表中选择需要的类型。也可在图 3.3.9 左上方键入通配符"*""?"，进一步限定变量名称。只有满足条件的变量名才会显示在输出变量名列表框内。

函数和宏用于对变量进行运算处理。在"Function or Macros（函数或宏）"框中，列出了可供选择的运算符、函数或宏；可用鼠标选中图 3.3.9 所示对话框中右边部分的运算符和函数，再选择变量名。若要显示"V（out）"的绝对值，则首先选择"ABS（ ）"，则在图 3.3.9 下方的"Trace Expression"文本框中显示"ABS（|"，等待确定自变量，再在左边变量列表框中选择"V（out）"，在"Trace Expression"中显示"ABS（V（out））"，表示要显示的是"V（out）"的绝对值。

表 3.3.2 为 Probe 中可采用的运算符。表 3.3.3 为 Probe 提供的函数。

表 3.3.2　有效的模拟算术操作

符　号	含　义
（　）	分组
*/	乘法或除法
+ -	加法或减法
@	在一个特殊的区域或数据文件

表 3.3.3　Probe 提供的函数

函　数	含　义
ABS（x）	绝对值 x
SGN（x）	等于 +1（若 x>0），或 0（若 x=0），或 -1（若 x<0）
SQRT（x）	开平方 $x^{1/2}$
EXP（x）	以 e 为底数的 x 次方 e^x
LOG（x）	自然对数 ln（x）
LOG10（x）	常用对数 lg（x）
M（x）	x 的模值
P（x）	x 的相位
R（x）	x 的实部

续表 3.3.3

函 数	含 义
IMG（x）	x 的虚部
G（x）	x 的群延迟
PWR（x，y）	$\lvert x \rvert^y$，$\lvert x \rvert$ 的 y 次幂
SIN（x）	正弦函数 sin（x）
COS（x）	余弦函数 cos（x）
TAN（x）	正切函数 tan（x）
ATAN（x）	反正切函数 arctan（x）
ARCTAN（x）	反正切函数 arctan（x）
d（x）	求变量 x 对 X 轴的导数
S（x）	在 X 轴范围对变量 x 求积分
AVG（x）	在 X 轴范围对变量 x 求平均
AVGX（x，d）	在 X 轴上从（x-d）到（x）范围对 x 求平均
RMS（x）	在 X 轴范围求变量 x 的均方根值

3.4 交流特性分析

交流特性分析（AC Sweep）包括交流小信号频率特性分析和噪声分析。进行频率特性分析时半导体器件皆采用其线性模型。进行本项分析时首先计算电路的直流工作点，并在工作点处对电路中各个非线性元件作线性化处理，得到线性化的交流小信号等效电路。然后使电路中交流信号源的频率在一定范围内变化，并用交流小信号等效电路计算电路输出交流信号的变化。交流分析能够获得电路的幅频响应、相频响应以及转移导纳等特性参数，故本项分析又简称为 AC 分析。

噪声分析是计算出每个频率点上器件的闪烁噪声、散粒噪声和热噪声以及传输到指定输出节点处噪声分量的大小，各噪声分量后计算出总的输出噪声和等效输入噪声，具体计算步骤如下：① 计算所有电阻和半导体器件的噪声，选定一个节点作为输出节点，将每个电阻和半导体器件的噪声在指定的输出节点处产生的噪声电压均方根（RMS）值叠加，得到总的输出噪声。② 选定一个独立电压源或独立电流源，计算电路中从该独立电压源（电流源）到指定的输出节点处的增益，再将第①步计算得到的输出节点处总噪声除以该增益，就得到在该独立电压源（或电流源）处的等输入噪声。

3.4.1 交流小信号频率特性分析

例：绘制如图 3.4.1 所示的 RC 低通滤波电路图（注意元件的来源）。

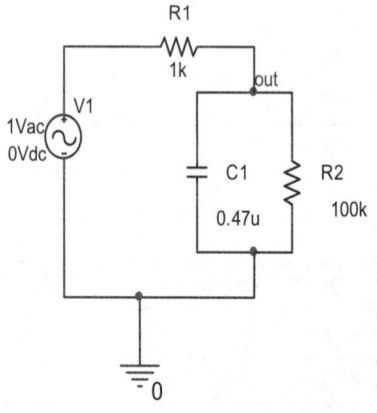

图 3.4.1　RC 低通滤波电路图

1. 频率参数设置

点击 ![icon] 或"PSpice/Edit Simulation Profile",调出"Simulation Setting"对话框,在"Analysis type"中选择"AC Sweep/Noise",在"Options"中选择"General Settings"。图 3.4.2 所示为仿真参数设置。

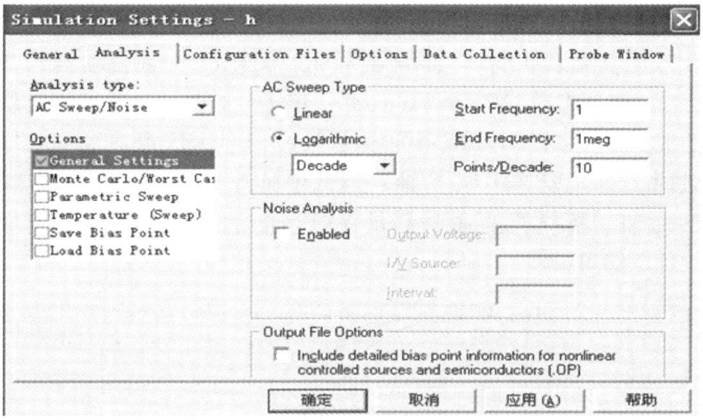

图 3.4.2 频率特性分析仿真参数设置

在 AC Sweep type 中选择"logarithmic",并作如下设置:
Start Frequency:10 Hz
End Frequency:100 megHz
注意:这里频率单位不能写成 M 或 MHz,而应写成 meg 或 meg Hz! 起始频率(Start Frequency)不能为 0!
Point/Decade:10
其他两项属于噪声分析(Noise analysis)和输出文件信息(Output File Options)。
放置电流探针或节点别名,此操作可根据观察需要进行。

2.观察仿真结果

运行仿真程序,放置电压探针在图 3.4.1 中的 out 端[或者在 Probe 演示窗口中输入 V(out)],仿真结果如图 3.4.3 所示。

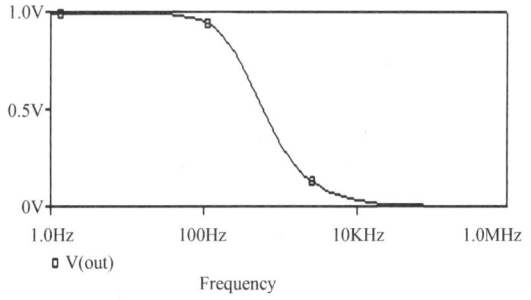

图 3.4.3 RC 低通滤波器的幅频特性

由图 3.4.3 所示的幅频特性可知,低频部分的信号能通过,高频部分的信号衰减了。同样也可观察电压的相频特性。

有时为了便于分析电路的性能,需将不同的曲线进行对比分析,因此下面介绍多信号波形的显示方法。

(1) 多 Y 轴波形的显示。

要在同一坐标系下显示数值范围悬殊的几条曲线时,可采用多 Y 轴波形显示。以图 3.4.1 为例,点击"Trace/Add Trace…"命令,选择"V(out)",单击"OK"按钮。这样在当前窗口显示曲线 V(out)。增加 Y 轴时,点击"Plot/Add Y Axis"命令,屏幕上会出现有两根 Y 轴的波形显示窗口,其中新添加的 Y 轴编号为 2,原来的 Y 轴自动标为 1 号。此时再点击"Trace/Add Trace…"命令选择"P(v(out))",单击"OK"按钮。这样新增 Y 轴就显示曲线 P(v(out))的波形,如图 3.4.4 所示为多 Y 轴波形显示区窗口。

要删除某 Y 轴时,首先要选中该 Y 轴。当选中某 Y 轴时在底下部左侧有一个"SEL>>"符号,即为当前活动轴。所执行的命令都是针对当前活动窗口的,若要删除此窗口,点击"Plot/Delete Plot"命令即可。

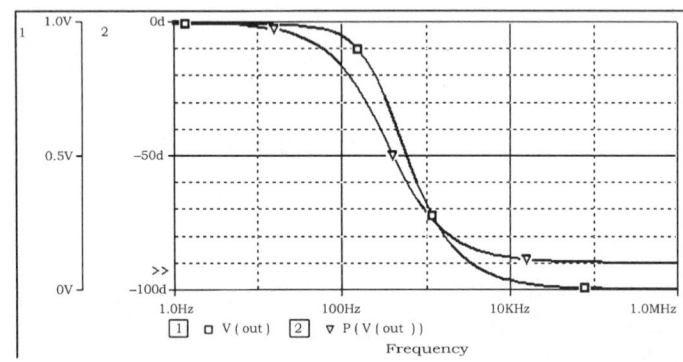

图 3.4.4　多 Y 轴波形显示窗口

(2) 多波形显示区显示。

多波形显示区是指在同一波形窗口中显示不同类型或不同幅度的信号波形,使各个波形清晰显示。以图 3.4.1 为例,点击"Trace/Add Trace…"命令,选择"V(out)",单击"OK"按钮。这样在当前窗口显示曲线 V(out)。点击"Plot/Add Plot to Window"命令,即在当前屏幕上添加一个空白的波形显示区。点击"Trace/Add Trace…"命令,打开"Add Traces"对话框。选择"P(v(out)),单击"OK"按钮。

图 3.4.5 所示为在一个 Probe 演示窗口中显示其幅频特性和相频特性。

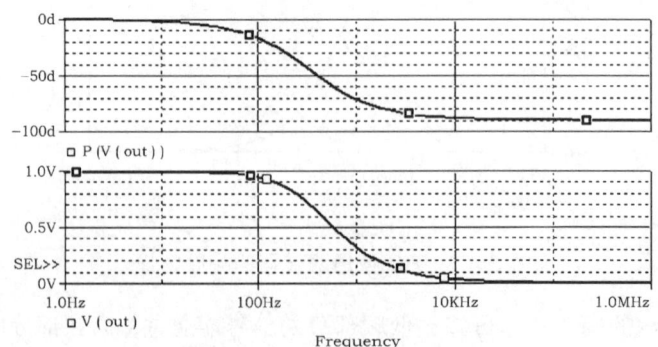

图 3.4.5　多波形显示区窗口

要删除一个波形显示区，首先要选中该波形显示区。在有多个显示区的情况下，仅有一个显示区处于选中状态，其标志为在显示区左下边界有一个"SEL>>"符号。添加的新波形显示区自动成为选中状态。若要选中某一显示区，只要用鼠标单击该显示区范围内的任一位置，即可将其选中。选中波形显示区后，再执行"Plot/Delete Plot"子命令，选中的波形显示区及其中显示的波形将同时被删除。

（3）多窗口波形显示。

在 Probe 窗口中，不仅可在一个窗口中建立多个波形显示区，还可在屏幕上同时打开多个波形显示窗口。其方法有两种：一种是在 Probe 窗口，选择执行"File/Open"子命令，打开以".dat"为扩展名的数据文件，可自动打开一个波形显示窗口；另一种是在 Probe 窗口中，选择执行"Window/New Window"子命令，在屏幕上打开一个新的波形显示窗口。图 3.4.6 所示为两个波形显示窗口中的波形。

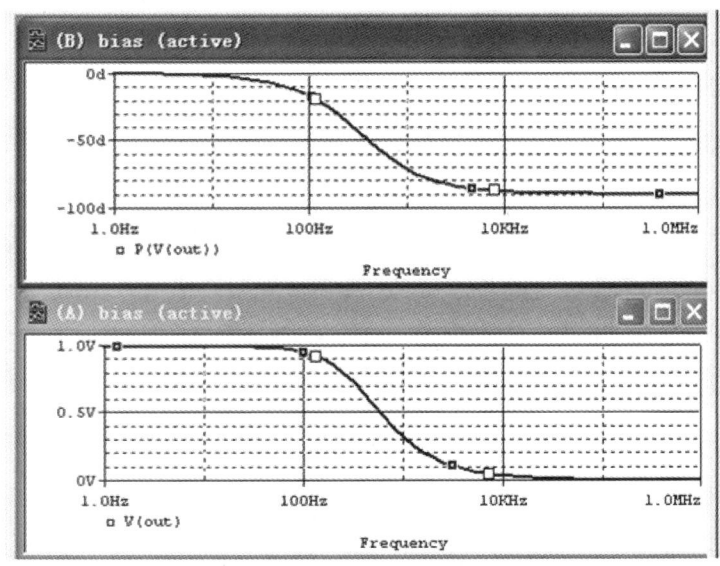

图 3.4.6 两个波形显示窗口中的波形

在多个波形显示窗口的情形下，处于选中状态的波形窗口称为活动窗口。活动窗口的标题栏呈高亮显示。用鼠标左键单击某一波形显示窗口内的任一位置，或点击窗口名列表栏，可使该窗口成为活动窗口。对信号波形的显示、删除、添加等处理，只对处于选中状态的波形窗口起作用。

选择执行"Window/Close""Cascade""Tile Horizontal""Tile Vertical"子命令，可使多窗口分别呈层叠、水平和并列方式排列。选择执行"Window/Close""Close All"可实现关闭活动窗口或关闭所有窗口。

3. 输出波形中的参数获取方法

对于每种分析而言，最终的目的是掌握该电路的特性。如何从分析的图中得到相关的参数，PSpice 提供了两种参数的获取方法。

（1）标尺（Cursor）。

标尺的启用与撤销：在 Probe 窗口中，选择执行"Trace/Cursor/Display"或点击 就启用了标尺，即可在 Probe 窗口中启动两组十字形标尺，同时在屏幕右下方弹出标尺数据显示框，用拖拉的方法可以在 Probe 窗口中移动该显示框。

两组标尺的控制：为了区分两组标尺，Probe 中第 1 组标尺是由较密点构成的十字形虚线，第 2 组标尺是由较疏点构成的十字形虚线。第 1 组标尺受鼠标左键控制，第 2 组标尺受鼠标右键控制。为了控制标尺的移动，首先需要确定每一组标尺用于哪一个信号波形，用鼠标左键点击左下方信号名列表区中信号名前的波形符号（Symbol），该符号四周出现由较密点组成的方框，则表示第 1 组标尺移动时将沿该信号波形移动，同样，用鼠标右键点击信号列表区中某信号名前面的波形符号（Symbol），该符号四周出现由较疏点组成的方框，表示第 2 组标尺移动时将沿该信号波形移动。

图 3.4.7 所示为用标尺找出低通滤波器的上限频率。先找出最大值，根据理论，当电压值下降到最大值的 0.707 倍时对应的频率为上限频率。但这种方法只能找到一个大概值，不能精确地知道描述电路特性的参数值。

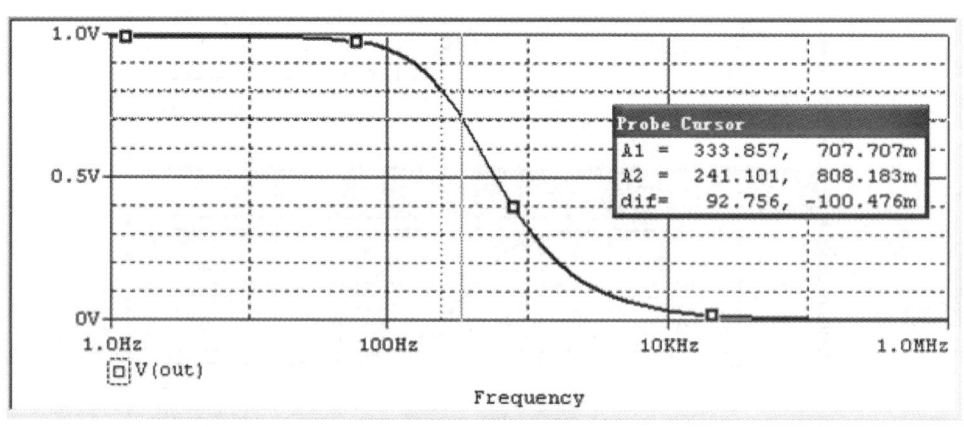

图 3.4.7　标尺与数据显示框

（2）电路特性参数的提取。

使用 PSpice A/D 中的测量表达，可以方便地得到电路的某些特征参数值，如交流分析波形曲线中的最大增益、中心频率、带宽等。其方法可采用 Measurements 或 Evaluate Measurements 两种方法。

使用 Measurements 显示波形曲线的特征参数值：执行"Trace/Measurements"菜单命令，弹出如图 3.4.8 所示的测量对话框，各特征值函数的功能见附录 C。在测量参数值栏中选取一种与被测波形特性相匹配的测量定义。如对交流扫描分析的输出波形进行低通截止频率的测量，选择 Cutoff_Lowpass_3dB 后，点击 Eval 按钮，弹出如图 3.4.9 所示的测量求值变量对话框。在该对话框中的"Name of trace to search"右侧输入测量轨迹表达式 V（out）；或点击对话框中的 图标，在如图 3.4.10 所示的测量自变量轨迹对话框中设置轨迹表达式 V（out），然后点击"OK"按钮。在 DB（V（out））波形曲线上显示出带宽测量值，如图 3.4.11 所示。点击提示框中的"确定"按钮，仿真波形显示窗口恢复原始状态。

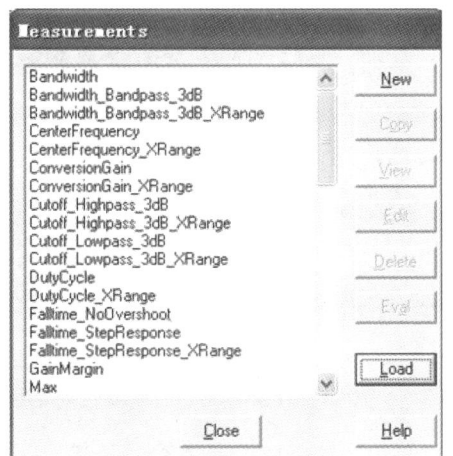

图 3.4.8 测量对话框

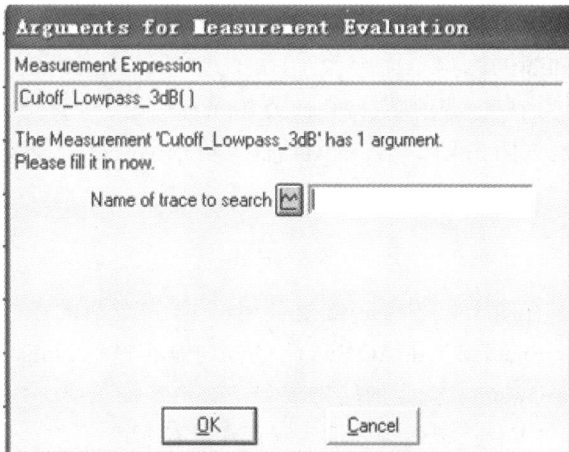

图 3.4.9 测量求值变量对话框

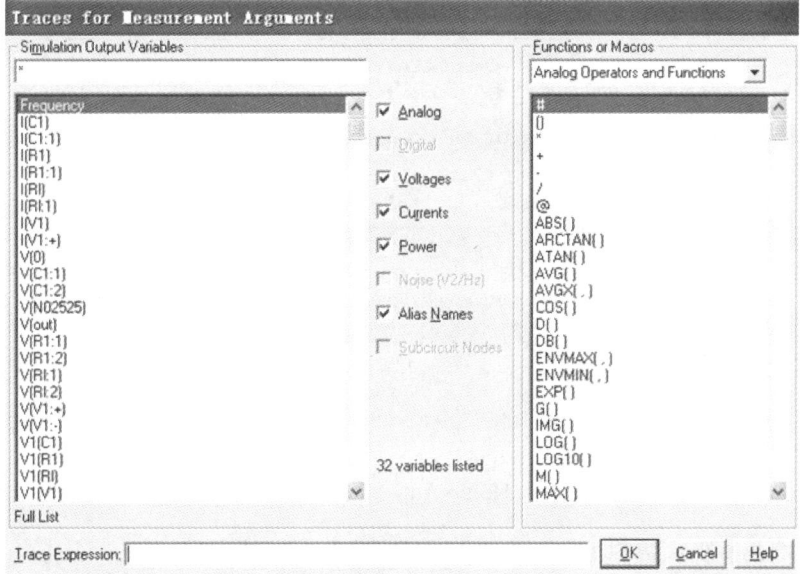

图 3.4.10 测量自变量轨迹对话框

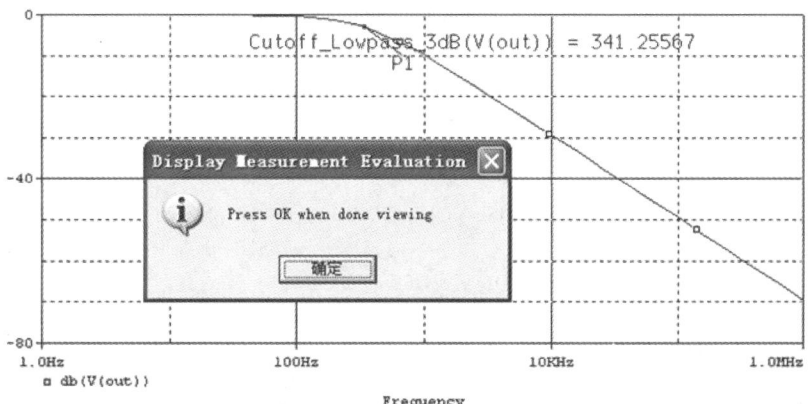

图 3.4.11 测量结果

为了能清楚地了解曲线的信息，可以改变曲线的类型、大小和颜色。

用鼠标选中某一曲线，点击鼠标右键，选择"Properties…"，出现如图 3.4.12 所示的对话框，可根据自己的需要进行选择。

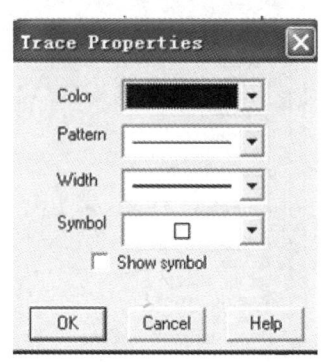

图 3.4.12　曲线属性对话框

3.4.2　噪声分析

在图 3.4.2 中 Noise Analysis 为噪声分析的参数设置。

Enabled：在 AC Sweep 的同时是否进行 Noise Analysis。
Output：选定的输出节点。
I/V：选定的等效输入噪声源的位置。
Interval：输出结果的点频间隔。

对图 3.4.1 所示电路进行 Noise Analysis 分析的参数设置如图 3.4.13 所示。

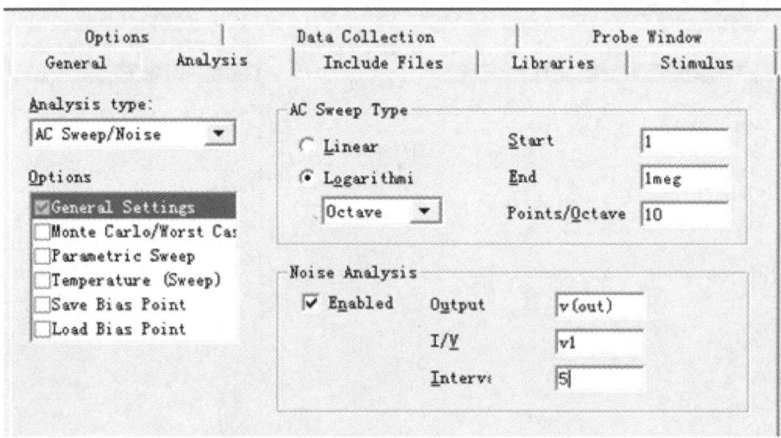

图 3.4.13　Noise Analysis 分析的参数设置

在 OUT 输出文件可得到如图 3.4.14 所示的结果。

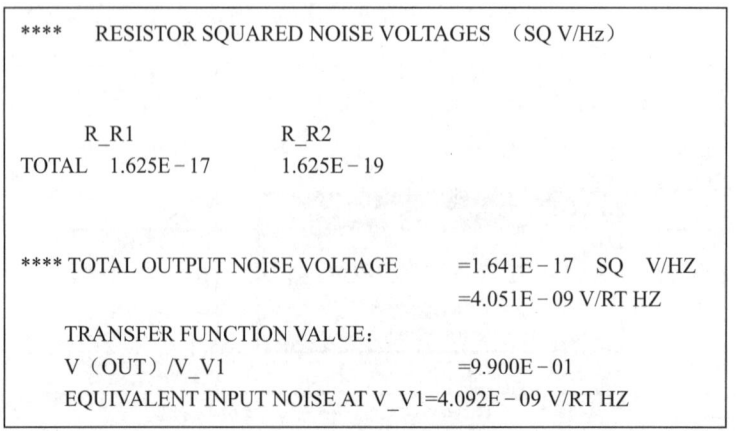

图 3.4.14　噪声分析结果

注意：

对于 AC Sweep，必须具有 AC 激励源。产生 AC 激励源的方法有两种：一种是调用 VAC 或 IAC 激励源；另一种是在已有激励源（如 VSIN）的属性中加入属性"AC"，并输入它的幅值。

对于 Noise Analysis，选定的等效输入噪声源必须是独立的电压源或电流源。分析的结果只能存入 OUT 输出文件，查看结果只能采用文本的形式进行观测。

3.5 瞬态特性分析

3.5.1 功　能

瞬态特性（Time Domain Transient）分析的目的是在给定输入激励信号的作用下，计算电路输出端的瞬态响应。进行瞬态分析时，首先计算 $t=0$ 时的电路初始状态，然后从 $t=0$ 到某一给定的时间范围内选取一定的时间步长，计算输出端在不同时刻的输出电平。瞬态分析结果自动存入以 DAT 为扩展名的数据文件中，可以用 Probe 模块分析显示结果信号波形。

在 PSpice 瞬态分析中，输入激励信号的波形可以采用脉冲信号、分段线性信号、正弦调幅信号、调频信号和指数信号 5 种不同形式的波形。瞬态特性分析又称为 TRAN 分析。

3.5.2 用于瞬态分析的五种激励信号

用于瞬态分析的五种激励信号的图形符号存放在 SOURCE.OLB 中，分为电压源和电流源，相应的图形符号如图 3.5.1 所示。

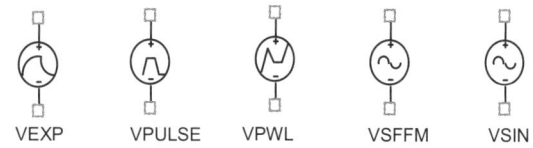

图 3.5.1　五种激励信号的图形符号

1. 脉冲信号（Pulse）

脉冲信号是在瞬态分析中用得较频繁的一种激励信号。描述脉冲信号波形涉及 7 个参数。表 3.5.1 列出了这些参数的含义、单位及内定值。

表 3.5.1　脉冲信号的参数设置

属性名	代表的意思	默认单位
V1 或 I1	初始值	V 或 A
V2 或 I2	脉动值	V 或 A
TD	初始延迟时间	s
TR	上升延时间	s
TF	下降延时间	s
PW	脉冲的宽度时间	s
PER	周　期	s

脉冲波 VPULSE，IPULSE 中属性的设定，以 VPULSE 为例：

设置 V1 = 0，V2 = 2 V，TD = 2 ms，TR = 1 ms，TF = 2 ms，PW = 4 ms，PER = 10 ms，则 VPULSE 的波形如图 3.5.2 所示。

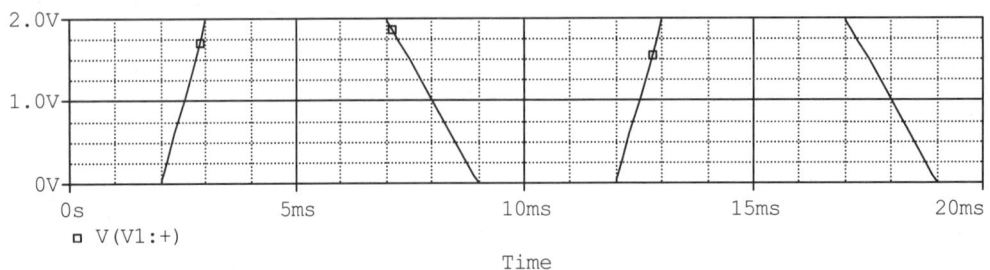

图 3.5.2　脉冲信号波形

2. 分段线性信号 PWL（Piece-Wise Linear）

分段线性信号波形由几条线段组成，表 3.5.2 列出了这些参数的含义、单位及内定值。为了描述这种信号，只需给出线段转折点的坐标数据即可。

分段线性波 VPWL，IPWL 中属性的设定：分段线性波通过设定的样点值，采用插值的方法勾画出整个脉冲。

以 VPWL 为例：设置 T1 = 0，V1 = 0 V；T2 = 2 μs，V2 = 1 V；T3 = 3 μs，V3 = 4 V；T4 = 6 μs，V2 = 0 V,则 VPWL 的波形如图 3.5.3 所示。

表 3.5.2　分段线性信号参数设置

属性名	代表的意思	默认单位
T1	第一个样点的时间	s
V1	第一个样点的取值	V 或 A
T2	第二个样点的时间	s
V2	第二个样点的取值	V 或 A
T3	第三个样点的时间	s
V3	第三个样点的取值	V 或 A
…	……	…
Tn	第 n 个样点的时间	s
Vn	第 n 个样点的取值	V 或 A

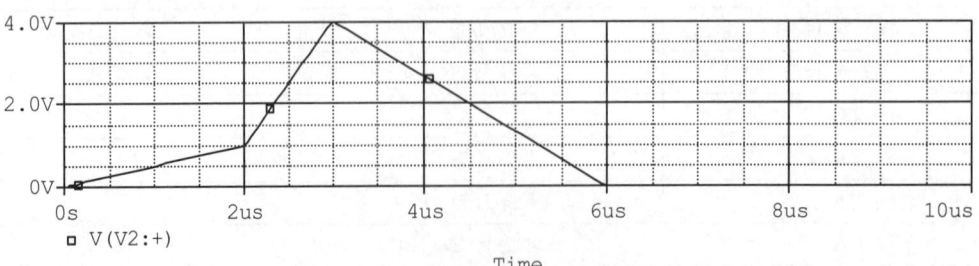

图 3.5.3　分段线性信号波形

3. 调幅正弦信号 SIN（Sinusoidal Waveform）

正弦波 VSIN，ISIN 中属性的设定如表 3.5.3 所示。

表 3.5.3 调幅正弦信号参数设置

属性名	代表的意思	默认单位
VOFF 或 IOFF	直流偏移量	V 或 A
VAMPL 或 IAMPL	振幅	V 或 A
FREP	频率	Hz
TD	延迟时间	s
DF	阻尼系数	1/s
PHASE	相位延迟	度

以 VSIN 为例：设置 VOFF = 1 V，Frep = 1 meg，VAMPL = 2 V，TD = 1 μs，DF = 100 k，PHASE = 0，则 VSIN 的波形如图 3.5.4 所示。

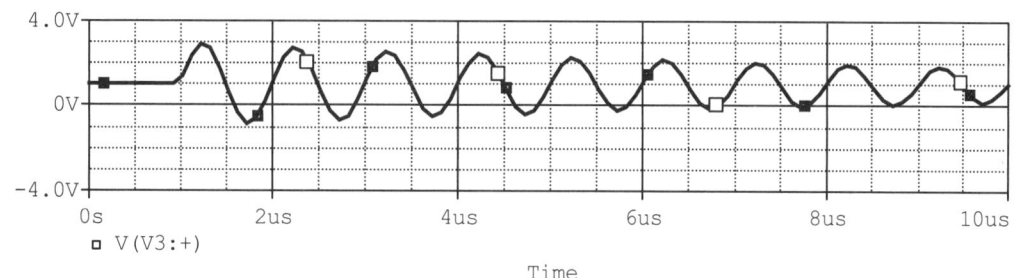

图 3.5.4 调幅正弦信号波形

4. 调频信号 SFFM（Single-Frequency Frequency-Modulated）

调频信号 SFFM 中属性的设定如表 3.5.4 所示。

表 3.5.4 调频信号的参数设置

属性名	代表的意思	默认单位
VOFF 或 IOFF	直流偏移量	V 或 A
VAMPL 或 IAMPL	振幅	V 或 A
FC	载波频率	Hz
MOD	调制指数	无
FM	调制信号频率	Hz

Value = Voff + Vampl × sin[2π × Fc × t + Mod × sin（2π × Fm × t）]

以 VSFFM 为例：Voff = 1 V，Vampl = 5 V，Fc = 2 k，Fm = 300 Hz，Mod = 5，则调频信号波形如图 3.5.5 所示。

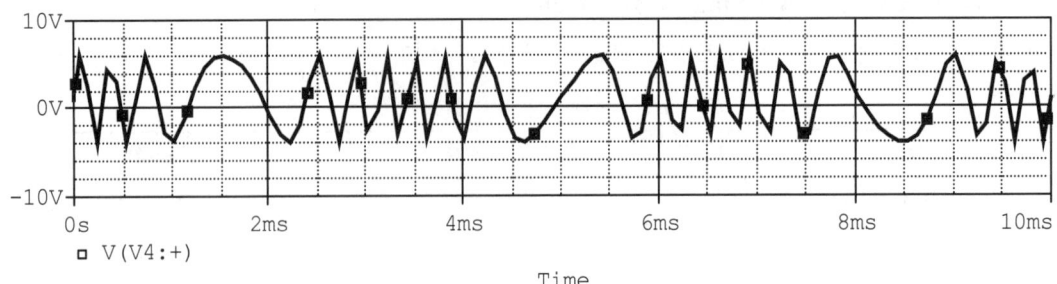

图 3.5.5 调频信号波形

5. 指数信号 EXP（Exponential Waveform）

指数信号 EXP 中属性的设定如表 3.5.5 所示。

表 3.5.5 指数信号的参数设置

属性名	代表的意思	默认单位
V1 或 I1	初始值	V 或 A
V2 或 I2	脉动值	V 或 A
TD1	起始延迟时间	s
TC1	上升时间常数（τ）	s
TD2	持续延迟时间	s
TC2	下降时间常数（τ）	s

以 VEXP 为例：$y = e^{t/\tau}$，设置 V1 = 0 V，V2 = 2 V，TD1 = 1 μs，TC1 = 0.2 μs，TD2 = 5 μs，TC2 = 0.5 μs，其波形如图 3.5.6 所示。

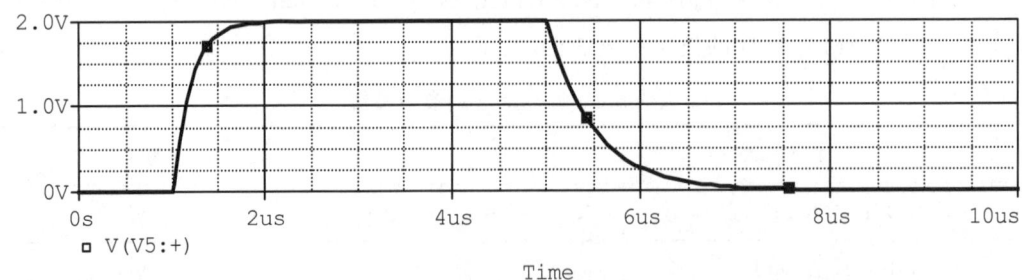

图 3.5.6 指数信号波形

3.5.3 瞬态分析中的参数设置

以图 3.5.7 所示 RC 电路为例，分析在脉冲信号作用下的瞬态响应。已知输入脉冲信号参数为：V1 = 0 V，V2 = 1 V，TD = 99 ns，TR = 1 ns，PW = 99 ns，PER = 200 ns。

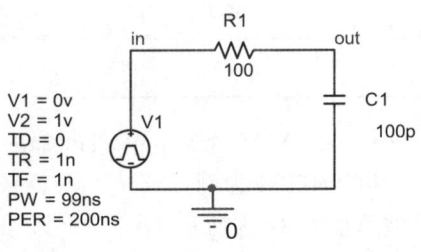

图 3.5.7

点击 ▣ 或"PSpice/Edit Simulation profile",调出"Simulation Settings"对话框,在"Analysis type"中选择"Time Domain(Transient)",在"Options"中选择"General Settings",如图 3.5.8 所示。

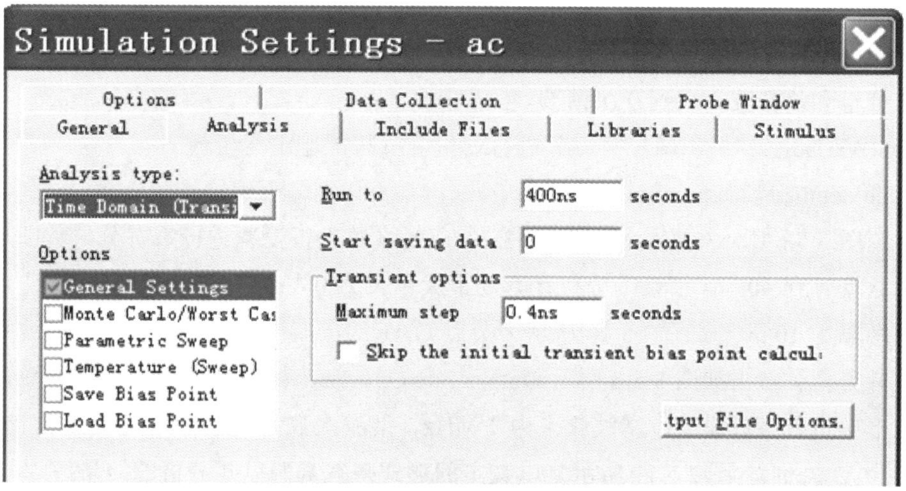

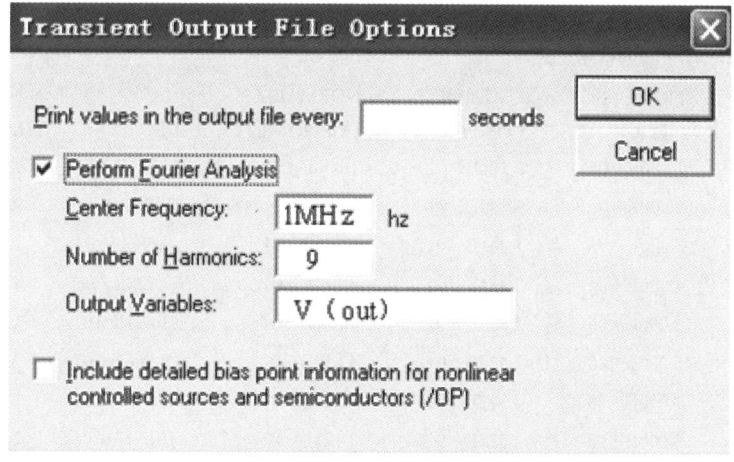

图 3.5.8　瞬态分析参数设置

Run to：瞬态分析终止的时间；

Start saving data：开始保存分析数据的时刻。

Transient options：

Maximum step：允许的最大时间计算间隔；

Skip the initial transient bias point calculation：是否进行基本工作点运算；

Output File Options：控制输出文件内容，点击后弹出如图 3.5.9 所示的对话框。

图 3.5.9　傅里叶分析设置

Print values in the output file every：在 OUT 文件里存储数据的时间间隔。

Perform Fourier Analysis：是否进行傅里叶分析。

Center Frequency：用于指定傅里叶分析中采用的基波频率，其倒数即为基波周期。在傅里叶分析中，并非对指定输出变量的全部瞬态分析结果均进行分析。实际采用的只是瞬态分析结束前由上述基波周期确定的时间范围的瞬态分析输出信号。由此可见，为了进行傅里叶分析，瞬态分析结束时间不能小于傅里叶分析确定的基波周期。

Number of Harmonics：用于确定傅里叶分析时要计算到多少次谐波。PSpice 的内定值是计算直流分量和从基波一直到 9 次谐波。

Output Variables：用于确定需对其进行傅里叶分析的输出变量名。

Include detailed bias point information for…：是否详细输出偏置点的信息。

例：以图 3.5.6 所示电路为例，按图 3.5.8 所示参数进行设置进行瞬态分析，即从 0 时刻开始记录数据，到 400 ns 结束，分析计算的最大步长为 0.4 ns，允许计算基本工作点；输出数据时间间隔为 10 ns。如图 3.5.10 所示为节点 OUT 的电压输出波形与输入信号波形。若要进行傅里叶分析，点击如图 3.5.8 所示 Output File Options，将弹出如图 3.5.9 所示的对话框，在此对话框中进行参数设值，基波频率为 1 MHz，谐波次数为 9（默认值为 9 次谐波），分析的对象为 V（out）。图 3.5.11 所示是以文本的形式来查看傅里叶分析的结果。

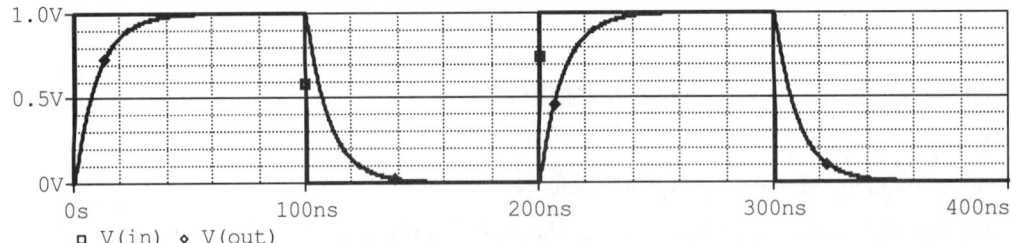

图 3.5.10　输入输出波形

```
DC COMPONENT = 1.999483E−01
```

HARMONIC NO	FREQUENCY (HZ)	FOURIER COMPONENT	NORMALIZED COMPONENT	PHASE (DEG)	NORMALIZED PHASE (DEG)
1	1.000E+06	3.176E−01	1.000E+00	3.221E+01	0.000E+00
2	2.000E+06	1.148E−01	3.615E−01	−2.560E+01	−9.001E+01
3	3.000E+06	1.041E−01	3.276E−01	9.686E+01	2.372E−01
4	4.000E+06	2.374E−01	7.472E−01	3.920E+01	−8.963E+01
5	5.000E+06	2.429E−01	7.647E−01	−1.831E+01	−1.793E+02
6	6.000E+06	1.529E−01	4.812E−01	−7.566E+01	−2.689E+02
7	7.000E+06	4.172E−02	1.313E−01	−1.327E+02	−3581E+02
8	8.000E+06	2.582E−02	8.128E−02	−1.057E+01	−2.682E+02
9	9.000E+06	3.086E−02	9.716E−02	−6.724E+01	−3.571E+02

```
TOTAL HARMONIC DISTORTION = 1.282941E+02 PERCENT
```

图 3.5.11　傅里叶分析结果

3.6 参数扫描分析

3.6.1 功　能

直流分析、瞬态分析和交流扫描都提供了参数扫描功能。参数扫描分析就在于电路中某一参数在设定范围内变化时，得出电压、电流和功率随之变化的曲线，通过参数扫描可以看到该参数对电路的影响，也可根据需要确定该参数的最佳值。在参数扫描分析中，可变化的参数包括独立电压源、独立电流源、温度、模型参数和全局参数 5 种，并且可以设置参数的变化方式。

3.6.2 电路图的修改

以图 3.6.1 所示的 RLC 电路为例进行分析。

① 用鼠标左键双击电容 C1 的容值，会弹出如图 3.6.2 所示的"Display Properties"对话框，将其电容的 Value 改为"{Cval}"，其中大括号不能缺少；或者双击电容符号，在出现的电容特性编辑框中的"Valve"项中将电容值改为"{Cval}"，如图 3.6.3 所示。

② 用参数符号设置容值参数：从 Special 库中调出 PARAM 符号，放置于电路图的空白处，双击 PARAMETERS，在屏幕上出现新增属性参数设置对话框，如图 3.6.4 所示。在"Name"栏中输入"Cval"，在"Value"中输入"200P"，表示进行其他特性分析时，该电容取值为 200P。按这一方法设置的参数 Cval 称为 Global 参数（即全局参数）。点击"OK"，得到如图 3.6.5 所示的新增属性参数设置框。

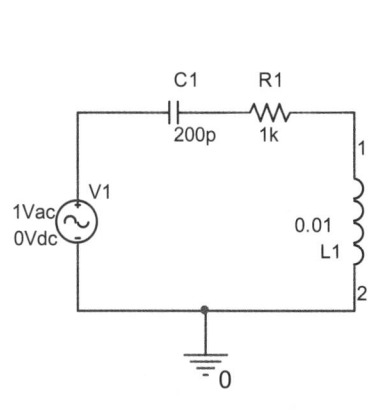

图 3.6.1　RLC 电路

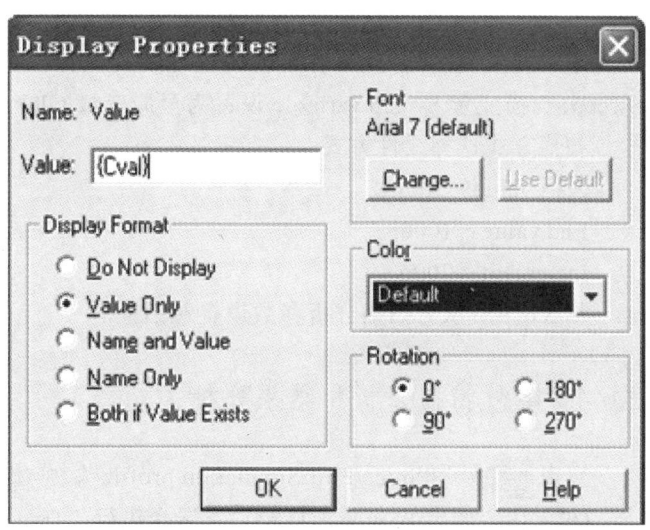

图 3.6.2　"Display Properties"对话框

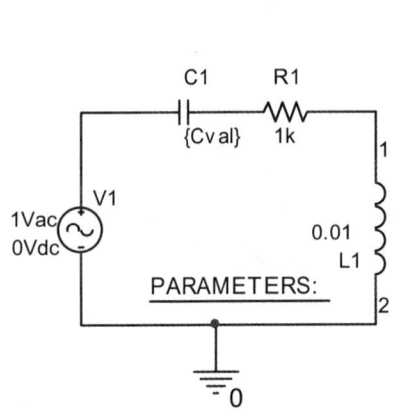
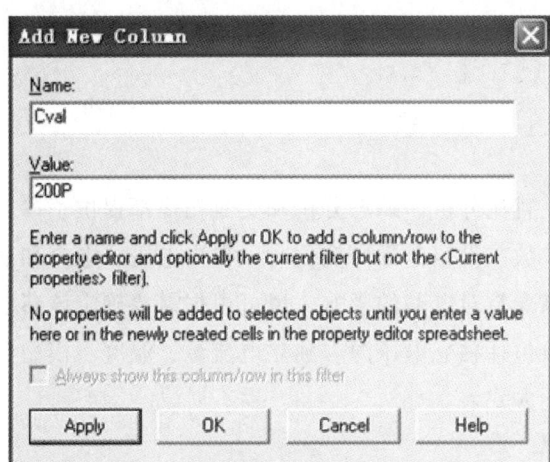

图 3.6.3 设置参数后的 RLC 电路　　　　图 3.6.4 "Add New Column" 对话框

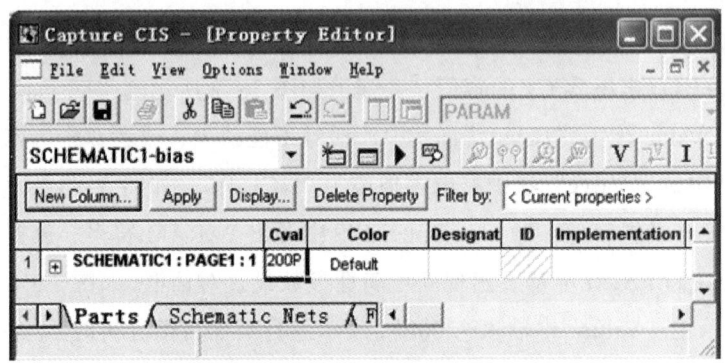

图 3.6.5 新增属性参数设置对话框

3.6.3 参数设置

基本扫描类型仍为 AC，图 3.6.6 所示为交流分析参数设置对话框，再选择设置 Parametric Sweep，扫描变量 Sweep variable 设置为全局变量 Global parameter，参数 parameter 设为 Cval。
扫描方式选择线性方式：

Start value：200p；

End value：1000p；

Increment：200p。

图 3.6.7 所示为扫描分析参数设置对话框。

3.6.4 参数扫描分析和结果分析

点击  或 "PSpice/Edit Simulation profile"，弹出变量选择对话框，如图 3.6.8 所示，点击 "OK" 后，调出 PSpice A/D 窗口，选择执行 "Trace/Add Trace" 子命令，并在 "Trace/Add Trace" 设置框中指定显示的信号 I（C1）。图 3.6.9 所示为不同电容值下电路的电流与频率之间的波形。

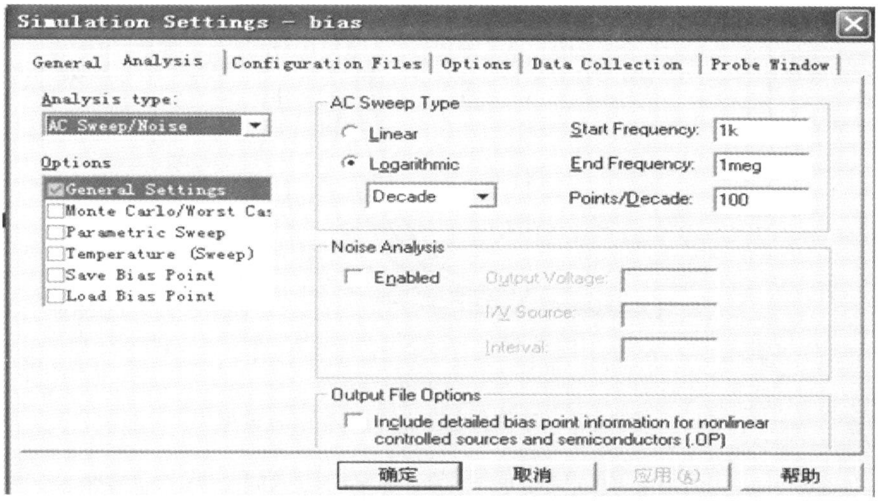

图 3.6.6 交流分析参数设置对话框

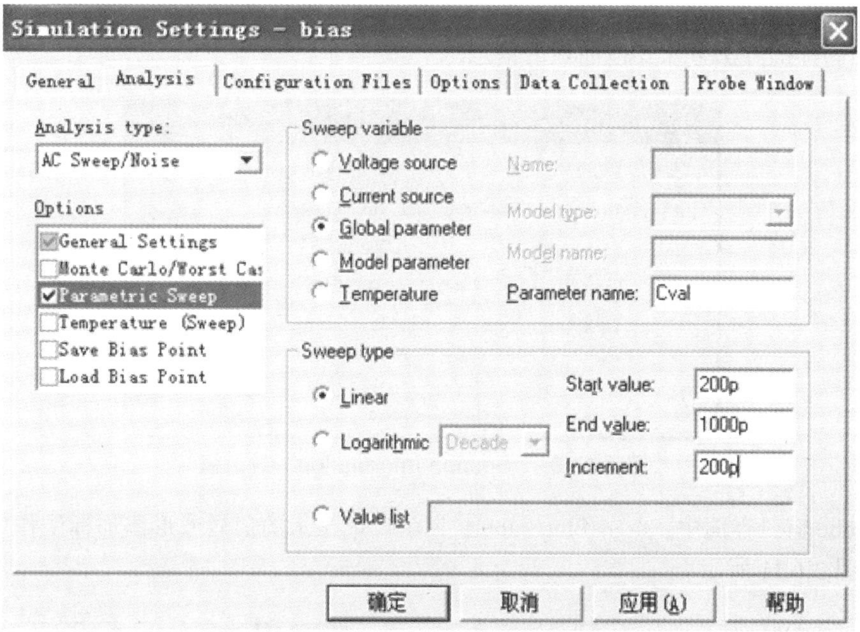

图 3.6.7 扫描分析参数设置对话框

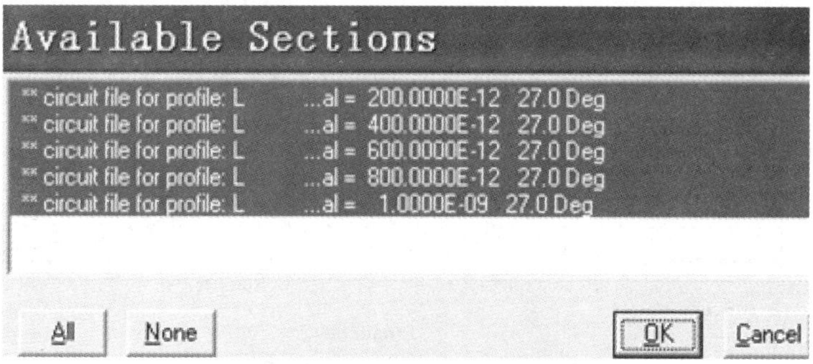

图 3.6.8 变量选择对话框

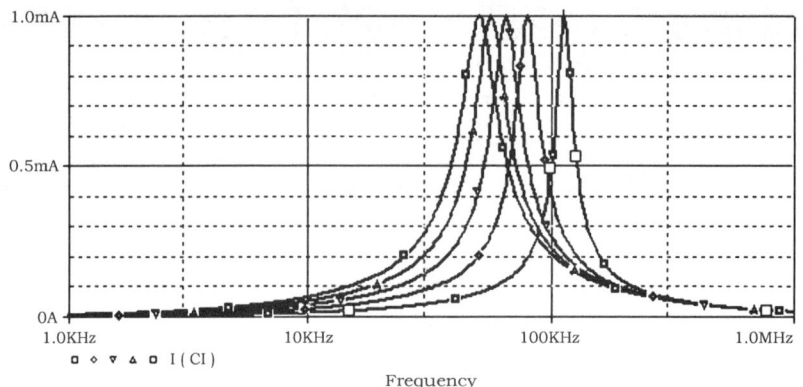

图 3.6.9　不同电容下的 I（C1）-F 波形

由图 3.6.9 可知，当电容取不同值时对应的谐振曲线不同，为了能清楚地了解每条曲线的参数，可对各曲线进行注释。在注释前用鼠标选中某一曲线，点击鼠标右键，选择"Information"，出现如图 3.6.10 所示的对话框，显示关于这条曲线的信息，即电容参数为 1000p。用同样的方法可知其他曲线的信息。

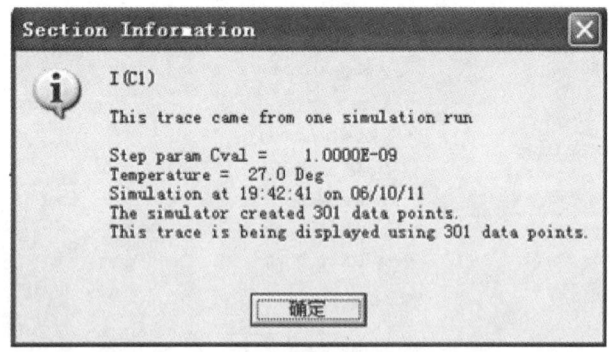

图 3.6.10　"Section Information" 对话框

在 Probe 窗口界面中，点击 Plot/Label，为窗口中显示的信号波形添加标注作用的字符或符号，如图 3.6.11 所示。

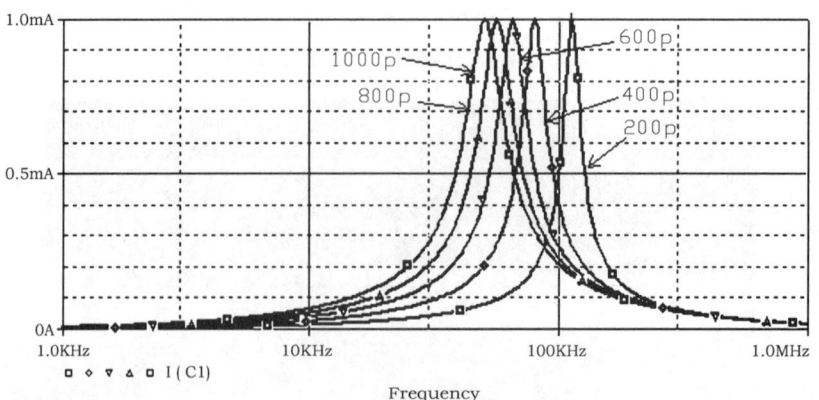

图 3.6.11　参加标注的参数扫描波形

3.7 温度分析

3.7.1 功　能

众所周知，电阻阻值以及晶体管的许多模型参数值与温度的关系都非常密切。当温度变化时，元器件的参数值也随之发生变化，从而导致电路特性的变化。PSpice 中的各个元器件模型都考虑了模型参数与温度的关系。PSpice 的基本分析功能（如时域分析、直流扫描、交流扫描和直流工作点分析）中都有辅助的温度分析功能。进行电路特性分析时，PSpice 的内定温度为 27 ℃。如果需要，可以用温度分析功能给元器件设定几个典型的工作温度，这样对每一个温度都会进行一次设定的基本分析。当温度低于绝对零度（ -273 度）时不能模拟。

3.7.2 参数设置

以图 3.7.1 为例，在进行温度分析时，首先要选定和设置基本分析类型，在"Options"栏中进行一般分析的设置（比如交流小信号分析），再选中"Options"栏内的"Temperature（Sweep）"项，参数设置对话框如图 3.7.2 所示，在"Temperature（Sweep）"参数设置栏中共有两项：

Run the simulation at temp——只分析一个温度下的电路特性；

Repeat the simulation for each of the temp——分析多个温度下的电路特性，不同温度值之间用空格隔开。

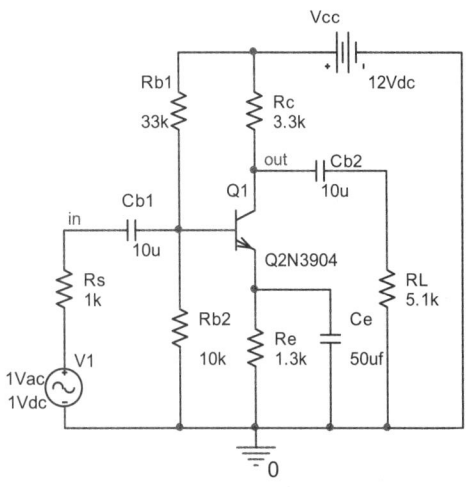

图 3.7.1　共射放大电路

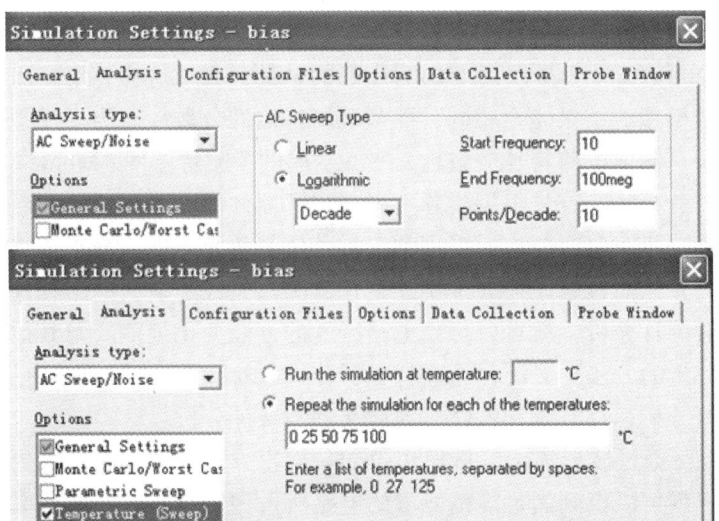

图 3.7.2　温度分析参数设置

选择执行 Run 命令即可得到如图 3.7.3 所示的曲线。由此可知，在不同的温度下其幅频特性不一样。

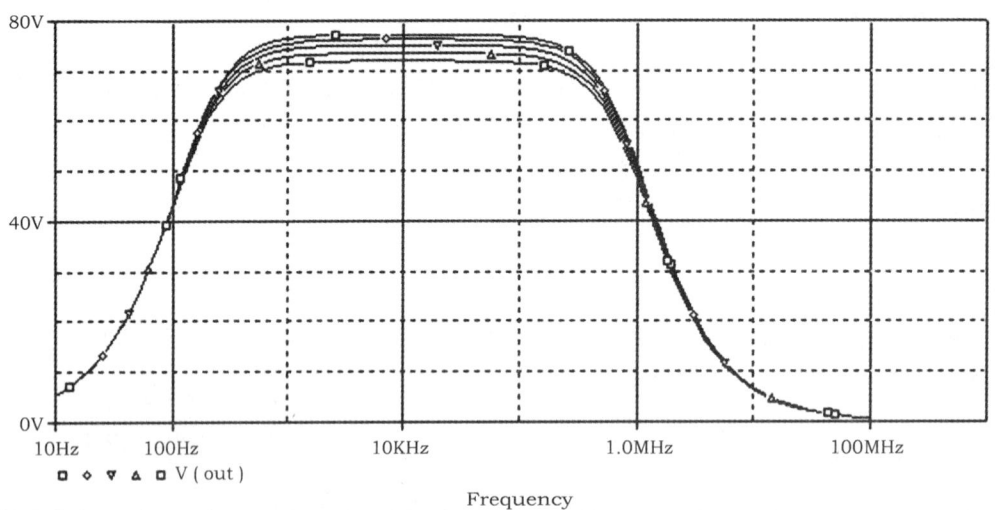

图 3.7.3　不同温度下的共射放大电路的幅频曲线

3.8　蒙特卡罗分析

3.8.1　功　能

1. 蒙特卡罗分析的概念与作用

前面介绍的各种电路特性分析有一个共同的特点，就是电路中每一个元器件都有确定的值，通常称为设计值或标称值。因此这些电路特性分析又称为标称值分析。但如果按设计好的电路图进行生产，组装成若干块电路时，对应于设计图上的同一个元器件，在实际电路中采用的元器件值不可能完全相同，而是具有一定的分散性，如 100 个 200 Ω 的电阻器，其阻值不可能都等于 200 Ω，一般是以 200 Ω 为中心的某种分布。这样，实际组装电路的电特性就不可能与标称值模拟的结果完全相同，而呈现出一定的分散性。为了模拟实际生产中因元器件值的分散性所引起的电路特性分散性，PSpice 提供了蒙特卡罗 (Monte Carlo) 分析功能。

进行蒙特卡罗分析时，首先根据实际情况确定元器件值分布规律，然后多次"重复"进行指定的电路特性分析，每次分析时采用的元器件值都从元器件值分布中随机抽样，这些元器件值不完全相同，从而较好地代表了实际变化情况。完成了多次电路特性分析后，对各次分析结果进行综合统计分析，就可以得到电路特性的分散变化规律。与其他领域一样，这种随机抽样、统计分析的方法一般统称为蒙特卡罗分析，简称为MC分析。由于MC分析和下节要介绍的最坏情况分析都具有统计特性，因此又称为统计分析。

MC 分析结果可通过波形显示分析模块 Probe 用直方图表示电路特性的分散情况。通过与规范值相比较，就可以得到满足规范要求的电路所占比例，这就是成品率。因此 MC 分析又称成品率分析。

2. 进行 MC 分析需要确定的问题

（1）如何描述元器件参数值的变化规律；
（2）进行多少次"重复"分析（类比于实际组装多少块电路）；
（3）考虑电路某种电特性的分散变化；
（4）如何比较各次电路分析的结果；
（5）如何生成 MC 分析的总结果。

用户通过设置有关参数来确定这些问题。

3.8.2 元器件参数变化规律的描述

1. 用于统计分析的元器件符号和模型参数

绘制电路图时要同时设置每个元器件的元器件值和模型参数名等属性。相应模型参数库文件中的内容都是针对不同类型的元器件的，具有确定的值，即前面所说的标称值。为了适应统计分析中模型参数要在一定范围内变化的要求，PSpice 中专门提供了统计分析用的元器件符号库，其名称为 BREAKOUT。进行统计分析时，要考虑参数变化的那些元器件必须改用 BREAKOUT 库中的符号。设置这些元器件符号的模型参数时，还要在需要考虑参数变化的那些模型参数常规设置项"参数名=参数值"的后面，添加下面介绍的设置，具体描述该参数的变化。

2. 参数变化模式的设置

在 MC 分析中，参数变化模式用关键词 LOT 和 DEV 来描述，主要有 3 种方式：

（1）元件批容差：在 MC 分析中每次分析时的随机抽样方式是这几个元器件值按同一个分布规律变化的值，即批容差，用关键词 LOT 表示，例如：

R1 1 2 Rbreak 100 k
R2 3 4 Rbreak 100 k
.model Rbreak   RES R = 1 LOT = 2%

表示在一次 MC 分析时，两者可能同时变大或同时变小，但是不可能一个变大一个变小，这种方式适合于集成电路元件。

（2）元件容差：在 MC 分析中若这几个元器件值各自独立变化，即器件容差，则用关键词 DEV 表示，例如：

R1 1 2 Rbreak 100 k
R2 3 4 Rbreak 100 k
.model Rbreak   RES R = 1   DEV = 5%

表示 R1 和 R2 的标称值为 100 k，在做 MC 分析时，两电阻都可以在 ±5% 之间变化，而且是独立变化、互不相干的。

（3）组合容差：将元件容差和批容差组合起来使用的容差方式，例如：

R1 1 2 Rbreak 100 k
R2 3 4 Rbreak 100 k

.model Rbreak   RES R = 1   DEV = 5%   LOT = 2%

表示在 MC 分析时，两电阻在 2% 范围内按批容差变化，然后再按 5% 的元件容差变化。

PSpice 对 LOT 和 DEV 两种发生器均提供有 10 个编号的随机数发生器，用 0，…，9 表示。如果希望同一模型中的几个模型参数甚至不同模型间的模型参数按同一组随机数发生器产生的随机抽样，只要设置这几个模型的参数时，在 LOT 或 DEV 后面紧跟同一编号的 lot#（lot#为 0，…，9 中的某一数字）即可。注意，在 lot#前需加斜杠符号"/"。如果在模型参数的设置中未采用 lot#，则表示该参数单独按一个发生器产生的随机变化。

模型参数的变化模式设置应根据实际情况确定。如果设计的电路要用印刷电路板（PCB）装配，则不同 PCB 采用的元器件参数独立随机变化，因此应选用 DEV。如果设计的电路用于集成电路生产，由于工艺条件的变化，将会使一批晶片上的元器件参数有一种同时增大或减小的趋势，这时就应该用 LOT 表示。当然，在集成电路生产中，同一晶片上不同管芯之间的参数存在随机起伏时，也应用 DEV 表示。

3. 参数变化规律的设置

为反映实际生产中元器件参数的分布变化情况，PSpice 提供了正态分布（又称高斯分布）和均匀分布两种分布函数。设置时应在参数变化模式设置的后面紧跟代表规律的关键词 GAUSS（正态分布）或 UNIFORM（均匀分布），在关键词前应加斜杠符号"/"。

PSpice 内定的参数分布为均匀分布，用户可通过在 OPTIONS 设置中修改参 DISTRIBUTION 的值来改变内定的参数分布。

4. 参数变化中幅度的设置

在参数变化规律的设置后面应给出表示参数变化幅度的数字，若数字后跟有百分号%，则代表相对变化百分数，否则表示变化的绝对幅度。

5. 元器件参数变化规律的描述格式

参数名 = 参数值[DEV[lot#][/分布规律]<变化值>[%]] + [LOT[/lot#][/分布规律]<变化值>[%]]

3.8.3 MC 分析实例

下面以 RC 充放电电路图 3.8.1 为例，来观察误差效应对输出结果所造成的影响。

1. 电路图的修改

电阻 R1 从 Breakout.olb 元件库中取 Rbreak，电源 V1 和电容 Ce 不变。

2. 设置电阻的模型参数变化

选中电阻 Rbreak，执行 Edit/PSpice Model 电阻 R 的阻值倍数为 1，dev 和 lot 误差系数分别为 20% 和 5%，如图 3.8.2 所示。

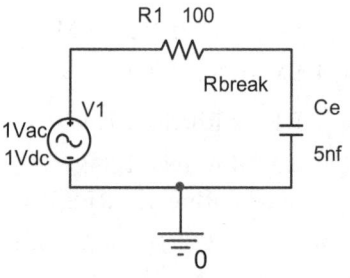

图 3.8.1 RC 电路

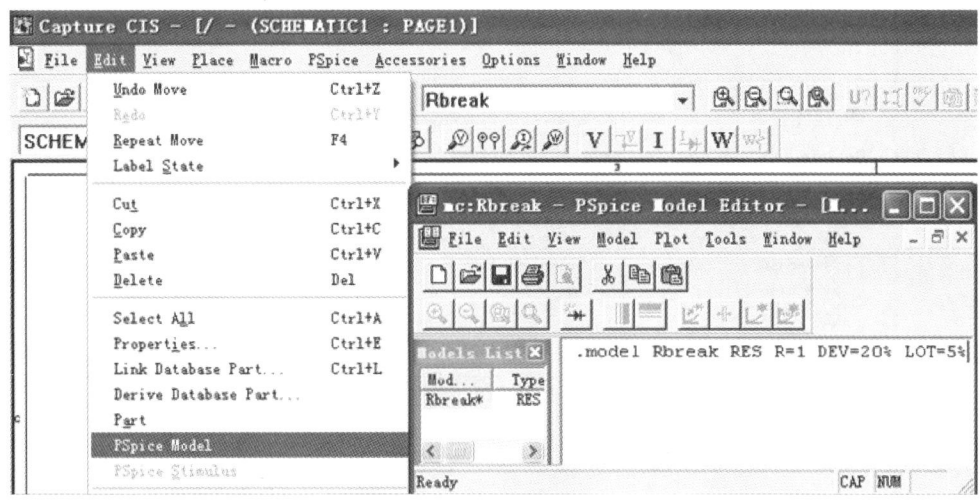

图 3.8.2 电阻的容差设置

3. MC 分析的参数设置

在进行 MC 分析时,首先进行电路的基本分析。因此在图 3.8.3 中 Options 一栏进行交流参数的设置,再选中"Monte Carlo/Worst Case"项,如图 3.8.4 所示,MC 分析有关的设置如下:

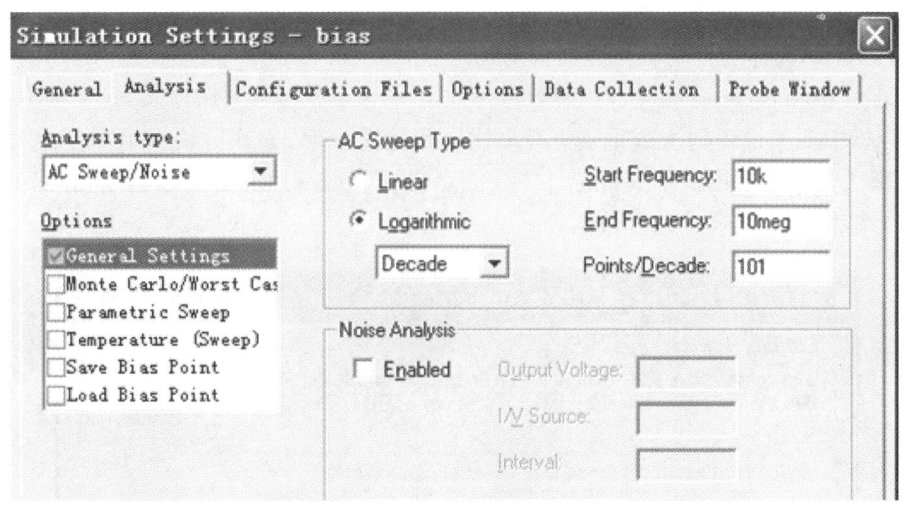

图 3.8.3 交流分析

Monte Carlo:选择进行蒙特卡罗分析;
Worst-Case/Sensitive:最坏情况分析;
Output variable:选择分析的输出节点;
Monte Carlo options:蒙特卡罗分析的参数选项;
Number of:分析采样的次数;
Use:使用的器件偏差分布情况(正态分布、均匀分布或自定义);
Random number:蒙特卡罗分析的随机种子值;

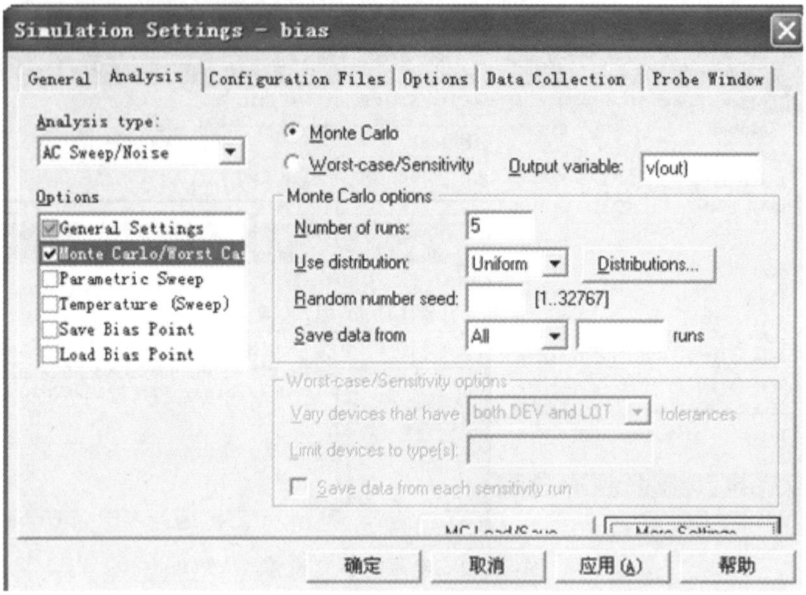

图 3.8.4 MC 分析参数设置

Save data：保存数据的方式；

Worst-Case/Sensitivity options：最坏情况分析的参数选项；

Vary devices that：分析的偏差对象；

Limit devices to：起作用的偏差器件对象；

Save data from each sensitivity：是否将每次灵敏度分析的结果保存入.OUT 输出文件。

MC 分析中要按设置的次数重复进行多次电路特性分析，每次分析结果都包括大量数据，PSpice 对每次分析结果提供了 5 种统计方法。点击"More Settings"按钮，将弹出如图 3.8.5 所示的分析结果统计方式设置对话框。

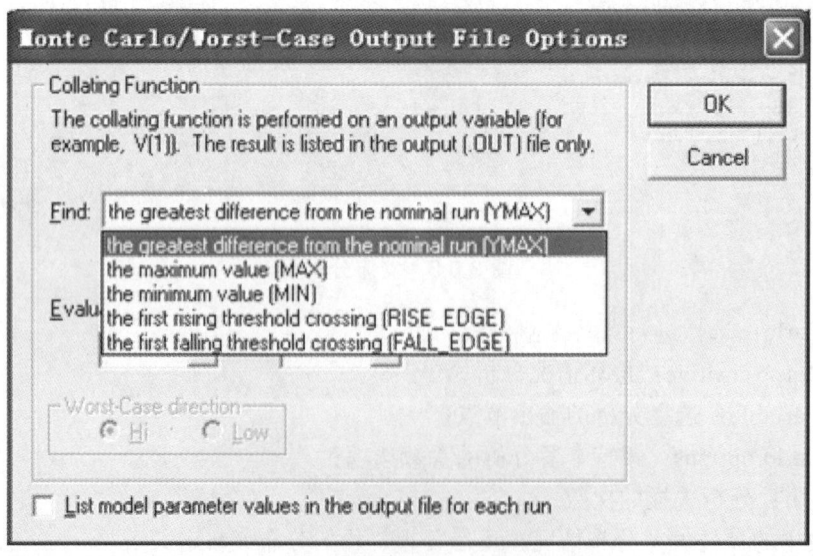

图 3.8.5 分析结果统计方式设置对话框

Y MAX：求出每个波形与额定运行值的最大差值；

MAX：求出每个波形的最大值；

MIN：求出每个波形的最小值；

RISE_EDGE：找出第一次超出域值的波形；

FALL_EDGE：找出第一次低于域值的波形；

Threshold：设置域值；

Evaluate only when the sweep variable is in：定义参数允许的变化范围；

Worst-Case direction：设定最坏情况分析的趋向；

List model parameter values in the output file：是否在输出文件里列出模型参数的值。

运行程序，得到如图 3.8.6 所示的波形 MC 分析结果。由图可以看到各次蒙特卡罗分析的结果，设计者可从中看出输出结果是否超出规格要求。如果有多次分析结果不合要求，就得将现在的元件更换为误差范围更小的元件。

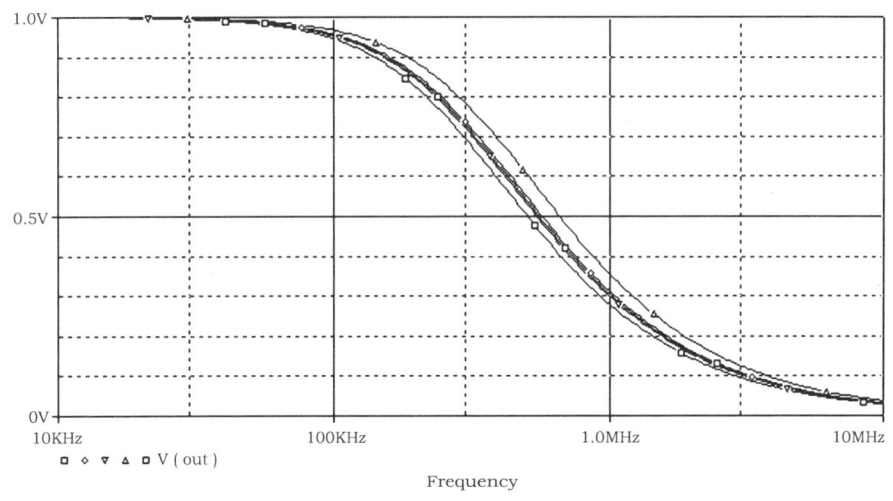

图 3.8.6　RC 电路 MC 的分析结果

4. 修改分析次数并执行仿真

将 Probe 画面转成性能分析的画面做直方图绘制。若记录的仿真次数越多，则做出来的统计图表就越精细可靠，所以必须将分析次数增加至数十次至数百次的范围才合适。绘制直方图实际上是 Performance Analysis 功能的一部分：

（1）进入直方图绘制状态。在 PSpice A/D 窗口选择执行 "Plot/Axis Settings" 子命令，并从屏幕上出现的 X 轴设置框内，选择 "Processing Options" 子框中的 "Performance Analysis" 选项，如图 3.8.7 所示，然后单击 "OK" 按钮，由于现在是在 MC 分析以后启动 Performance Analysis，因此屏幕显示就进入直方图绘制状态。Y 轴坐标刻度变为百分数。

（2）绘制直方图。首先选择执行 "Trace/Add" 子命令，并在屏幕上弹出的 "Add Trace" 设置框中，依次选择特征值函数 Cutoff_Lowpass_3dB( ) 以及作为变量的信号变量名 V(out)，如图 3.8.8 所示。单击 "OK" 按钮，3 dB 截止频率的直方图如图 3.8.9 所示。

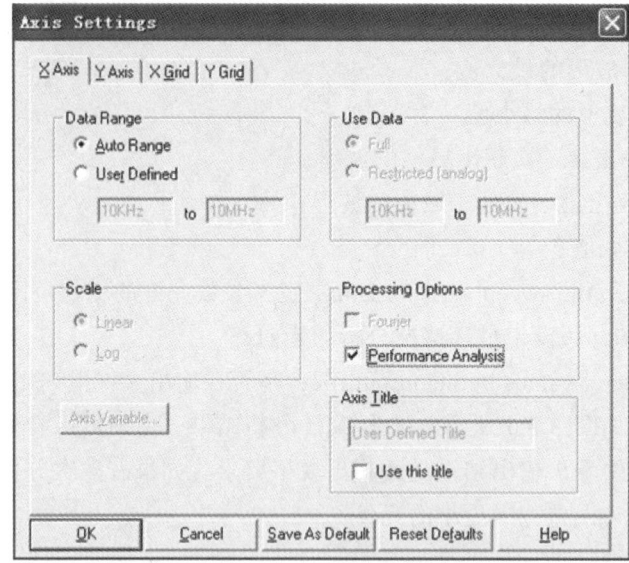

图 3.8.7 "Axis Settings" 对话框

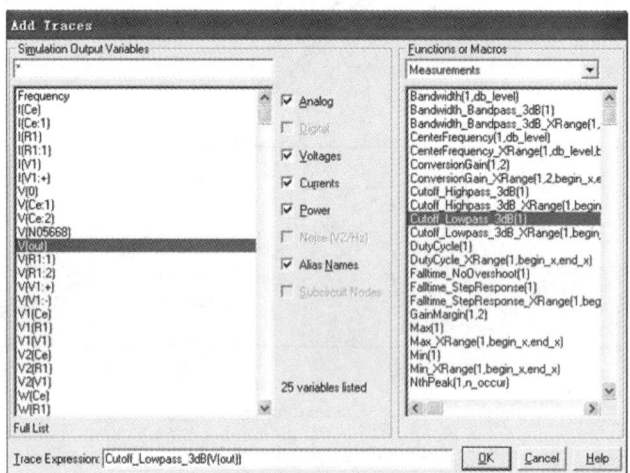

图 3.8.8 特征值函数对话窗口

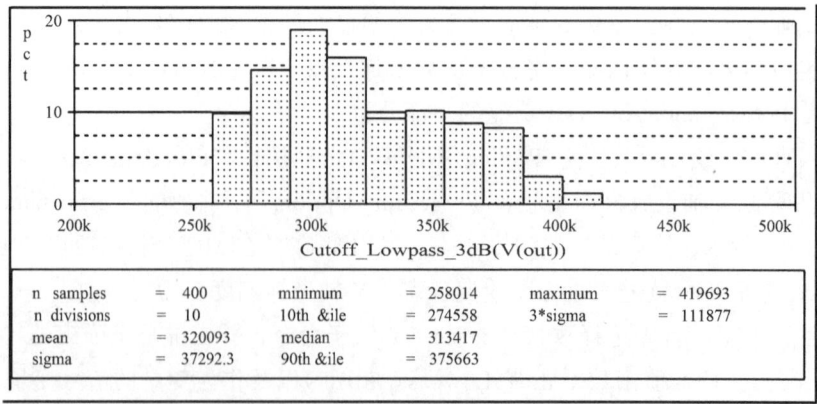

图 3.8.9 3 dB 截止频率的直方图

在图 3.8.9 中，3 dB 截止频率的直方图的下方还显示了直方图有关信息说明和统计分析结果。这些说明与结果共有 9 项，包括 MC 分析包括的批次（n samples）、直方图 X 坐标数据范围划分区间（n divisions）、平均值（mean）、标准偏差（sigma）、最小值（minimum）、10%分位数（10th%ile）、中位数（median）、90% 分位数（90th%ile）和最大值（maximum）。

3.9 最坏情况分析

3.9.1 最坏情况分析的概念和功能

1. 最坏情况分析

由于灵敏度不同，当电路中不同元器件分别变化时，即使元器件值的变化幅度（或相对变化）相同，电路特性变化的绝对值也不同，甚至其变化的方向也可能不同。当电路中多个元器件同时变化时，它们对电路特性的影响可能会起相互"抵消"的作用。最坏情况分析就是按引起电路特性向同一方向变化的要求，确定每个元器件的（增、减）变化方向，然后再使这些元器件同时向最坏方向按其可能的最大范围变化。对电路特性来说，这就是一种最坏情况。在这种情况下进行电路分析就叫做最坏情况分析（Worst-Case Analysis），简称 Wcase 分析或 WC 分析。

2. 最坏情况分析的步骤

最坏情况分析一般包括下述 4 步：

（1）首先进行一次标称值分析。

（2）对模型参数值发生变化的元器件分别进行一次灵敏度分析，确定元器件值变化时引起电路特性变化的大小和方向。这里的灵敏度分析实际上是将该参数扩大（1 + RELTOL）倍后进行一次电路分析，其中 RELTOL 取值由 PSpice 中任选项决定，其内定值为 0.1%。

（3）按照使电路特性变坏的方向，确定每一个元器件值的变化方向。

（4）根据上步的分析结果，使每个元器件均按其最大可能范围向"最坏方向"变化，然后进行电路分析，得到最坏情况分析结果，并与标称值分析结果进行比较。对高斯分布，最大变化范围对应 ±3σ。

由此可见，最坏情况分析中的分析次数等于发生变化的元器件参数个数加 2。

3. 最坏情况分析的功能

最坏情况是一种极端情况，在实际中出现的概率极低。但是最坏情况的分析结果从一个方面反映了电路设计质量的好坏。显然，如果最坏情况的分析结果都能满足规范要求或与规范要求差距不大，那么将这种电路设计用于生产中时，成品率一定很高。

4. 元器件参数变化规律的描述

最坏情况分析元器件模型参数变化规律的描述格式与 MC 分析中介绍的相同，对带有 DEV 和/或 LOT 变化模式描述的那些模型参数在 Wcase 分析中均需考虑其变化的影响。

3.9.2 WC 分析实例

以反相放大电路为例，如图 3.9.1 所示，分析最坏情况下交流小信号 AC 输出电压 out 的变化。

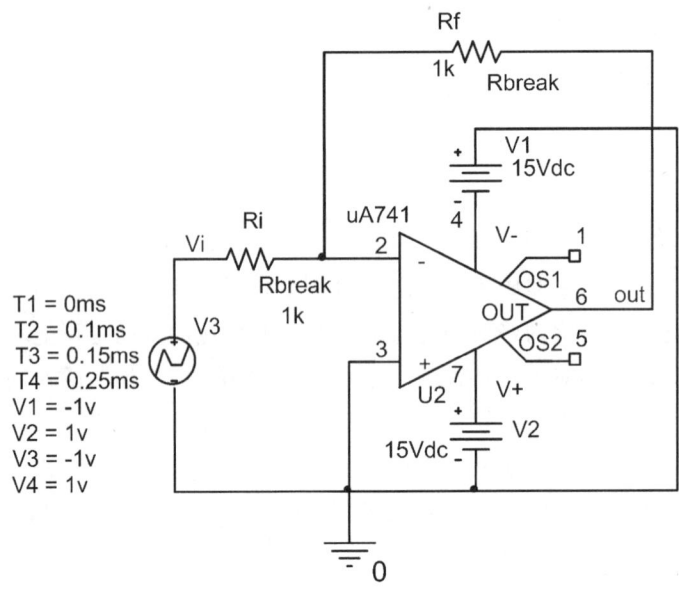

图 3.9.1 反相放大电路

1. 电路图的修改

WC 分析是一种统计分析，因此，首先应像 MC 分析实例一样将电路中电阻 Ri 和 Rf 符号换为 Rbreak，然后再将其模型参数 R = 1 设置为 R = 1，dev 和 lot 误差系数分别为 20% 和 5%，如图 3.9.2 所示。

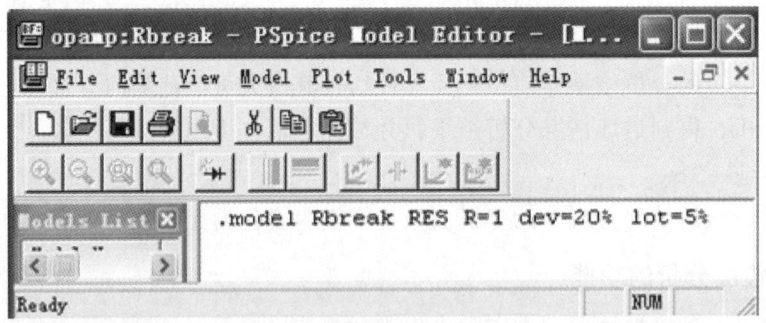

图 3.9.2 Model Editor 窗口

2. WC 分析参数设置

对图 3.9.1 所示反相放大电路的基本分析进行瞬态分析，设置的参数如图 3.9.3 所示，再进行最坏情况参数设置，如图 3.9.4 所示。在图 3.9.4 的对话框中单击右下方的"More Settings…"按钮，将会打开如图 3.9.5 所示的设置框，在 Find 栏内有以下一些选项：

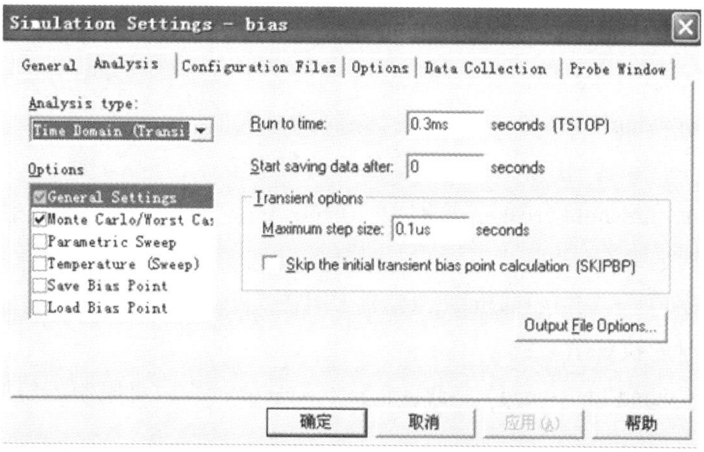

图 3.9.3 瞬态分析参数的设置

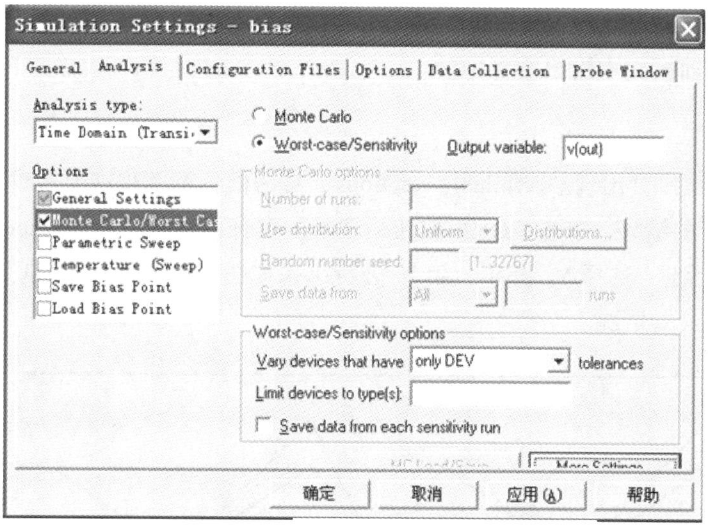

图 3.9.4 最坏情况参数设置

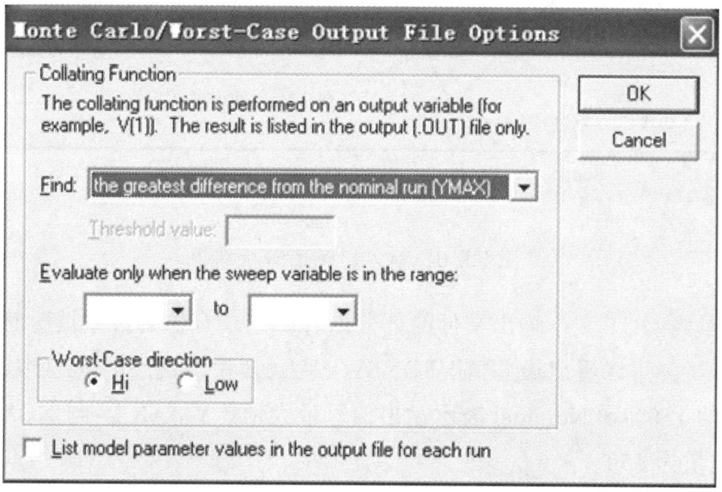

图 3.9.5 WC 分析的 More settings

The greatest difference from the nominal run（YMAX）：找出每个波形和理想值结果的最大差距；

The maximum value（MAX）：找出每个波形的最大值；

The minimum value（MIN）：找出每个波形的最小值；

The first rising threshold crossing（RIXE_EDGE）：记录第一次上升经过 threshold value：栏定义的临界值时的执行结果；

The first falling threshold crossing（RIXE_EDGE）：记录第一次下降经过 threshold value：栏定义的临界值时的执行结果；

Evaluate only when the sweep variable is in the range：栏内可限制当扫描变量在某个上下范围内时才记录数据。

Worst-Case direction 选项中决定最差情况往理想值的高向偏移（HI）或低向偏移（LOW），勾选 "List model parameter values in the output file for each run" 选项，将会把每次分析时报元件模型参数也列入文本输出文件中。

3. 结果分析

启动 Probe 窗口会出现 "Available Sections" 对话框，询问现在要观察 "…Nominal" 或 "…LDEVICES" 的结果。单击 "OK" 按钮，显示所有分析结果。用 "Trace/Add Trace" 打开 "Add Trace" 对话框，选择 Vi 和 V（out），分析结果如图 3.9.6 所示，分别是输入电压、输出理想值和输出的最差情况。

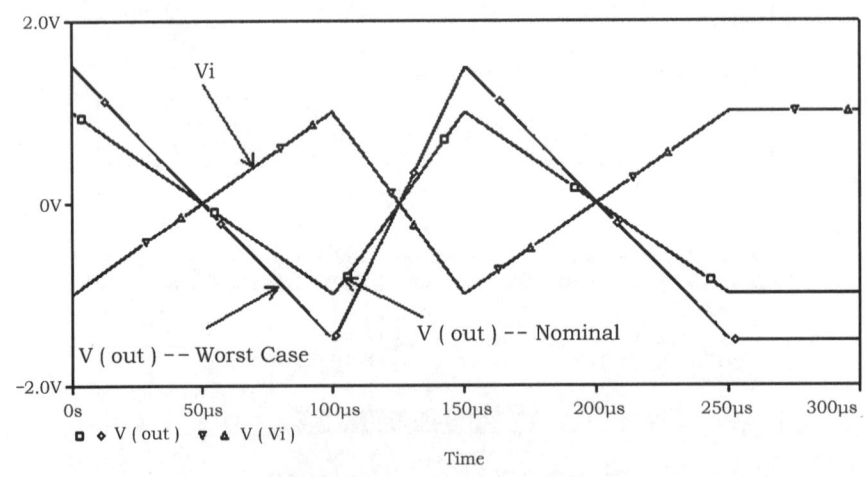

图 3.9.6　输入、输出分析结果

图 3.9.7 所示为 OUT 文本输出文件的部分内容，记录有仿真最差情况时使用的电阻值及输出结果的偏移量，可以看出最差情况时 NEW VALUE 栏内记录的 Rf 变为 1.2 kΩ，Ri 变为 800 Ω。而最后的 150% of Nominal 表示输出信号最大值（YMAX），与 NOMINAL（标准值）相较之下，变化量为 150%。

```
                    WORST CASE ALL DEVICES
*****************************************************************
Device          MODEL           PARAMETER       NEW VALUE
R_Rf            Rbreak          R               1.2             （Increased）
R_Ri            Rbreak          R                .8             （Decreased）
   **** 06/11/11 17:02:42 ******* PSpice 10.5.0 （Jan 2005） ******* ID# 2090008641
   ** Profile: "SCHEMATIC1-bias"   [ E:\book\wcOP\OPAMP-PSpiceFiles\SCHEMATIC1\bias.sim ]

   ****      SORTED DEVIATIONS OF V（OUT）         TEMPERATURE =    27.000 DEG C
                          WORST CASE SUMMARY
*****************************************************************
Mean Deviation =      .5
Sigma          =      0
RUN                       MAX DEVIATION FROM NOMINAL
WORST CASE ALL DEVICES
                     .5       higher   at T =    1.0000E-09
                  （ 150      % of Nominal）
```

图 3.9.7 文本输出文件的部分内容

3.10 电路性能分析

电路性能分析是指定量分析电路特性随器件参数变化的关系，这对优化电路设计将起到极大的作用。

1. 电路性能分析的基本过程

在 Probe 模块中，电路性能分析主要按以下几个步骤进行：

（1）确定电路的分析类型及器件参数的变化范围、变化方式和步长，对参数的每个变化值进行一次电路特性模拟分析。因此，电路性能分析需进行多次电路的模拟分析。

（2）根据电路分析的要求，对每一次模拟分析结果调用一个或多个特征值函数，并从分析结果中提取一个或多个特征值。

（3）将每次分析结果的特征值连在一起，就可得到电路特性随器件参数变化的关系，即电路性能分析结果。

2. 电路性能分析的基本步骤

（1）绘制电路原理图。

在 Capture 环境下，绘制分析用的电路图，设置参数。

（2）分析类型设置。

确定电路特性分析类型及元器件参数的扫描变化、变化方式和步长。

(3) 调入 Probe 的数据批次。

电路分析完成后,生成 Probe 数据文件包含有多批运行结果的数据,选择需要的数据批次,将其调入 Probe。

(4) 启动电路性能分析。

启动电路性能分析方法有三种。

方法一:执行"Trace/Performance Analysis"子命令,将出现如图 3.10.1 所示的电路性能分析对话框。

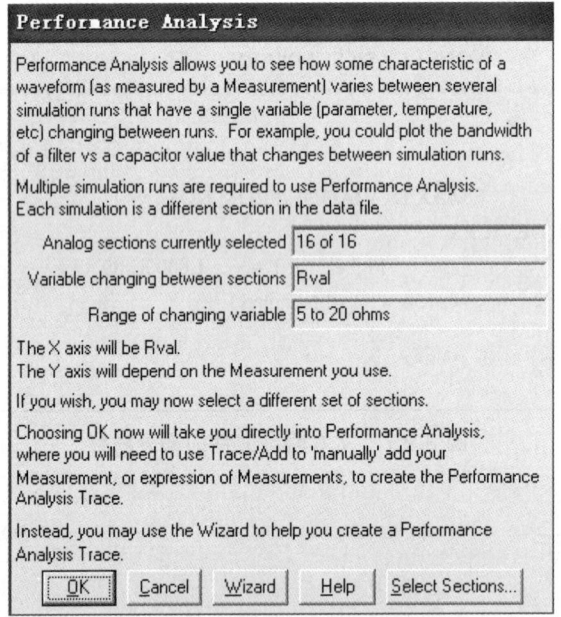

图 3.10.1　电路性能分析对话框

点击"OK"按钮,Probe 窗口中的横坐标变成元器件参数,得到如图 3.10.2 所示的性能分析窗口。

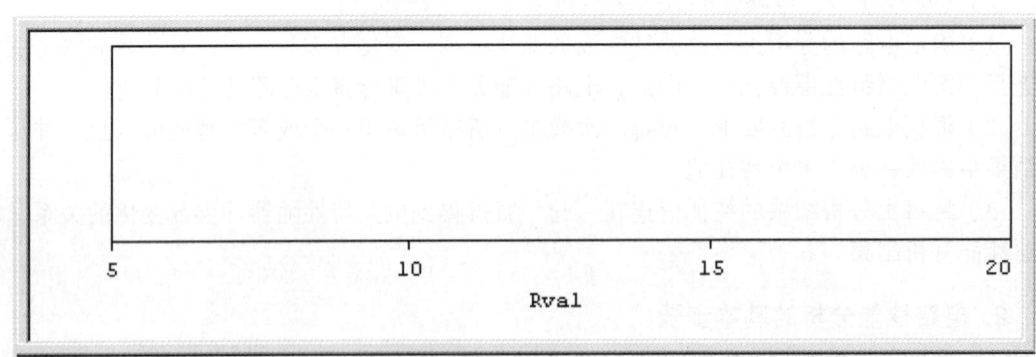

图 3.10.2　性能分析窗口

方法二:可单击 工具按钮,使其处于选中状态,同样可得如图 3.10.2 所示的性能分析窗口。

方法三：执行"Plot/Axis Settings"子命令，并在"Axis Settings"设置框中选中"Performance Analysis"选项，如图 3.10.3 所示。点击"OK"按钮后也可得如图 3.10.2 所示的窗口。

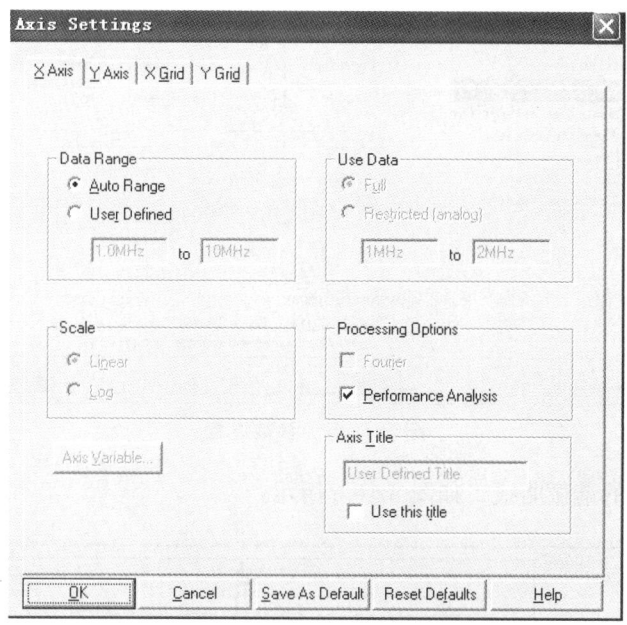

图 3.10.3 "Axis Settings"设置对话框

（5）添加电路性能分析内容。

完成性能分析后，在图 3.10.2 所示性能分析窗口中添加电路性能分析内容。

例：如图 3.10.4 所示为并联谐振电路。① 仿真出电路的谐振曲线；② 以电阻 R1 为扫描变量分析谐振曲线；③ 分析 3 dB 带宽与电阻 R1 的关系。

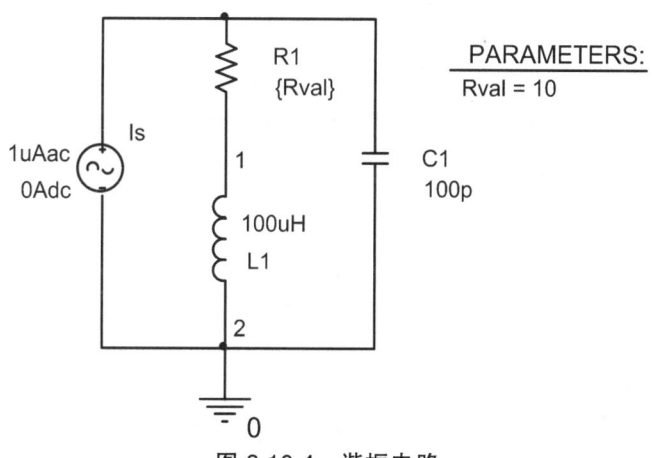

图 3.10.4 谐振电路

分析：① 在 Capture 环境下，绘制分析用的电路图，如图 3.10.4 所示。

② 确定电路特性分析类型为交流小信号分析，以及元器件参数的扫描变化、变化方式和步长，如图 3.10.5 所示。

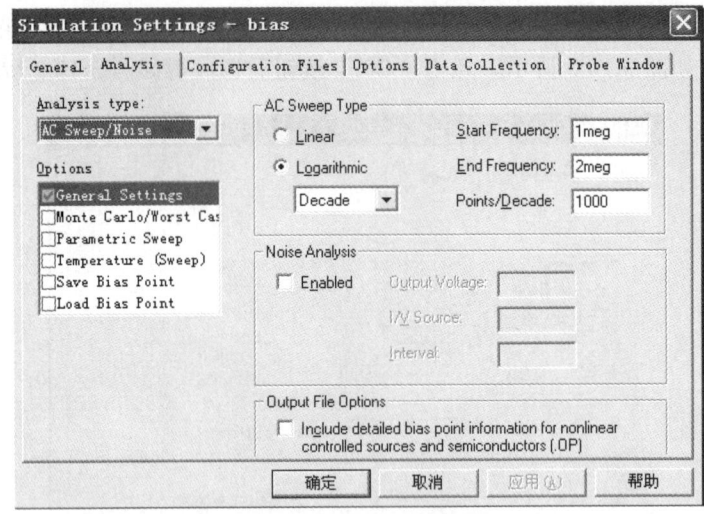

图 3.10.5　参数设置

③ 仿真出电路的谐振曲线，如图 3.10.6 所示。

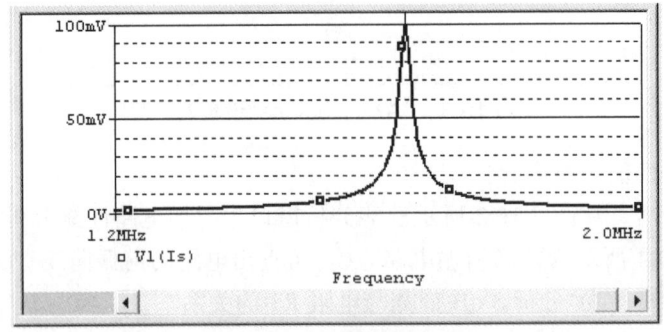

图 3.10.6　谐振曲线

④ 以电阻 R1 为扫描变量进行参数扫描，当电阻分别为 5 Ω、10 Ω、15 Ω 和 20 Ω 时的谐振曲线如图 3.10.7 所示，由图可以看出电阻越大谐振曲线越平坦。

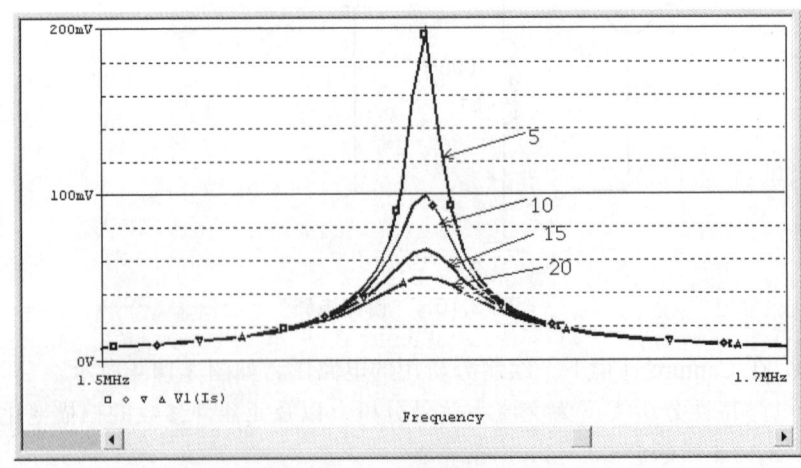

图 3.10.7　参数扫描曲线

⑤ 启动电路性能分析并添加性能分析内容。执行"Trace/Add Trace"子命令,在"Add Trace"设置框中,确定显示的特征值函数与自变量为:Bandwidth(db(v1(Is)), 3),如图 3.10.8 所示,然后单击"OK"按钮,屏幕上显示带宽与电阻 R1 的关系曲线,如图 3.10.9 所示,当电阻增加时频带宽度也在增加。

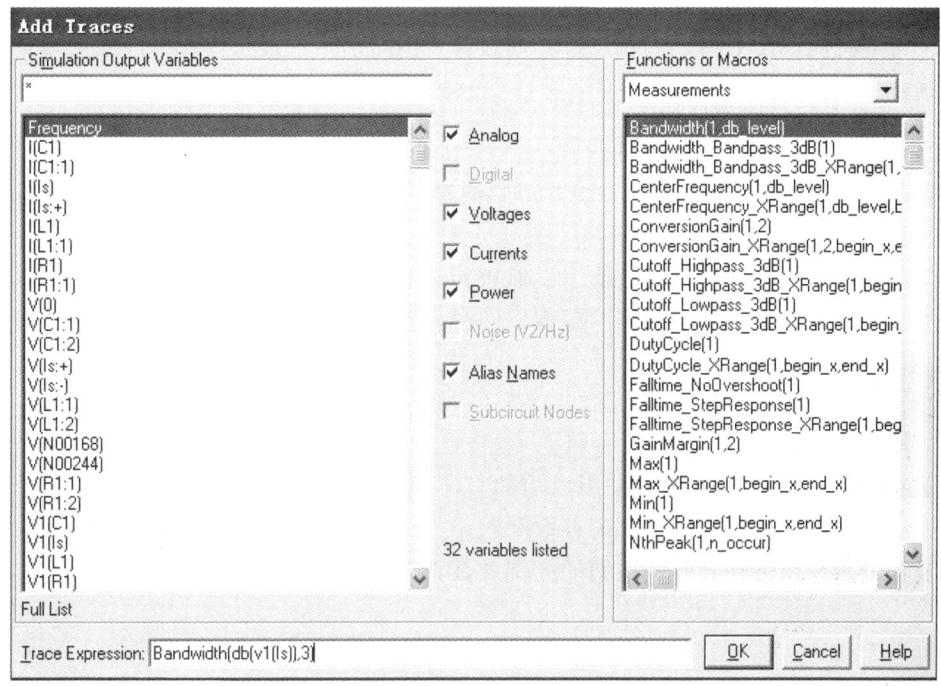

图 3.10.8 "Add Traces"对话框

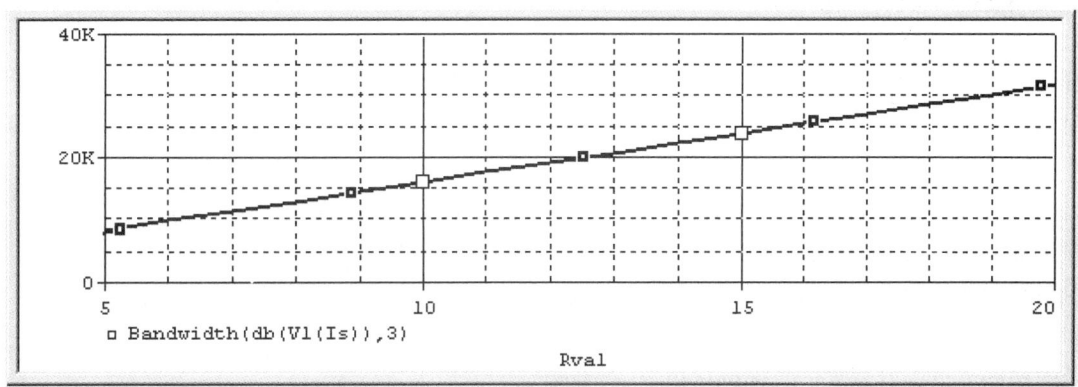

图 3.10.9 带宽与电阻 R1 的关系曲线

3.11 初始偏置条件的设置

1. 设置初始偏置条件的必要性

在实际电路中,存在有很多非线性器件以及双稳态或多稳态器件。采用常规方法计算其偏置解时往往出现不收敛问题，或得不到预定的稳定解。在电路规模较大时，这一问题更加突出。对此，PSpice 中提供了多种方法，供用户根据自己对电路工作原理的分析，设置电路初始偏置条件。采用这种方法给电路分析带来以下好处：

（1）对一般非线性电路，可以帮助尽快得到直流偏置解。这样不但可以防止可能出现的电路不收敛或很难收敛的问题，而且可以节省大量的计算时间。

（2）对双稳或稳态电路，如触发器，通过设置电路初始偏置条件，可以使电路呈现选定的稳定状态。

2. 设置初始偏置条件的方法

PSpice 提供了 4 种方法，用于设置初始偏置条件。按这些方法的使用环境可将其分为两类。

（1）在电路图中设置初始偏置条件：在 PSpice 软件包的电路图绘制部分，用户可采用下述 3 种不同的方式，在绘制电路图的过程中同时设置好相应的初始条件。

① 采用 IC 符号。
② 采用 NODESET 符号。
③ 设置电容和电感元件的 IC 属性。

（2）在电路分析模拟过程中采用以前的直流偏置计算结果作为本次直流偏置的初始条件。本方法涉及直流偏置信息文件的存取问题。

本节将分别介绍这几种方法之间的区别及其具体使用步骤。

3.11.1 IC 符号

1. 功　能

IC 是 Initial Condition 的缩写。在电路符号库 Special.slb 中，IC1 和 IC2 两个符号如图 3.11.1 所示，用于设置电路中不同节点处的偏置条件。在电路图中放置 IC 符号的方法与放置元器件图形符号的方法相同。其中 IC1 为单引出端符号，用于指定与该引出端相连的节点的偏置条件。在电路中放置了 IC1 符号后，连击该符号，从屏幕上弹出的参数设置框中将该符号的 VALUE 属性设置为该偏置条件值即可。IC2 是具有两个引出端的符号，用于指定与这两个引出端相连的两个节点间的偏置条件。在交流小信号 AC 分析和瞬态 TRAN 分析需要求解偏置解的整个过程中，采用 IC 符号的那些节点，其偏置一直保持在由 IC 符号指定的数值上。这就是说，IC 符号实际上是指定了相应节点处的偏置解。

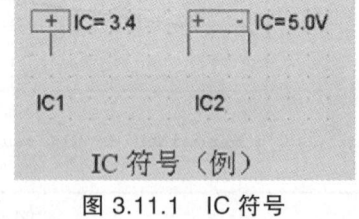

图 3.11.1　IC 符号

在 PSpice 运行过程中，实际上是在连有 IC 符号的节点处附加有一个内阻为 0.000 2 Ω 的电压源，电压源值即为 IC 符号的设置值。

2. 说　明

① IC 符号设置的偏置条件在直流特性扫描分析过程中不起作用。
② 若某一节点处同时加有 IC 符号和下面要介绍的 NODESET 符号，则以 IC 符号的作用

优先，即对该节点不考虑 NODESET 符号的作用。

3.11.2 NODESET 符号

1. 功　能

电路符号库 Special.slb 中 NODESET1 和 NODESET2 两个符号如图 3.11.2 所示，其使用方法与 IC 符号类似，但这两类符号的作用有根本的区别，不像 IC 符号那样用于指定节点处的直流偏置解。NODESET 符号的作用只是在迭代求解直流偏置解时，指定单个节点或两个节点之间的初始条件值，即在求解直流偏置解进行初始迭代时，这些节点处的初始条件取为 NODESET 符号的设置值，以帮助收敛。

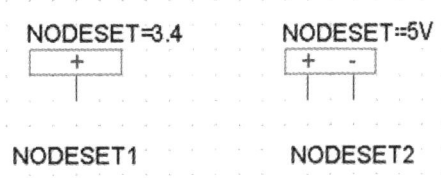

图 3.11.2　NODESET 符号

2. 说　明

（1）NODESET 符号设置值将作为 AC 交流小信号分析和 TRAN 瞬态分析求解直流偏置解迭代过程的初始条件。对 DC 扫描分析，只是在扫描过程的第一步求解直流解时，以 NODESET 设置值作为迭代求解的初始条件。从 DC 直流分析的第二步扫描开始，进行迭代求解时 NODESET 的设置值将不再起作用。

（2）由于 NODESET 符号只用于设置直流迭代求解时的初始条件，而 IC 符号设置的是节点处的直流偏置解，因此当某一节点同时连有这两类符号时，以 IC 符号的设置值为准，NODESET 对该节点的设置不起作用。

3.11.3　电容、电感初始解的设置

电容和电感元件有一项名为 IC 的属性设置，用于设置电容和电感元件两端的初始条件。这些设置在所有的直流偏置求解计算过程中均起作用。但是在 TRAN 瞬态分析中，如果选中了参数"Skip initial transient solution"，则瞬态分析前将不求解直流偏置工作点。设置有 IC 属性的元器件将以其 IC 属性设置值作为偏置解，其他元器件的初始电压或电流值取为 0。

对电容，IC 属性的设置相当于在求解时与电容并联一个串联电阻为 0.002 Ω 的电压源。对电感，相当于与电感串联一个恒流源，而与恒流源并联一个 1 GΩ 的电阻。

3.12　输出标识符

如前的所述，DC 扫描分析、交流小信号 AC 分析和瞬态 TRAN 分析的结果将存入 .dat 文件，供 Probe 调用，显示信号波形曲线。如果在电路图上添加输出标识符，就可以将标识符所指位置的上述 3 种分析结果以数据列表和字符图形两种形式存入 OUT 文件。

1. 输出标识符的类型

（1）IPLOT：该符号应串联到电路图支路中，使该支路电流分析结果以字符图形的形式存入 OUT 文件。

（2）IPRINT：该符号与上述 IPLOT 的区别仅在于是将该支路电流分析结果以数据列表的形式存入 OUT 文件。

（3）VPLOT1：将该符号引出端与电路图中某一节点相连，使该节点与地之间的电压分析结果以字符图形的形式存入 OUT 文件。

（4）VPLOT2：将该项符号两个引出端跨接到电路图中的两个节点上，使这两个节点间的电压分析结果以字符图形的形式存入 OUT 文件。

（5）VPRINT1：与 VPLOT1 的区别仅在于是将分析结果以数据列表的形式存入 OUT 文件。

（6）VPRINT2：与 VPLOT2 的区别仅在于是将分析结果以数据列表的形式存入 OUT 文件。

（7）PRINTDGTLCHG：将该符号引出端与电路图中某一节点相连，则瞬态分析中该节点处逻辑电平变化情况将以数据列表的形式存入 OUT 文件。

2. 输出标识符的放置

其位置在 SPECIAL.OLB 图形符号库中。

3. 输出标识符的分析类型设置

在电路图中用鼠标左键连击输出标识符，屏幕上出现如图 3.12.1 所示的设置对话框，要输出某种分析结果，只需在图中该分析类型名那一栏内键入非空格字符，如 Y，NO 等。

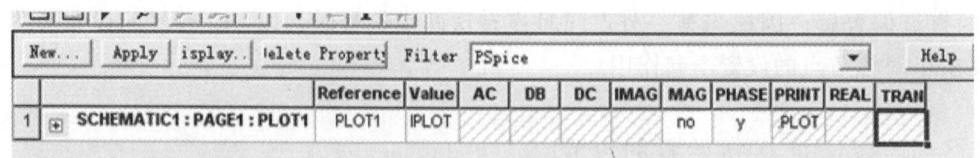

图 3.12.1 输出标识符属性对话框

第 4 章　逻辑模拟和数模混合模拟

PSpice A/D 可以对模拟和数字混合电路进行分析，可以输出数字（逻辑）信号或者模拟信号。本章简要介绍了逻辑模拟和数模混合模拟基本概念，具体介绍了各种逻辑激励信号的调用，对数字电路进行逻辑模拟，列举了数模混合模拟的例子。

4.1　概　述

1. 逻辑模拟及其作用

逻辑模拟的基本含义是：根据给定的数字电路拓扑关系以及电路内部数字器件的功能和延迟特性，由计算机软件分析计算整个数字电路的功能和特性。

PSpice 软件包中逻辑模拟模块的功能包括：

（1）模拟分析数字电路输出与输入之间的逻辑关系。

（2）模拟分析数字电路的延迟特性。

（3）对同时包括有模拟元器件和数字单元的电路进行数模混合模拟，可同时显示出电路内部的模拟信号和数字信号波形分析结果。

（4）最坏情况逻辑模拟。对实际的 IC 产品，每个数字单元的延迟时间均有一定的范围。逻辑模拟时，每个数字单元的延迟特性均取其标称值。在同时考虑每个数字单元延迟时间的最大/最小极限值的组合时，将构成最坏情况。针对这种情况进行的逻辑模拟，称为最坏情况逻辑模拟。

（5）检查数字电路中是否存在时序异常和冒险竞争现象。

2. 电路节点分类

PSpice 软件对电路进行模拟分析时，根据与节点相连元器件类型的不同，将电路内部节点分为 3 类。

（1）模拟型节点：如果与节点相连的元器件均为模拟器件，则该节点为模拟型节点。

（2）数字型节点：与该节点相连的都是数字器件，数字电路内部只包括数字型节点。

（3）接口型节点：如果与节点相连的元器件中既有模拟器件，又有数字器件，则这类节点称为接口型节点。PSpice 在分析数模混合电路时，自动用一个数/模或模/数接口转换电路代替这类节点。采用这种接口电路后，整个数模混合电路就被分成了若干部分，每一部分将是单纯的数字电路或模拟电路。

3. 数字型节点逻辑状态

PSpice 支持的数字信号可包括 6 类逻辑状态。

对模拟电路，PSpice 模拟计算各个节点电压信号波形；对数字电路，PSpice 模拟计算每一个节点的逻辑状态随时间的变化。用 Probe 程序显示分析逻辑模拟结果时不同逻辑状态的显示情况。

逻辑状态并非必然对应于某一个特定的或稳定的电压值。例如，逻辑状态 1 和 0 只分别表示节点电压处于由特定数字器件决定的高电平和低电平电压范围内。逻辑状态 R 和 F 只表示节点电压处于由特定数字器件决定的低电平阈值电压和高电平阈值电压之间，并不分别说明该节点电压正以某一特定斜率上升和下降。

4. 逻辑强度

在逻辑模拟过程中，除要考虑数字信号的逻辑状态外，对每一种逻辑状态还要考虑其"强度"。当不同强度的数字信号作用于同一个节点时，该节点的逻辑状态由强度最强的那个数字信号决定。如果作用于某一节点的几个数字信号的逻辑状态不同，但强度相同，则该节点的逻辑状态为 X，即不确定。

PSpice 内部将数字信号的强度按从弱到强顺序分为 0，1，…，63 共 64 级。最强的是由外加激励信号提供的激励信号电平。最弱的是 Z（高阻），处于禁止（disabled）状态的三态门或输出端为集电极开路结构的器件的输出强度即为 Z。

例如，在数字电路中使用很广泛的总线（Bus），通常与多个三态门驱动电路的输出相连。在正常工作时，这些三态门中只有一个处于驱动状态，其余的均为高阻输出。总线上的逻辑电平将由处于驱动状态的三态门的输出电平决定。

5. 传输延迟

除逻辑功能外，传输延迟是一个逻辑单元的重要特性参数。对不同的逻辑单元，描述其传输延迟特性的延迟时间参数名称和个数不完全相同。但从逻辑模拟角度考虑，为了使模拟结果更符合实际情况，在数字电路特性数据库中，对每一个延迟时间参数均给出最小延迟时间、典型延迟时间和最大延迟时间 3 个数据。

在逻辑模拟过程中，用户可根据需要，选用不同的延迟时间数值。

6. 激励信号

为了进行逻辑模拟，必须在数字电路输入端施加激励信号。PSpice A/D 进行逻辑模拟时采用的激励信号有 3 类。

（1）时钟信号（Clock Stimulus）：是一种规则的一位周期信号，因此产生方法最简单。

（2）一般激励信号（Digital Signal Stimulus）：是一种位信号，但其波形变化不像时钟信号那样简单。

（3）总线激励信号（Digital Bus Stimulus）：又分 2 位、4 位、8 位、16 位和 32 位共 5 种。

7. 数/模接口等效电路

PSpice A/D 处理接口型节点的方法是为数字逻辑单元库中的每一个基本逻辑单元同时配备 AtoD 和 DtoA 两类接口型等效子电路。其中，AtoD 子电路完成模拟量到数字量的转换，若一个逻辑单元输入端与接口型节点相连，则进行模拟时，系统自动在该输入端插入一个 AtoD 子电路，将模拟信号转换为数字信号，同时电路新增一个数字型节点，名称变为原有节点名后面加$AtoDn，接口子电路的模拟端将保持原来电路中接口型节点的编号名称，如图 4.1.1 所示。DtoA 子电路则完成数字量到模拟量的转换，若一个逻辑单元输出端与接口型节点相连，则进行模拟时，系统自动在该输出端插入一个 DtoA 子电路，将数字信号转换为模拟信号，并在输出端新增加一节点，名称变为原有节点名后面加$DtoAn。

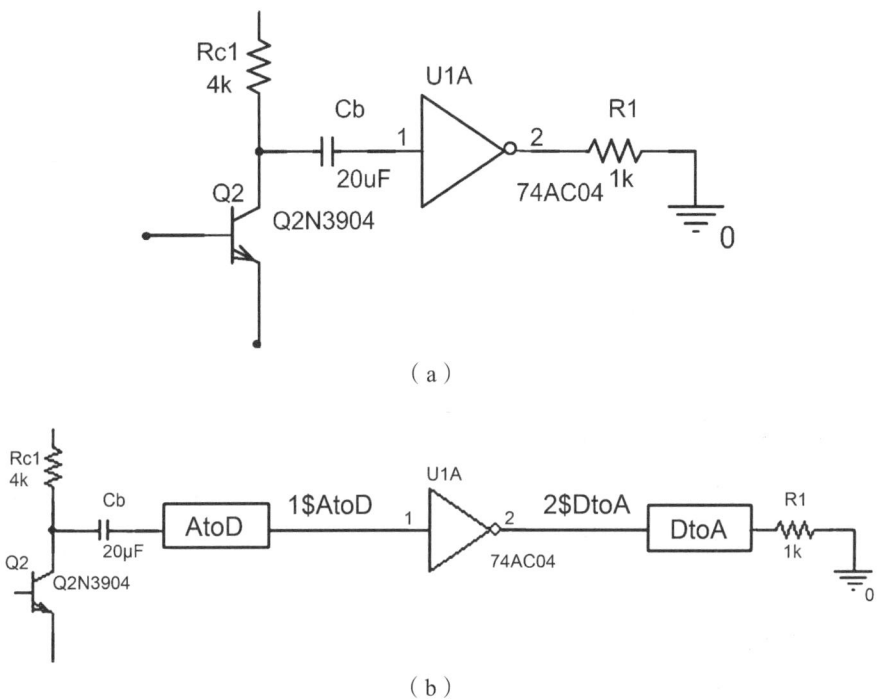

图 4.1.1　数/模混合电路原理及接口型等效电路

对于不同的分析要求，根据模型精度的不同，每一个 AtoD 和 DtoA 子电路模型均分为 4 个级别，分别为：AtoD1、AtoD2、AtoD3、AtoD4 和 DtoA1、DtoA2、DtoA3、DtoA4。其中，模型 AtoD1 和 AtoD3 能根据输入模拟端电压的大小，产生"0""1"和"R""F""X"几种不同的逻辑状态输出；而 AtoD2、AtoD4 则是比较简单的模型，只能产生"0""1"两种逻辑状态输出。如果输入接口子电路的模拟信号上升或下降的速率很慢，或者该模拟信号总在"0""1"逻辑电平转换区对应的电压范围内变化，则可以采用这两种简单模型。而 DtoA 模型只对 HC/HCL 系列逻辑单元有区别：级别 DtoA1 和 DtoA2 为简单模型，适用于 5 V 电压源和 25 °C 条件的模拟信号输出；DtoA3 和 DtoA4 模型为精细模型，适用于 2~6 V 电源电压，对工作温度无要求。精细模型的模拟分析时间较长，一般只在供电电压不是 5 V 时才选用。

4.2　逻辑模拟

生成逻辑电路原理图的方法与一般模拟电路情况相同。实际上，数字电路原理图中元器件符号类型只包括：基本数字电路单元、激励信号源和端口符号，比一般模拟电路还要少，元器件互连也只涉及互连线（Wire）和总线（Bus）。在生成数字电路原理图时，电路图的绘制方法可直接参考第 2 章介绍的内容。

4.2.1　逻辑模拟电路中的激励信号源

数字电路中所用到的激励信号在 SOURCE 库和 SOURCSTM 库中，4 类 17 种不同的逻辑激励信号源符号，如图 4.2.1 所示。

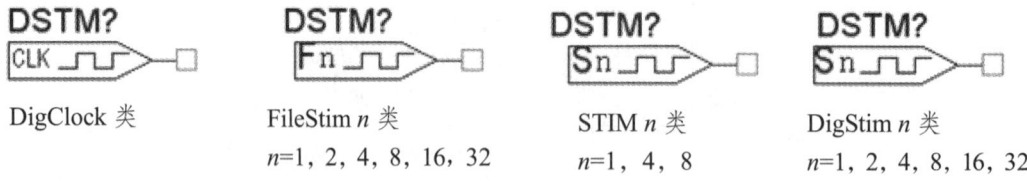

DigClock 类　　　　　FileStim n 类　　　　　STIM n 类　　　　　DigStim n 类
　　　　　　　　　　n=1, 2, 4, 8, 16, 32　　n=1, 4, 8　　　　　n=1, 2, 4, 8, 16, 32

图 4.2.1　逻辑模拟中的 4 类激励信号源符号

图 4.2.1 所给出的激励信号源符号所表示的意义如下：

① DSTM 是器件编号名。在具体的电路中，以 DSTM 后的数字序号区别不同的信号源。

② "DigStim" "FileStim" "STIM" 和 "DigClock" 是信号源名称，除 DigClock 用于产生时钟信号外，其他 3 类均可产生总线激励信号。其总线激励信号的位数取决于在信号源名称后所跟的数字 n，如 STIM4 表示用于产生 4 位总线信号。

③ 若用于产生 1 位信号的信号源，其信号源符号引出线为细线；对总线激励信号源其符号的引出线为粗线。

④ 就波形设置而言，STIM$_N$ 和 DigClock 类波形的设置与修改元器件参数方法一致；而 DigStim n 的波形，则通过调用 StmEd 模块以人机交互图形编辑方法产生；FileStim n 的波形是由一个波形描述文件中的数据来描述。

4.2.2　时钟信号源 DigClock 波形设置

选中 "DigClock" 符号，双击该符号后屏幕上弹出该器件的参数设置框，如图 4.2.2 所示。

	Color	DELAY	ID	Implementation Type	IO_LEVEL	IO_MODEL	OFFTIME	ONTIME	OPPVAL	STARTVAL
SCHEMATIC1 : PAGE1 : DSTM?	Default	0		PSpice Model	0	IO_STM	0.5uS	0.5uS	1	0

图 4.2.2　DigClock 参数设置

需要确定以下 5 个参数：
OFFTIME：在一个时钟周期内，低电平状态的持续时间。
ONTIME：在一个时钟周期内，高电平状态的持续时间。
DELAY：延迟时间。
STARTVAL：指 T=0 时的时钟信号初值（在延迟时间之内，信号的值由该值决定，等于延迟时间时，信号值才发生变化）。

OPPVAL：时钟高电平状态。

进行瞬态分析后得到的波形如图 4.2.3 所示。

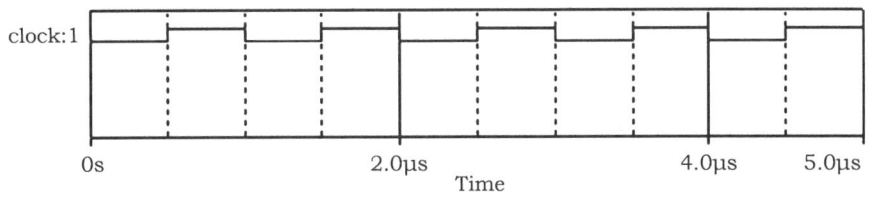

图 4.2.3　时钟信号源 DigClock 波形

4.2.3　STIM n 类信号源波形的设置

STIM n 类信号源主要用于产生总线信号。由于总线信号波形变化情况不像时钟信号那样简单，而且总线信号中含有多位信号，在设置时要确定这几位信号波形随时间变化的情况，因此总线信号波形设置过程和需要确定的参数均比时钟信号的设置复杂得多。

STIM n 类信号源分为产生 1 位、4 位、8 位和 16 位信号共 4 种情况。在电路图中双击 STIM n 类符号，屏幕上出现常规的元器件参数设置框，如图 4.2.4 所示。

	COMMAND1	COMMAND2	DIG_GND	DIG_PWR	FORMAT	TIMESTEP	Value	WIDTH	IO_LEVEL	IO_MODEL	Part Reference
SCHEMATIC1 : PAGE1 : DSTM1	0s 0		$G_DGND	$G_DPWR	44		STIM1	8	0	IO_STM	DSTM1

图 4.2.4　STIM n 类信号源波形的设置

由图可知，除一般元器件共有的参数外，STIM n 类符号还具有特有的参数。

WIDTH：该参数值指定总线信号的位数，即该激励信号源输出端的节点个数。其值即为相应 STIM n 类符号中的 n 值。

FORMAT：说明在描述总线信号逻辑时采用的是哪几种进制数。其中数字只能是 1（代表 2 进制）、3（代表 8 进制）和 4（代表 16 进制数）。显然，该参数值各位数字之和应与 WIDTH 设置值相等。

TIMESTEP：在用 c 作时间单位时，c 所代表的实际时间步长值由本项参数设置值决定。

COMMAND1，…，COMMAND16：每一项 COMMAND n 参数用于设置不同时刻的波形变化。

按如下参数设置：

WIDTH：8；

FORMAT：44；

TIMESTEP：5n；

COMMAND1：0s00——表示 $t = 0$ 时，所有 8 位信号初值均为 0；

COMMAND2：LABEL = STARTLOOP——表示描述 LABEL 的名称为 STARTLOOP；

COMMAND3：1c INCR BY 01——表示时间为 1c，即 5 ns 时，总线信号电平加 1；

COMMAND4：2c GOTO STARTLOOP UNTIL GE AA——表示在时间为 2c 即 20 ns 时，如果总线电平小于 AA，则转向 LABEL 名为 STARTLOOP 的下一句波形描述语句，即 COMMAND3，将总线信号电平加 1，一直到总线电平等于 AA，才停止这一循环过程。

仿真的波形如图 4.2.5 所示。

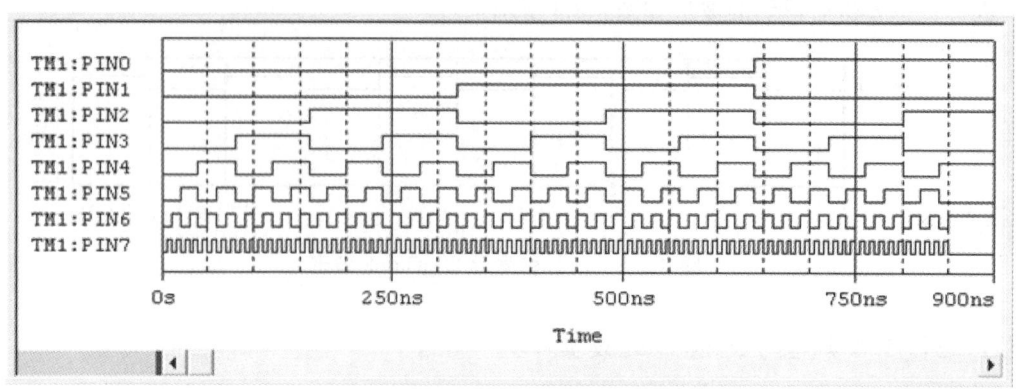

图 4.2.5 STIM8 信号源的仿真波形

4.2.4 FileStim n 类信号源波形的设置

FileStim n 类信号波形由一个波形描述文件中的数据确定，选中 FileStim n 类符号双击鼠标左键，则在屏幕上出现波形设置对话框，如图 4.2.6 所示。

一般需要设置的参数有 FILENAME 和 SIGNAME，其具体意义和用法如下：

FILENAME：波形描述文件名。本参数是指定波形描述文件的名称，在进行模拟时，将从该文件中读出波形描述数据。

SIGNAME：信号名。它用于指定从波形文件中读取哪些信号对应的输出波形。

	FILENAME	Graphic	IO_LEVEL	IO_MODEL	Part Reference	Reference	SIGNAME	Value
SCHEMATIC1 : PAGE1 : DSTM2		FileStim1.Normal	0	IO_STM	DSTM2	DSTM2		FileStim1

图 4.2.6 FileStim n 类信号源属性对话框

4.2.5 DigStim n 类信号源波形的设置

该信号源的波形设置通过调用 StmEd 模块，以人机交互的方式设置时钟信号、一般信号和总线信号。

选中 DigStim 符号，选择执行 Edit/PSpice Stimulus 子命令，即可调出 StmEd 程序，如图 4.2.7 所示。在 Name 内输入每个信号的名称。Analog：模拟信号的类型；Digita：数字信号的类型，主要有三类，即 Clock（时钟信号）、Signal（一般信号）、Bus（总线信号），如果选择 Bus 则需注明总线的宽度（Width）及初始值（Initial Value）。

（1）如选中时钟信号后，按"OK"，屏幕上会出现如图 4.2.8（a）所示的时钟信号参数设置框。在"Specify by"下方，"Frequency and duty cycle"（频率和占空比）处于选中状态，表示从"频率"角度设置时钟信号波形，"Frequency"（频

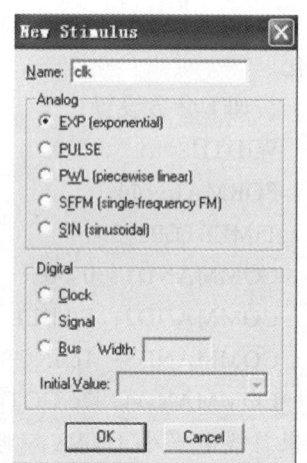

图 4.2.7 New Stimulus 设置框

率)、"Duty cycle (%)"(占空比)、"Initial value"(初值)、"Time delay (sec)"(时间延迟);在"Specify by"下方,如果选中 Period and on time,则如图 4.2.8(b)所示,各项为:"Period (sec)"(周期)、"On time (sec)"(脉宽)、"Initial value"(初值)、"Time delay (sec)"(时间延迟)。

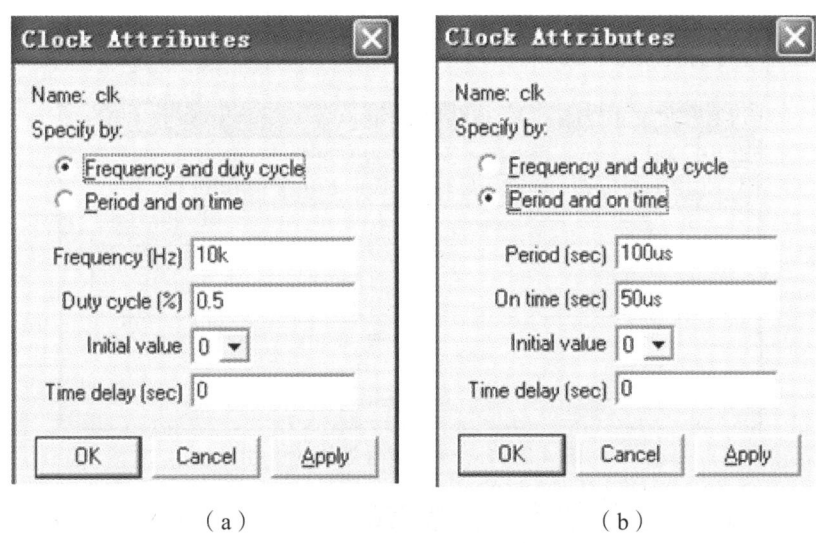

(a)　　　　　　　　　(b)

图 4.2.8　时钟信号参数设置框

按如图 4.2.8 所示参数设置,可得如图 4.2.9 所示的波形。

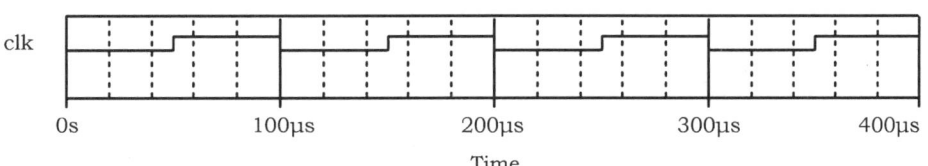

图 4.2.9　StmEd 窗口的时钟信号波形

(2)如果在图 4.2.7 中选择 Signal,进行一般信号的波形设置,可得到图 4.2.10,此图在"Initial Value"处有 4 种逻辑电平:0、1、X 和 Z。"Initial Value"在系统内定值情况下,其波形如图 4.2.11 所示,可以看到波形仅呈现低或高电平状态水平线。需对此信号波形添加"变化沿"时,可选中笔形工具 按钮或执行 Edit/Add 命令,启动笔形光标,在需要添加上升或下降沿的时间处单击笔形光标,便可绘制出不同时刻的信号电平变化。按鼠标右键,可退出添加笔形光标状态,如图 4.2.12 所示设置的一般信号波形;若需修改"变化沿",选中一个"沿",执行"Edit/Attributes"子命令,或用鼠标左键双击"变

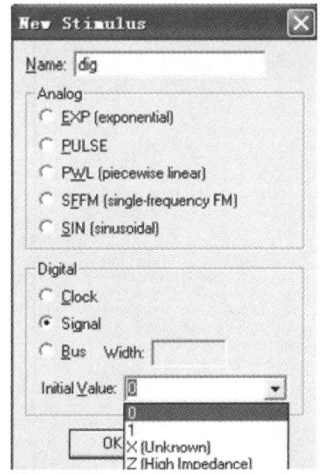

图 4.2.10　Signal 信号的设置

化沿"，弹出"Edit Digital Transition"对话框，如图 4.2.13 所示，其中，"Start Time"为当前"变化沿"所在位置其值为 228.571 μs，可对其进行修改，"+108.27 μs after"表示该"变化沿"与前一个"变化沿"相隔 108.27 μs，在"Value"的下拉菜单中，可以改变该"变化沿"到下一个"变化沿"之间的逻辑状态；若需移动"变化沿"，可选中"变化沿"用拖动鼠标的方法将"变化沿"沿时间轴移动到新位置；若需删除"变化沿"，可选中一个"变化沿"，执行"Edit/Delete"命令，或按"Delete"键，删除该变化沿。

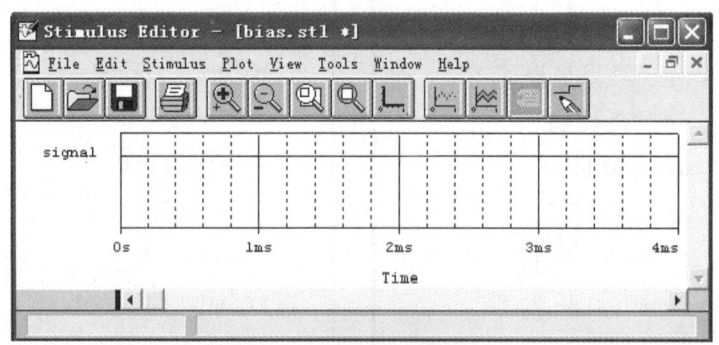

图 4.2.11　一般信号波形（一）

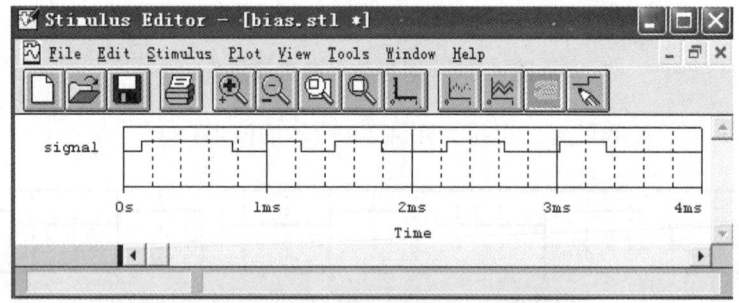

图 4.2.12　一般信号波形（二）

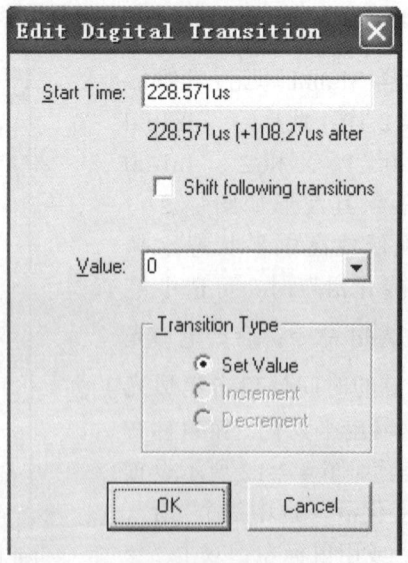

图 4.2.13　修改"变化沿"的设置框

（3）如果在图 4.2.7 中选择 Bus 进行总线信号的波形设置，如图 4.2.14 所示。这时其右方的 Width 栏显示出总线信号位数的内定值为 8，Initial Value 栏显示出总线信号初值内定设置值为 0。其波形如图 4.2.15 所示。

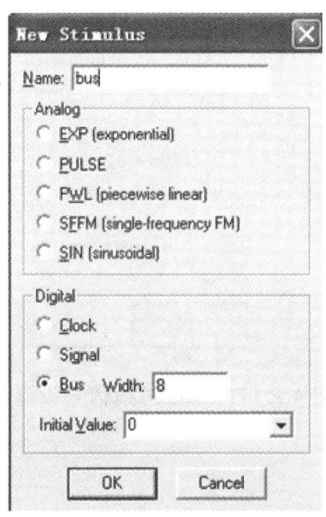

图 4.2.14　总线信号的设置框

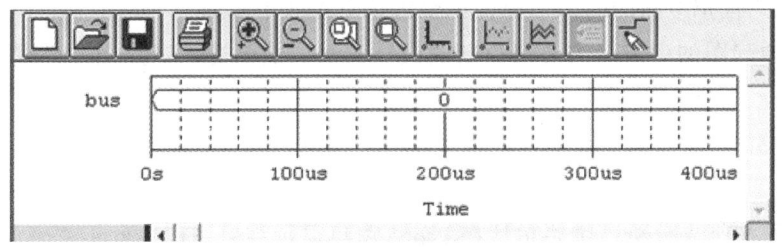

图 4.2.15　总线波形

在图 4.2.15 中，按下工具条中的 按钮，进入总线信号波形设置状态。将带有笔形的光标在图 4.2.15 所示波形的某处点击一下，会出现一个逻辑电平变化值，如图 4.2.16 所示，修改总线波形的方法与一般信号波形的方法一样，"Edit/Attributes"子命令，或用鼠标左键双击"变化沿"，屏幕上将弹出如图 4.2.17 所示的修改总线信号设置框，此对话框与图 4.2.13 不同的是在"Transition Type"中增加了"Increment"和"Decrement"两项，若选中"Increment"或"Decrement"选择项，可以看到"Value"将分别变为"Increment"或"Decrement"，设置一个值，则表示将选中的"变化沿"到下一个"变化沿"之间的电平值加上或减去该值。

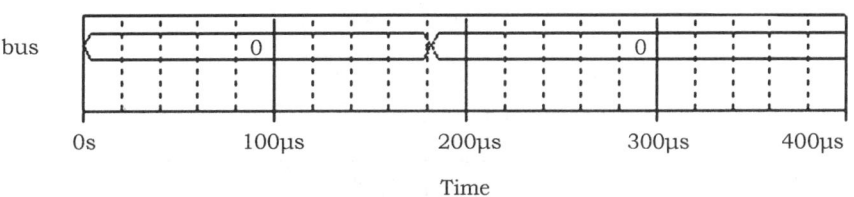

图 4.2.16　总线波形设置

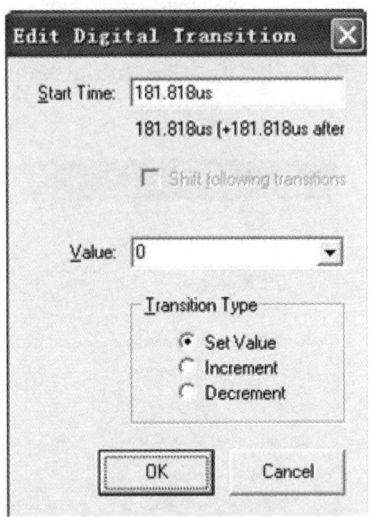

图 4.2.17　修改总线信号设置框

4.2.6　逻辑模拟举例

逻辑电路与模拟电路的模拟一样，主要包括下述 3 个步骤：

① 逻辑原理图的生成。主要包括新建设计项目，绘制逻辑电路图，设置输入信号激励波形。

② 逻辑模拟。主要包括确定分析类型和指定模拟时间，设置模拟分析参数，启动逻辑分析过程。

③ 逻辑模拟结果分析。主要包括在 Probe 窗口显示结果波形，分析逻辑模拟功能关系，确定各延迟参数等。

下面以半加器电路为例进行分析，电路如图 4.2.18 所示。激励信号源采用的是时钟信号源，参数设置如图 4.2.19 所示，其波形如图 4.2.20 所示。进行瞬态分析，完成逻辑模拟后，输入输出波形如图 4.2.21 所示。

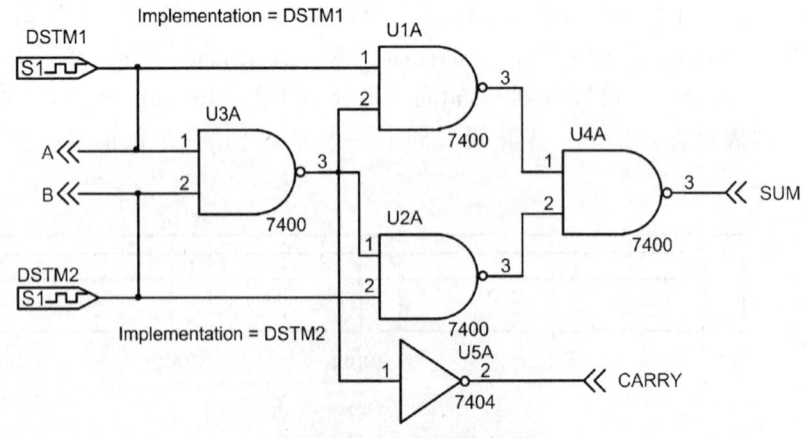

图 4.2.18　半加器电路

第 4 章 逻辑模拟和数模混合模拟

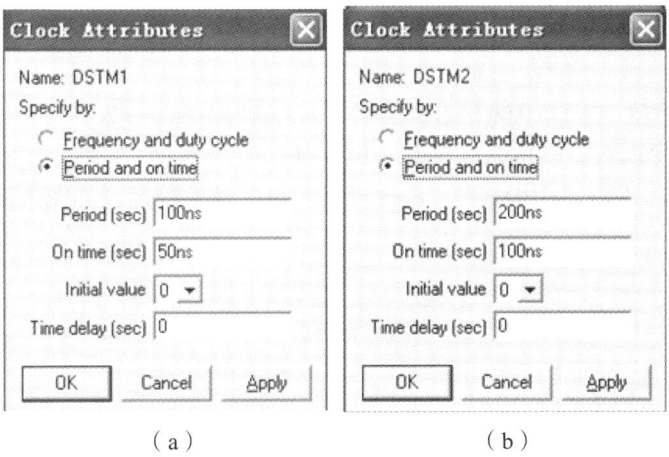

(a)　　　　　　　　(b)

图 4.2.19　信号源的参数设置

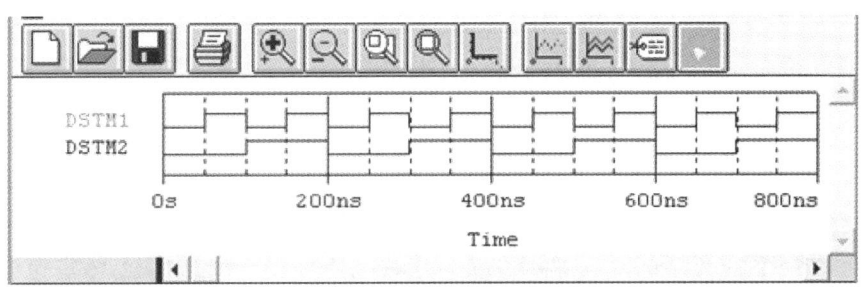

图 4.2.20　激励信号源波形

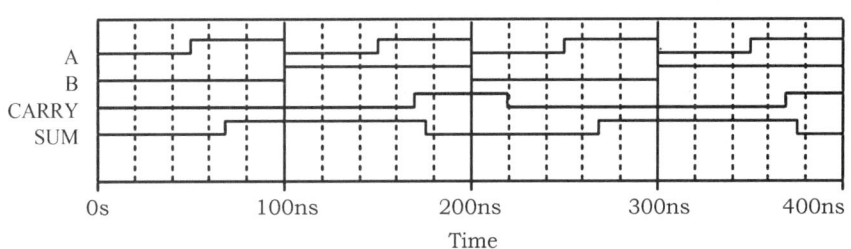

图 4.2.21　输入输出波形

由图 4.2.21 可分析得出如表 4.2.1 所示的功能。

表 4.2.1　功　能　表

时间范围	B	A	进位	和（SUM）
0～50 ns	0	0	0	0
50～100 ns	0	1	0	升至 1
100～150 ns	1	0	0	1
150～200 ns	1	1	升至 1	降为 0

4.3 数/模混合电路的模拟

数/模混合电路就是电路中既有数字逻辑单元（如门电路、触发器等）又有模拟元器件（如电阻、电容等）。现以石英晶体振荡电路为例，电路如图 4.3.1 所示，x1 为石英晶体振荡器，从 XTAL 库中调出，频率为 10MGE。进行瞬态分析，其参数设置如图 4.3.2 所示。仿真的结果如图 4.3.3 所示。

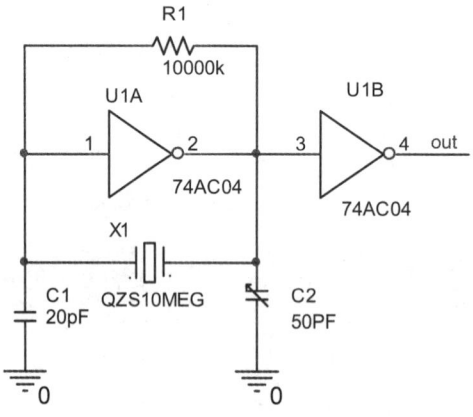

图 4.3.1 石英晶体振荡电路

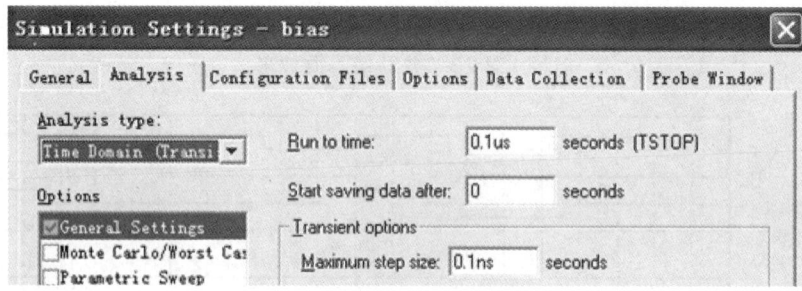

图 4.3.2 参数设置

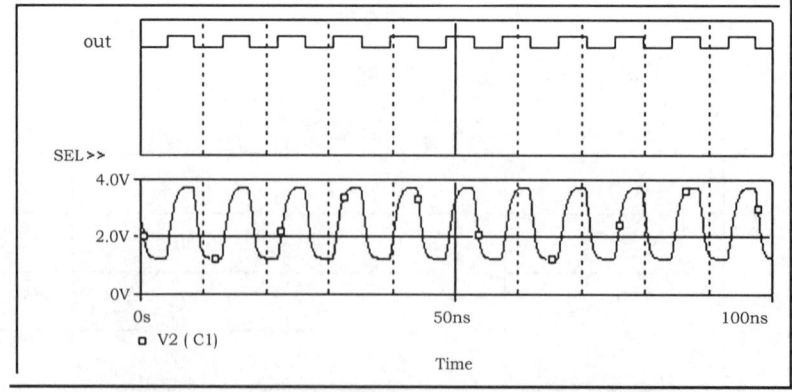

图 4.3.3 石英晶体振荡器电路的数/模混合模拟结果

第 5 章 电路的高级分析

本章主要介绍了 PSpice 的高级分析功能以及 PSpice AA 高级分析的设置,具体介绍了灵敏度分析、电路的优化设计、Monte Carlo 分析、Smoke 分析等,并列举了具体的例子。

5.1 PSpice AA

PSpice AA 是 OrCAD 新增加的高级分析工具,包含 Sensitivity、Monte Carlo、Smoke、Optimizer、Parametric Plotter Analysis 五个高级分析功能,它是在 PSpice A/D 分析的基础上,最大程度地提高所设计电路的性能及可靠性。

PSpice AA 与 PSpice A/D 在使用方面基本相同。

(1) PSpice A/D 中用的模型参数多是标称值,而在调用 PSpice AA 进行设计时需要一些与 PSpice A/D 不同的模型和可变参数,它们都存于 PSpice AA 模型参数库中。图 5.1.1 所示为 PSpice 库,是 PSpice A/D 模型库,共有 89 个库文件。PSpice AA 除了可以使用这个库中的元件外,还有专门供 PSpice AA 使用的 "advanls" 文件夹。如图 5.1.2 所示的 PSpice 高级元件库,共有 30 多个库文件、4 300 多个元器件仿真模型。对于加载元件库及元器件的查找方法与 PSpice A/D 分析中的方法相同,如要查找电阻,在如图 5.1.3 所示的 Part name 中输入电阻 Resistor,然后按下开始搜索键进行搜索即可。

图 5.1.1 PSpice AA 高级元件库文件夹

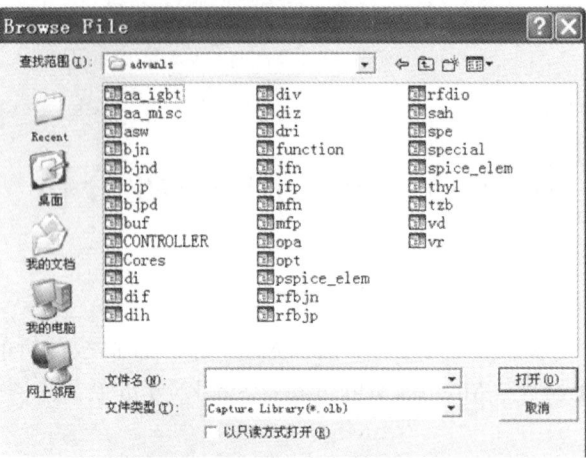

图 5.1.2 PSpice 高级元件库

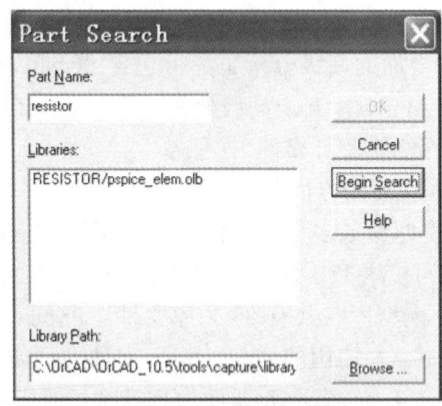

图 5.1.3 搜索结果

然后将 RESISTOR/pspice_elem.olb 激活，按下"OK"键，出现电阻图标，如图 5.1.4 所示。

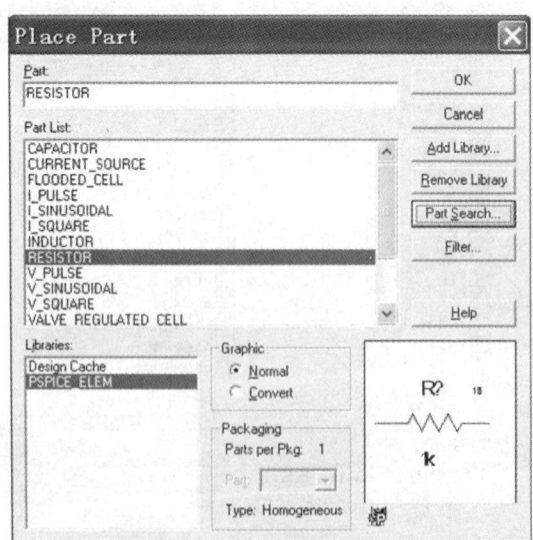

图 5.1.4 电阻 R 图标

图中右下角 为 PSpice AA 器件仿真模型标识符，此时按下"OK"键就可将电阻放置到电路图编辑框中。

（2）元件的属性设置同样有单个设置和批量设置两种方法，且设置方法和 PSpice A/D 相同，但是元件的属性比 PSpice A/D 要多，图 5.1.5 所示是电阻元件的属性。

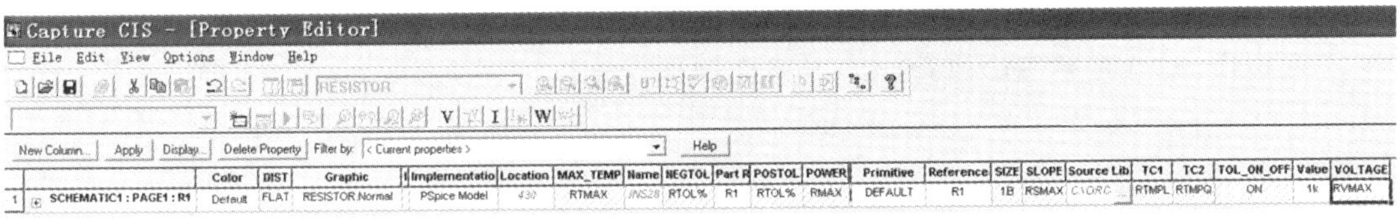

图 5.1.5 电阻元件的属性

其中，MAX_TEMP 是最高温度属性，NEGTOL 是负容差系数，POSGTOL 是正容差系数，POWER 是最大功率，SLOPE 是当元件发热时的温度上升斜率，TC1 和 TC2 是一次温度系数和二次温度系数，VOLTAGE 是电阻的耐压值。由图 5.1.5 可以看出，PSpice AA 要设置的属性参数比较多，如果逐个去设置会很烦琐，因此，PSpice AA 提供了一种 Variable Table（变量表）设置方法：首先在 PSpice 元件库的"advanls"文件夹中找到 special 库，选择 Variables 元件，如图 5.1.6 所示，其中，Tolerances 是元件的容差属性，*TOL 表示的含义是 Tolerance of element *，*为元件名，如 CTOL 为电容容差。Smoke Limits 是电应力参数，即元件的最大安全工作参数。当使用变量表设置元件参数时，只要将各元件的相应参数设置成 Variable Table 中的参数即可。如系统将电阻属性中的 NEGTO 和 POSGTOL 设置为默认的 RTOL%，因此，只需将 Variable Table 的 RTOL 属性设置成 RTOL = 10，电阻的 NEGTO 和 POSGTOL 属性无须重新设置。

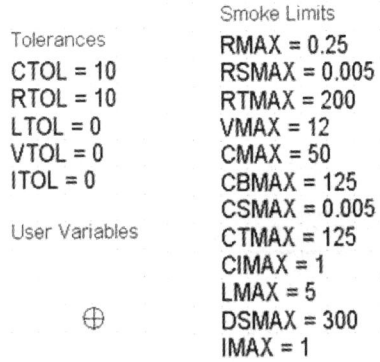

图 5.1.6 Variables 元件

（3）各种分析参数的设置和分析结果的观察和 PSpice A/D 基本相同，只是功能比 PSpice A/D 有所加强。

5.2 灵敏度分析

灵敏度分析是电路优化设计的第一步，因此，往往需要将它的分析结果传给优化设计工

具 Optimizer。灵敏度分析的步骤如下:

(1) 绘制电路图;

(2) 执行 PSpice 分析,确定电路的性能指标;

(3) 使用灵敏度工具 Sensitivity 进行灵敏度分析,如果需进一步进行优化设计,则将程序运行结果传给 Optimizer,否则观察并保存程序运行结果即可。

下面以图 5.2.1 所示 RC 单管放大电路为例进行分析。

5.2.1 电路图的绘制

调用 Capture 10.5 进行电路原理图设计,以共射放大电路为例,采用"advanced"文件夹中的元件,并采取变量表设置元件参数,如图 5.2.1 所示。

说明:电阻、电容位于 PSPICE_ELEM 库中,三极管 2N3904 位于 BJN 库中。

选中其中一个电阻双击可调出如图 5.2.2 所示的电阻属性。

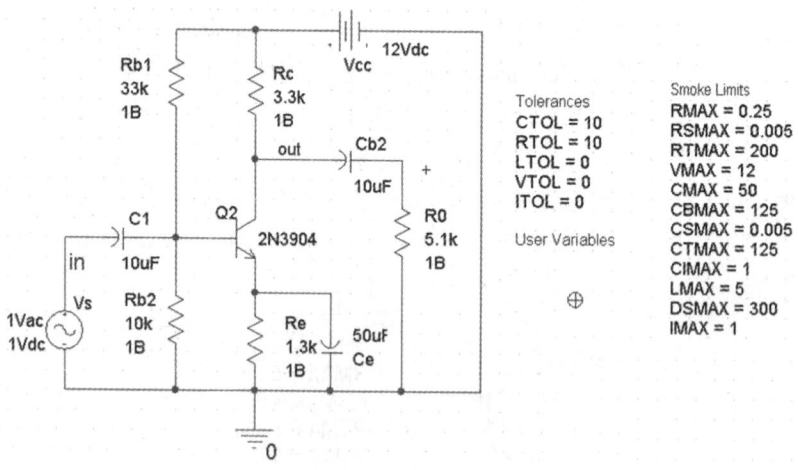

图 5.2.1　共射放大电路

MAX_TEMP	Name	NEGTOL	Part Reference	PCB Footprint	POSTOL	POWER
RTMAX	IN5609	RTOL%	Rb1		RTOL%	RMAX

图 5.2.2　虚拟变量名设置电阻的 AA 参数

图 5.2.2 中,负容差(NEGTOL):虚拟变量(RTOL%)= 10(见设计变量表);正容差(POSTOL):虚拟变量也用(RTOL%)= 10(见设计变量表)。

5.2.2 电路模拟仿真

调用 PSpice 对共射放大电路进行交流分析。

交流分析的参数设置如图 5.2.3 所示,分析结果及电路增益如图 5.2.4 所示。

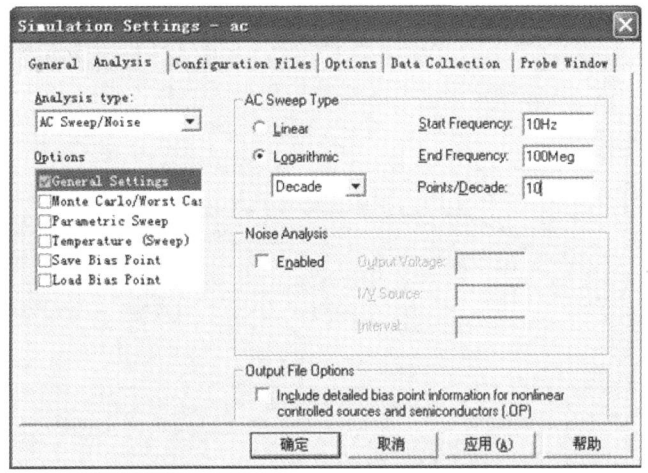

图 5.2.3　交流分析的参数设置

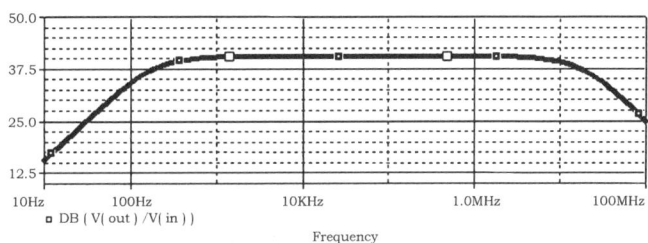

图 5.2.4　交流分析结果

5.2.3　确定电路特性参数

为进行灵敏度分析,将电路特性参数(带宽、增益)细化,在交流分析结果输出时,可在显示模拟分析结果的 Probe 窗口中,选择菜单 Trace/Evaluate Measurement 子命令。图 5.2.5 所示为确定电路的特性函数,分别输入或选择 Max(db(V(out)/V(in))) 和 Bandwidth (db(V(out)/V(in)),3),观察最大增益和 3 dB 的带宽,如图 5.2.6 所示。

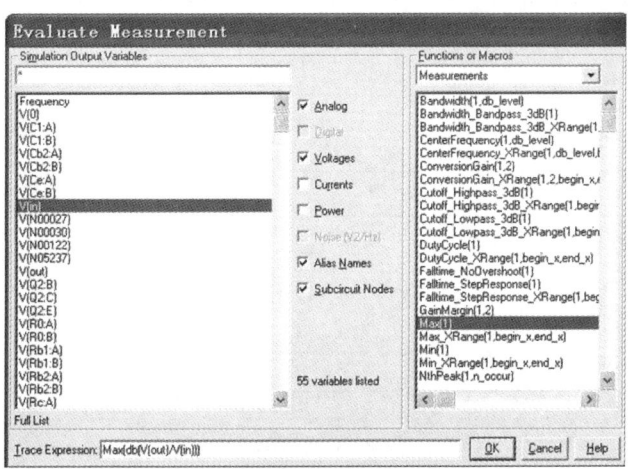

图 5.2.5　确定电路特性函数对话框

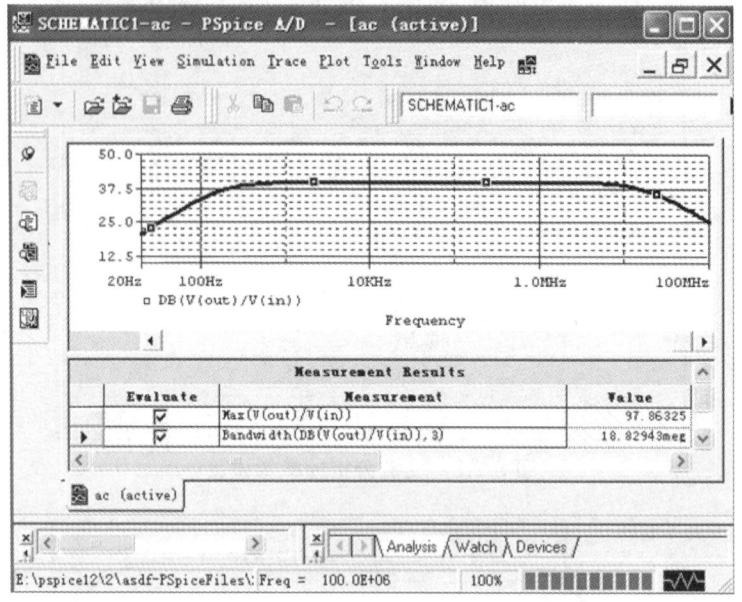

图 5.2.6 确定电路特性函数值

5.2.4 调入、运行灵敏度分析工具

1. 调入灵敏度分析

在绘图页内选择 PSpice/Advanced Analysis/Sensitivity 菜单，会弹出如图 5.2.7 所示的界面，图中，1 区为参数（Parameters）区，2 区为电路特性函数（Specifications）调整区。

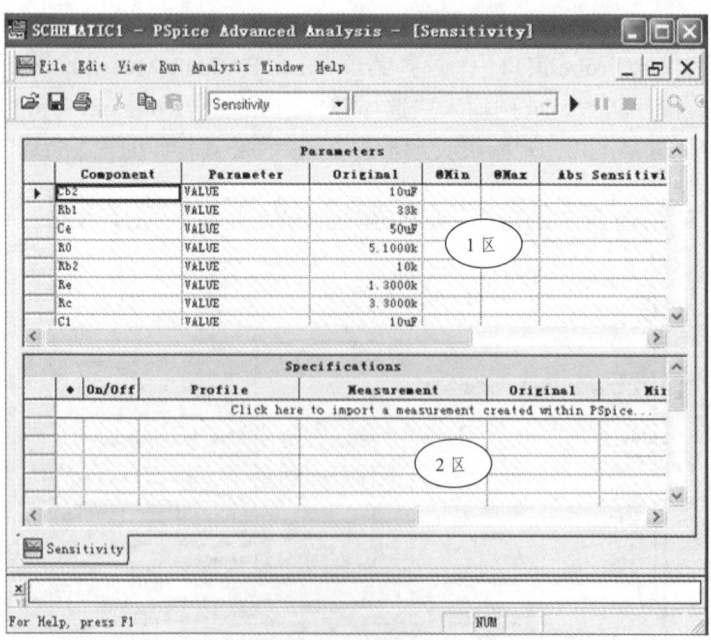

图 5.2.7 灵敏度分析界面

(1) 电路性能函数调整区。

Specifications 为该区标志即 2 区,为添加电路特性函数文件,光标指向 "Click here to import a measurement created within PSpice..." 并单击,会弹出如图 5.2.8 所示的 "Import Measurement (s)" 对话框,即添加电路特性函数文件显示对话框。在此对话框中有之前出现过的所有性能指标函数,即 Max 和 Bandwidth 电路特性函数。如果需要使用之前未使用过的性能函数,则在图 5.2.7 所示界面内选择 "Analysis/Sensitivity/Create New Measurement" 菜单,会弹出如图 5.2.9 所示的对话框,添加需要的性能函数即可。

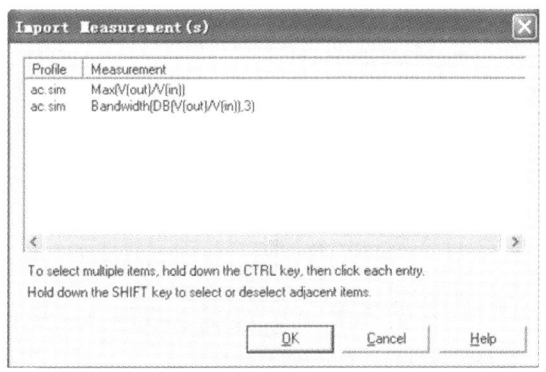

图 5.2.8 "Import Measurement (s)" 对话框

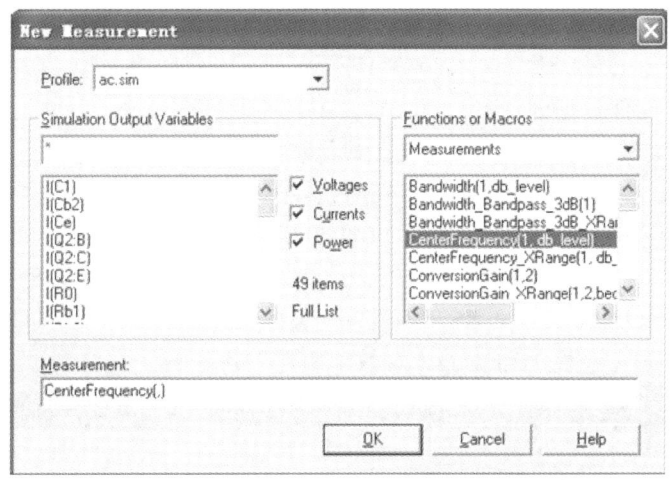

图 5.2.9 "New Measurement" 对话框

在如图 5.2.8 所示添加电路特性函数文件显示对话框中,选中电路特性函数,单击 "OK",则特性函数就被调入电路特性函数调整区表格中,如图 5.2.10 所示。

图 5.2.10 电路性能函数调整区相关信息

图 5.2.10 中各部分功能和用法如下：

① ▶ 列：选中标志，有三角形的行，其电路特性函数可以调整。

② ▽ 列：运行状态标志。绿旗▽表示运行正常；红旗▽则表示运行出错，将光标移至此则显示有关错误信息。

③ On/Off 列：最坏情况分析标志。选中打"√"的标志，灵敏度分析才会调用该单元格所在行描述的电路特性函数。

④ Profile ac.sim 列：电路特性函数模拟分析类型。图标显示该列均为 ac.sim，说明分析的增益和带宽两个电路特性函数均属于交流信号仿真分析类型。

⑤ Measurement Max(db(V(out)/V(in))) Bandwidth(db(V(out)/... 列：电路特性函数名称，描述电路特性函数的具体表达形式。所有电路特性函数名称确定后，当选定 RUN 菜单命令后，程序开始运行数据，即出现如图 5.2.10 所示的显示灵敏度分析程序运行结果。

⑥ Original 39.8124 18.8294meg 列：电路特性函数标称值。

⑦ Min 37.3937 14.9649meg 列：最坏（极端）情况列，电路特性函数最小值。

⑧ Max 41.4385 23.7523meg 列：最坏（极端）情况列，电路特性函数最大值。

由于灵敏度有正向、负向变化，因此计算得到的极端情况电路特性值随之也出现最大、最小值。

（2）Parameter 元件数据区。

该区主要是对灵敏度分析参数的设置，即绝对灵敏度、相对灵敏度、坐标显示比例，如对数或线性比例等。先选定选择百分比（相对）、单位（绝对）灵敏度，在图 5.2.10 中选择"Analysis\Sensitivity\Display"菜单，会弹出如图 5.2.11 所示的灵敏度选择类型设置对话框，即 Absolute Sensitivity（绝对灵敏度）和 Relative Sensitivity（相对灵敏度）。在图 5.2.10 中选择"Analysis\Sensitivity\Bar Graph Style"菜单，会弹出如图 5.2.12 所示的灵敏度大小比例设置对话框，即 Linear（线性）和 Log（对数）两种方式。

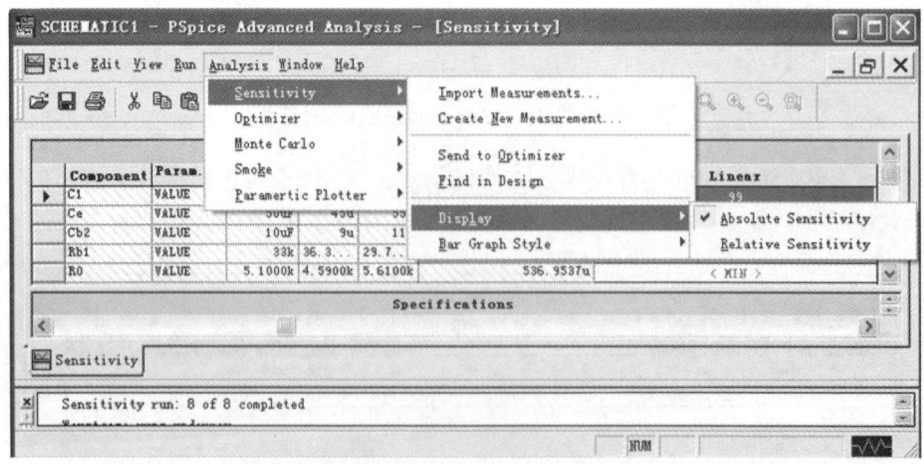

图 5.2.11　灵敏度类型设置

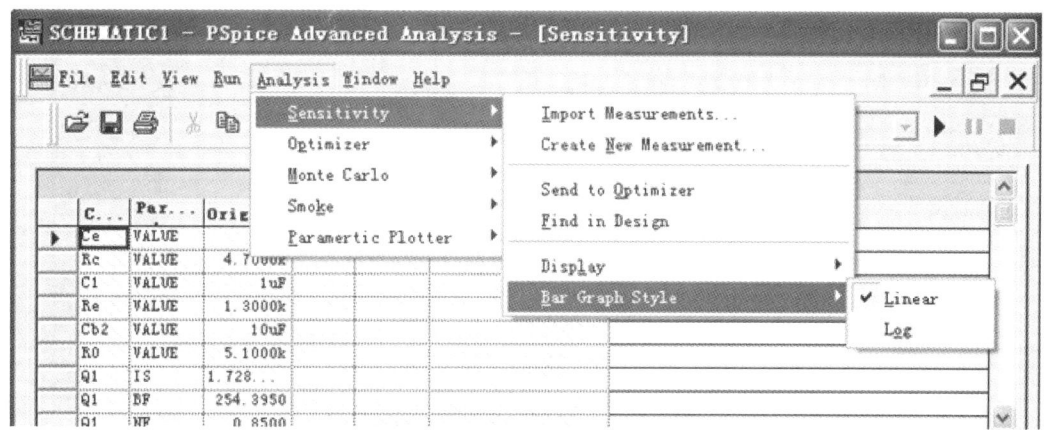

图 5.2.12　灵敏度大小比例设置

5.2.5　灵敏度结果分析处理

当所有的参数设置好后，即可选择"Run\Start Sensitivity"菜单或按"Ctrl + R"键或直接单击工具栏上的 ▶ 按钮，执行灵敏度分析。

对图 5.2.1 所示的共射放大电路分别进行绝对和相对灵敏度分析，设定坐标比例为线性和对数。图 5.2.13 为 Max（db（V（out）/V（in）））对各元件参数的绝对灵敏度；图 5.2.14 为 Max（db（V（out）/V（in）））对各元件参数的相对灵敏度；图 5.2.15 为 Bandwidth（db（V（out）/V（in）），3）对各元件参数的绝对灵敏度；图 5.2.16 为 Bandwidth（db（V（out）/V（in）），3）对各元件参数的相对灵敏度。

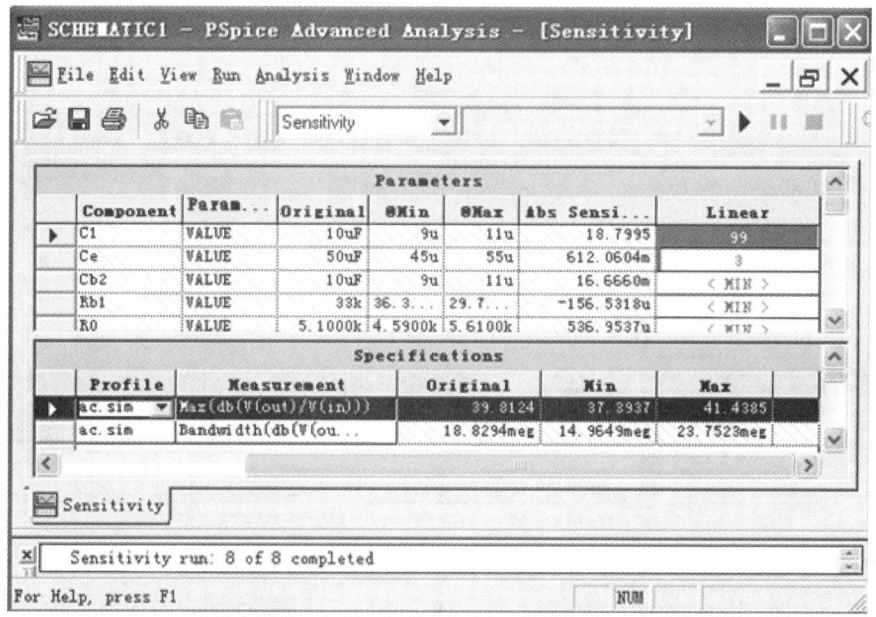

图 5.2.13　Max（db（V（out）/V（in）））对各元件参数的绝对灵敏度

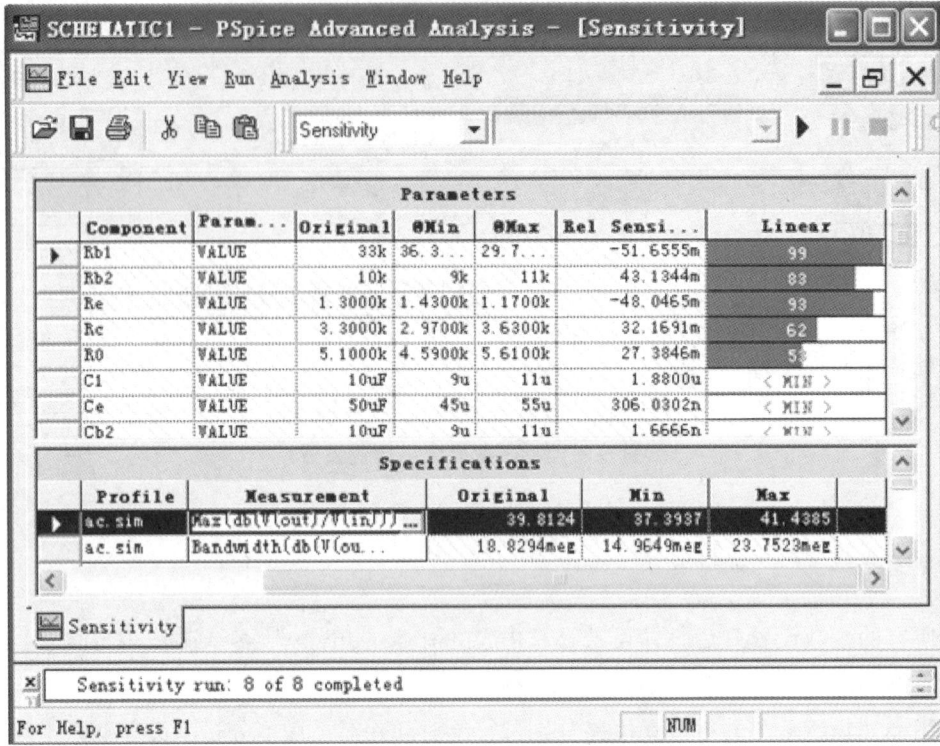

图 5.2.14 Max（db（V（out）/V（in）））对各元件参数的相对灵敏度

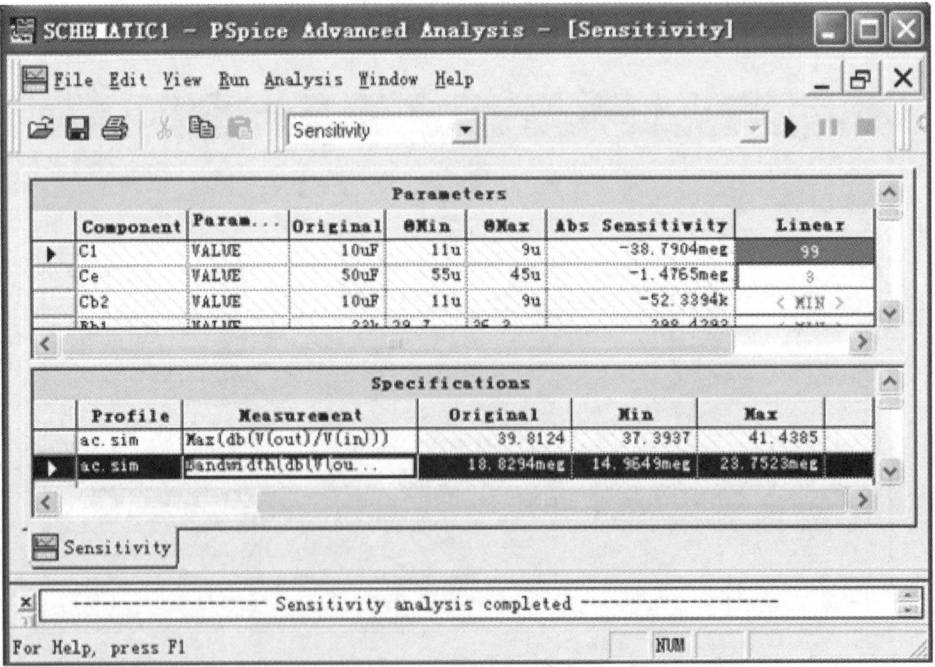

图 5.2.15 Bandwidth（db（V（out）/V（in）），3）对各元件参数的绝对灵敏度

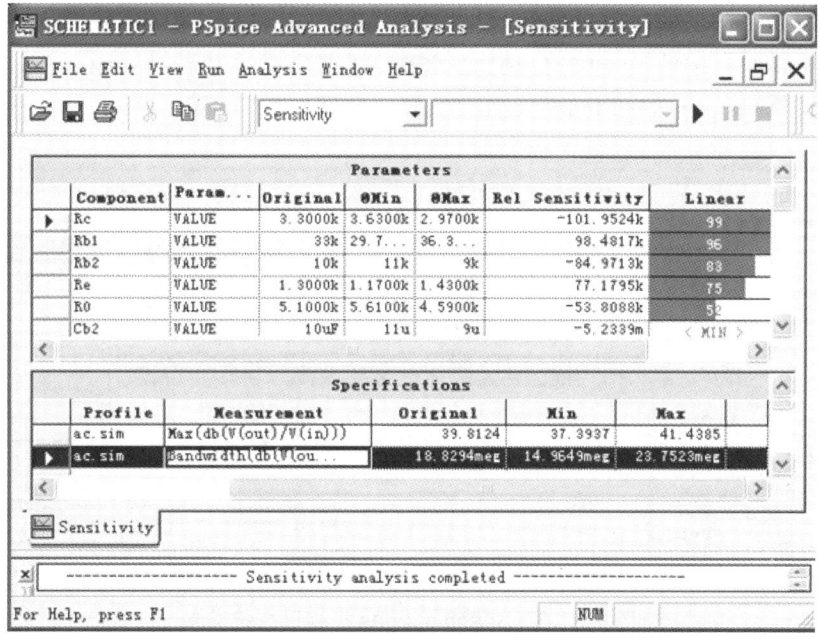

图 5.2.16 Bandwidth（db（V（out）/V（in）），3）对各元件参数的相对灵敏度

由图 5.2.14 可以看出，对指标 Max（db（V（out）/V（in）））较敏感的元件依次是 Rb1、Rc、Rb2、Re、Ro，对 Bandwidth（db（V（out）/V（in）），3）较敏感的元件依次是 Rc、Rb1、Rb2、Re、Ro。在此基础上可以修改元器件参数设置，在灵敏度分析界面中选择"Analysis/Sensitivity/Find in Design"菜单，程序即自动切换到绘图页，选中对性能指标最敏感的元件，即可修改元件的参数值。

在 Sensitivity 工具窗口的"Parameters"表格区选中要进行优化设计的元器件名称，单击右键，在出现的快捷菜单中执行"Send to Optimizer"，把关键的元器件参数发送给 Optimizer 工具，进行元器件参数的优化设计分析，如图 5.2.17 所示。

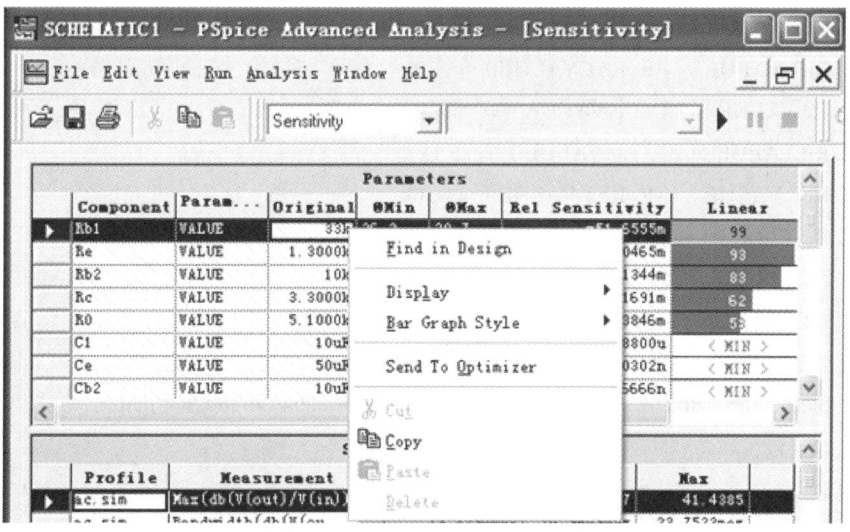

图 5.2.17 Parameter 表格区快捷菜单

同样，在 Sensitivity 工具窗口的"Specifications"表格区选中要进行优化设计的电路特性函数名称（带宽、增益），单击右键，在出现的快捷菜单中执行"Send to"子命令，把元器件参数发送给"Optimizer/Monte Carlo"工具，如图 5.2.18 所示。

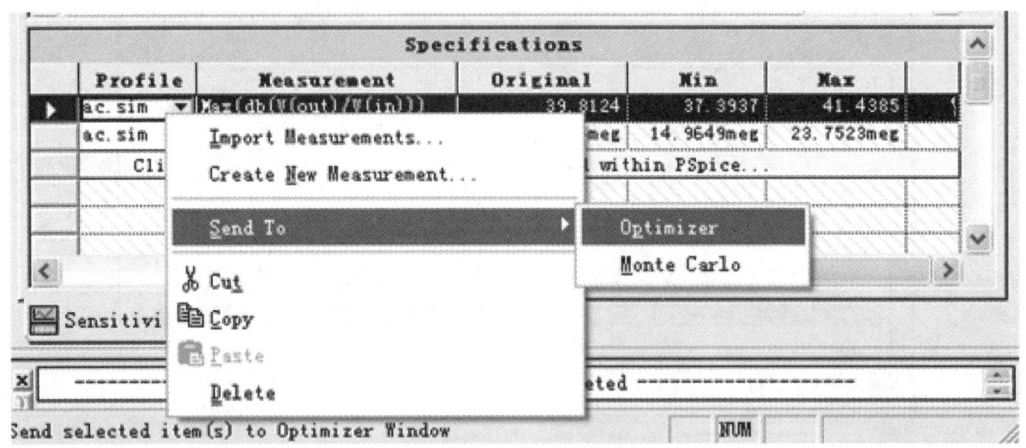

图 5.2.18 Specifications 表格区快捷菜单

如果需要查看灵敏度分析的原始数据，可以在图 5.2.10 所示界面内选择菜单"View/Log File/Sensitivity"，打开原始数据文件查看：

****
******* Analysis Started On：Tue May 24 18：58：44 2011
Advance Analyses Project File Name：E：/pspice12/2/asdf-PSpiceFiles/SCHEMATIC1/SCHEMATIC1.$ap
Processing analysis specifications
Listing Profiles：

- ac.sim
Simulation Run：0 （Nominal Run）
Param：Cb2.VALUE （C_Cb2.VALUE）= 10uF
Param：Rb1.VALUE （R_Rb1.VALUE）= 33k
Param：Ce.VALUE （C_Ce.VALUE）= 50uF
Param：R0.VALUE （R_R0.VALUE）= 5.1k
Param：Rb2.VALUE （R_Rb2.VALUE）= 10k
Param：Re.VALUE （R_Re.VALUE）= 1.3k
Param：Rc.VALUE （R_Rc.VALUE）= 3.3k
Param：C1.VALUE （C_C1.VALUE）= 10uF
Specs：Max（db（V（out）/V（in）））= 39.81238956532807
Specs：Bandwidth（db（V（out）/V（in）），3）= 18.82943403602849meg
Nominal run completed
Sensitivity runs underway...

5.3 电路的优化设计

当电路比较简单时，借助电路的参数分析可以大致确定元器件的取值范围，但是对于复杂电路，由于设计指标较多，仅依靠参数扫描无法得到理想的元器件值，而利用 PSpice 的优化设计功能可以同时对多个指标进行优化。

电路的优化设计是指在电路设计已基本满足功能和特性指标的基础上，根据要求的电路特性约束，调整电路中的元器件参数，使电路指标要求为某一数值。下面以图 5.3.1 所示的带通滤波器为例进行分析。

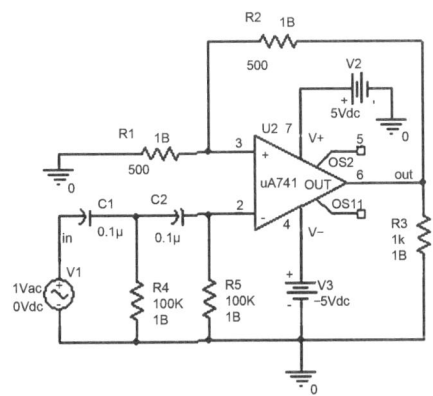

图 5.3.1 带通滤波器

5.3.1 启动优化器

在 Capture 窗口中执行 "PSpice/Advanced Analysis/Optimizer" 菜单，如图 5.3.2 所示，启动高级分析中的优化工具。此时系统会弹出如图 5.3.3 所示的 "SCHEMATIC1-PSpice Advanced Analysis-[Optimizer]" 窗口，该窗口分为 4 大模块，其中①区为 "Parameters" 表格区：显示优化过程调整参数区；②区为误差图 "Error Graph" 区：显示优化过程动态进程区；③区为 "Specifications" 表格区：显示优化过程调整目标函数和约束条件区；④区为优化程序的运行记录区。

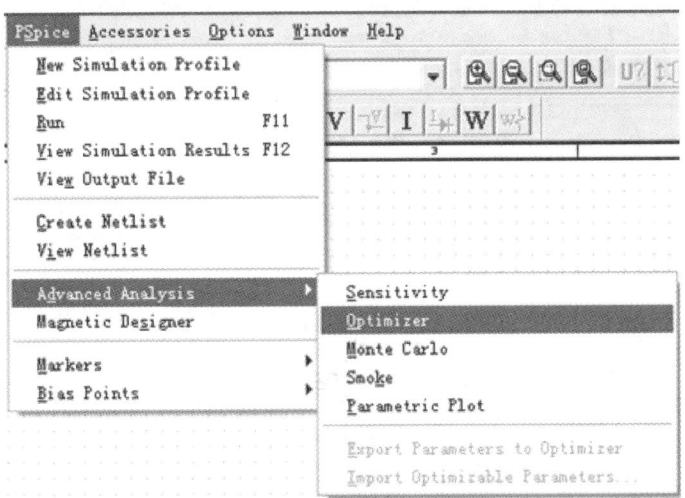

图 5.3.2 电路优化设计菜单

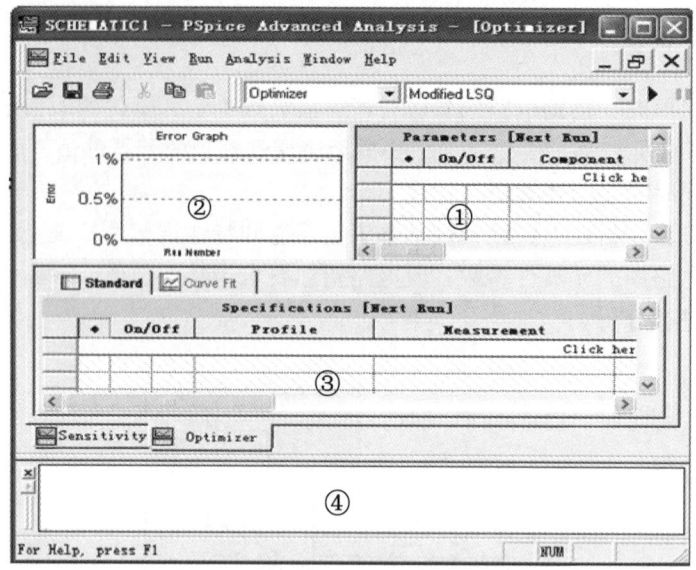

图 5.3.3 "PSpice Advanced Analysis-[Optimizer]"窗口

5.3.2 调整元器件参数

在优化过程调整元器件参数区的参数数据，多是由灵敏度分析查找得出的对电路特性参数优化影响最关键的元器件参数。图 5.3.4 和图 5.3.5 分别为图 5.3.1 所示带通滤波器的带宽和最大输出灵敏度分析结果。

1. 设置优化变量

由图 5.3.4 可知滤波器的带宽为 360.921 4 k，电阻 R1、R2 对带宽的影响最大；图 5.3.5 的最大输出为 6.020 1 dB，对其参数影响最大的也是 R1、R2。如果要使滤波器的 dB 带宽在 230 k～280 k 变化，最大值在 6.5～7 dB 变化，都需选择电阻 R1、R2 为优化元件。

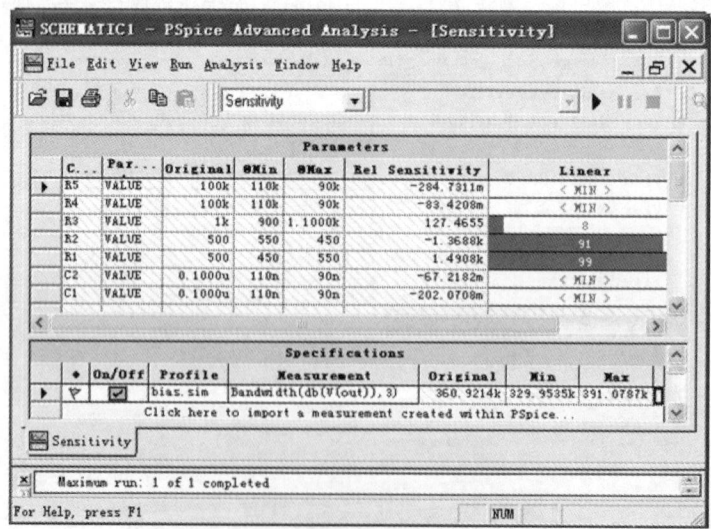

图 5.3.4 带通滤波器的带宽灵敏度分析

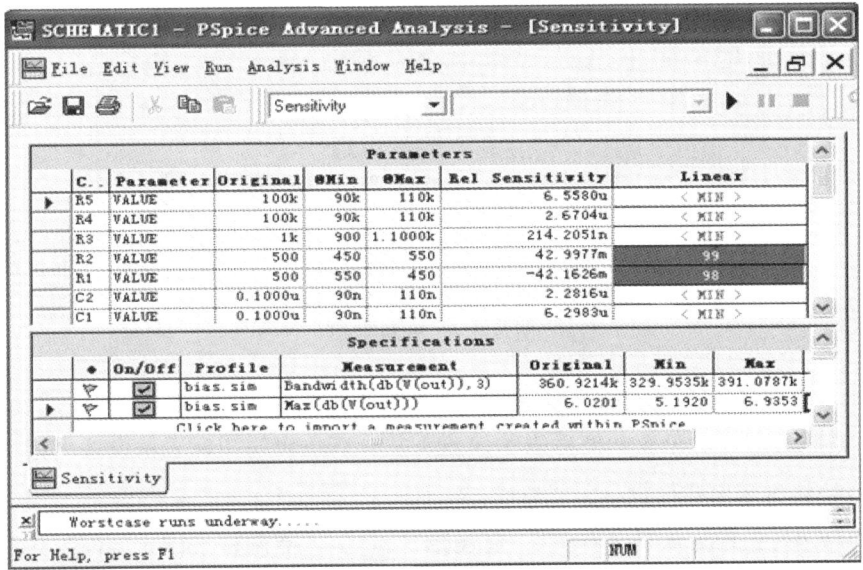

图 5.3.5 带通滤波器的最大输出

2. 设置和调整变量

在图 5.3.3 所示的优化元件参数区域内将光标指向"Click here to import a parameter from the design property map…"处单击鼠标左键,会弹出如图 5.3.6 所示的"Parameters Selection"对话框,在此对话框中列出了电路中所有元器件的参数情况,利用"Ctrl"键或"Shift"键可选择需优化的元件,此例中选择 R1、R2 元件,单击"OK"按钮后,PSpice Advanced Analysis-[Optimizer]窗口的"Parameters"表格区就变成如图 5.3.7 所示的变量窗口。

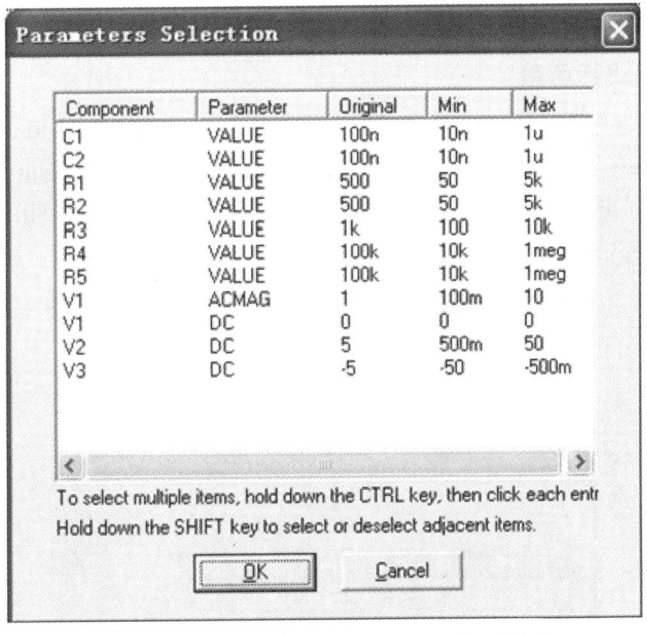

图 5.3.6 "Parameters Selection"对话框

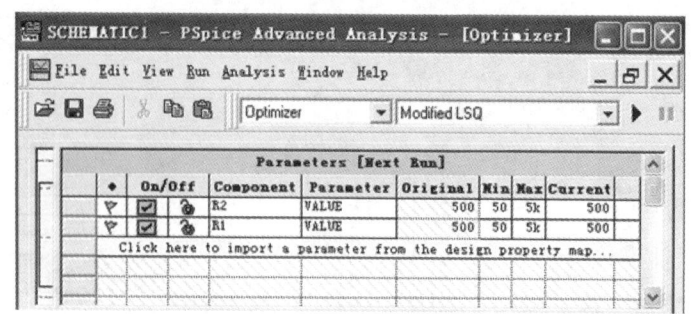

图 5.3.7　变量窗口

选中标志列：点击此列出现黑三角形，即可修改参数设置。

出错状态列：绿色旗帜图标表示设置正常；红色旗帜图标表示设置出错，这时将光标移至该列处将显示出错信息。

On/Off 列：皆为双投"开关"，有图形"☑"才能调整该行元器件参数，否则优化过程中该行参数只保存 Original 栏所示的标称值；图形锁""打开时才能调整该行元器件参数，如果锁定""优化过程参数只采用 Current 栏所示的当前值。

Component 列：元器件名称编号。

Original 栏：设计变量的初始设计标称值如 R1 = 500。

Min 栏：设计过程中允许变化到的最小值，默认值为 Original 值的 10%，即 R1 = 50。

Max 栏：设计过程中允许变化到的最大值，默认值为 Original 值的 10 倍，即 R1 = 5 k。

Current 栏：当前值，由于尚未开始优化，故与初值相等。

Min、Max、Current 这三部分的参数值皆可调整，为了加速优化进程，提高优化设计效率，可以缩小 Min 和 Max 值之间的元器件参数变化范围。

3. 设置和调整目标函数

在图 5.3.3 所示的"Specifications"表格区，将光标指向"Click here to import a measurement created within PSpice…"单击，会弹出如图 5.3.8 所示的"Import Measurement（s）"对话框，同样在此对话框中列出了电路曾定义的目标函数，利用"Ctrl"或"Shift"键可选择需优化的目标函数，如图 5.3.9 所示。

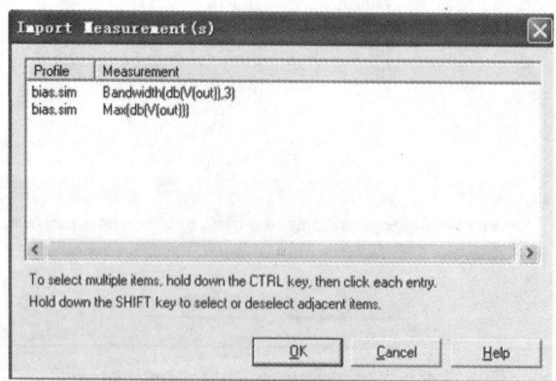

图 5.3.8　"Import Measurement（s）"对话框

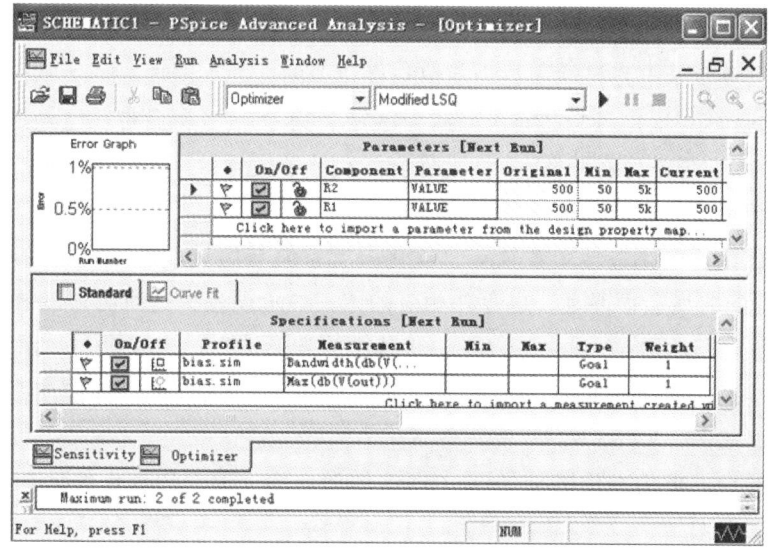

图 5.3.9 设置了优化元件及电路函数的对话框

要进行电路优化设计,还需定义性能指标的变化范围。在图 5.3.9 所示的"Min"栏中输入目标函数的最小值,同样可定义"Max"最大值、本目标函数的权值(Weight)等属性,如在图 5.3.9 的 Bandwidth(db(out)),3)的 Min 栏输入 230 k、Max 栏输入 280 k,在 max(db(V(out)))栏的 Min 处输入 6.5、Max 处输入 7.5。

4. 执行优化分析设计

选择优化引擎 MLSQ,执行"Run\Start Optimizer"菜单,运行电路优化程序。运行后的结果如图 5.3.10 所示。当电路参数 R1、R2 的电阻值为 54.5、67.536 就可以满足优化设计要求,使电路的带宽为 259.661 3 k、最大输出为 7.006。

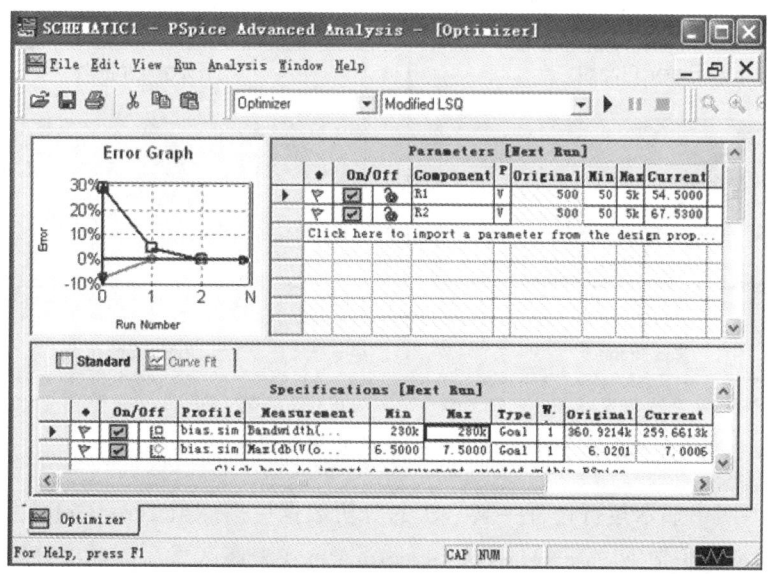

图 5.3.10 电路优化设计结果

图 5.3.11（a）所示为电路特性函数的 Error Graph，能清楚地观察到优化过程中的动态显示优化进程，以及显示电路特性函数当前值与优化值的差距。图 5.3.10 所示误差中带宽为方框 ，优化前带宽与优化目标之间误差约为 30%，第 2 次分析后带宽已经满足优化设计要求，误差显示为 0。增益为菱形框 ，优化前增益低于优化目标值约为 10%，第 2 次分析后带宽已经满足优化设计要求，误差显示为 0。

如果同时优化的电路特性函数较多，优化前增益值与优化目标之间误差很大，则 Error Graph 图中显示的曲线会很混乱，也存在相应的图表显示误差，这时可单击 Specifications 表中"On/Off"所在行的增益方框图标 ，使其中的方形消失，这样 Error Graph 图中只保留带宽特性变化情况，如图 5.3.11（a）所示。同理，可以在 Error Graph 图中只保留增益特性函数变化情况，如图 5.3.11（b）所示。

显然单个优化参数的变化情况 Error Graph 图要比多个参数的变化情况 Error Graph 图清楚、详细、准确很多。

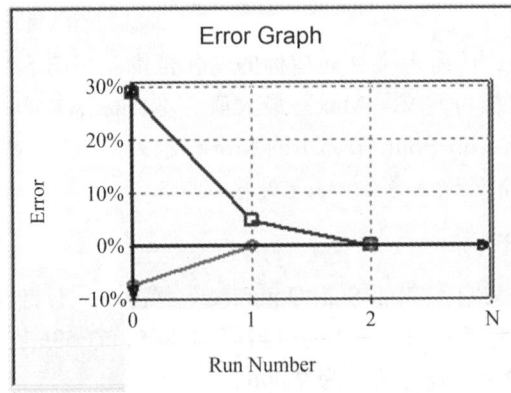

（a）带宽和最大输出特性函数变化 Error Graph

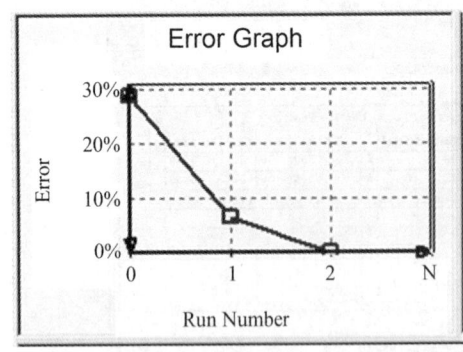 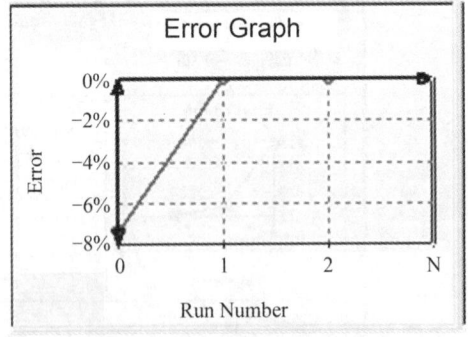

（b）带宽特性函数变化 Error Graph　　（c）最大输出特性函数变化 Error Graph

图 5.3.11　显示单个优化参数变化情况的 Error Graph

若要在误差图中显示运行过程中某一次的分析数据可以点击 Error Graph 图中横坐标（代表模拟次数），则相应地在 Parameters 和 Specifications 表格区显示该项次分析的参数值和电路特性函数值。例如，选中 Error Graph 图中的第 1 次分析过程，如图 5.3.12 所示。

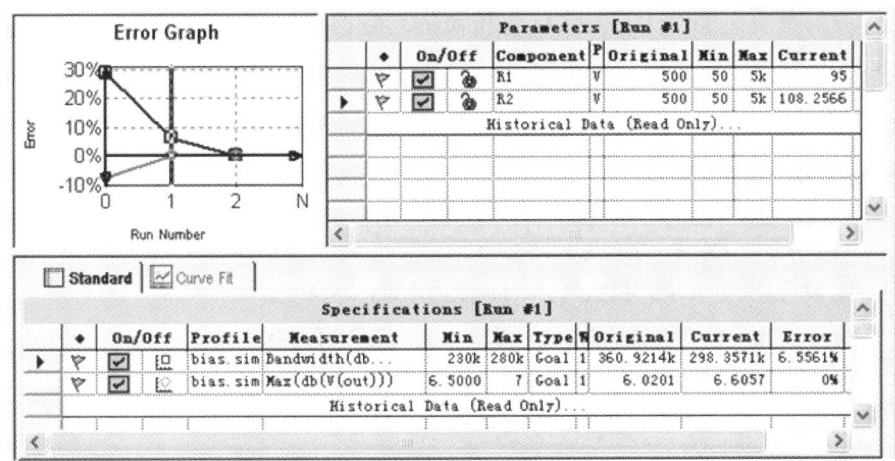

图 5.3.12 Error Graph 图中的第 1 次分析过程

在图 5.3.12 中，Parameters 和 Specifications 表格区显示该项次分析的参数值和电路特性函数值历史记录数据，它是只读方式，不能被除数编辑修改。若用户想把这次的优化结果作为下一次优化模拟分析元器件的参数初始值，可以在 Error Graph 图中单击右键，执行快捷菜单中的"Copy History to Next Run"子命令，如图 5.3.13 所示。该命令只有在单击工具栏中的按钮、停止优化分析进程的前提下才是有效的。并且"Copy History to Next Run"子命令不能复制优化模拟分析中的引擎设置等内容，只能复制优化模拟分析元器件的参数值。

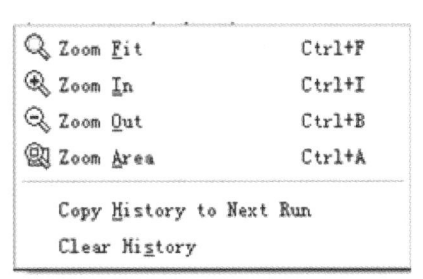

图 5.3.13 Error Graph 图快捷菜单

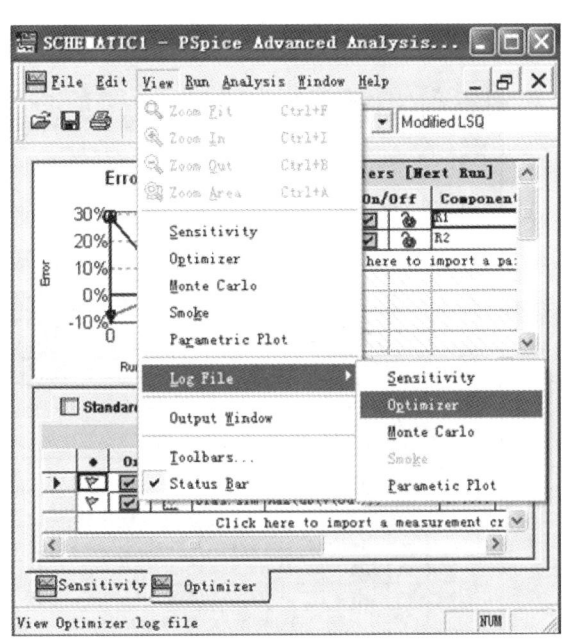

图 5.3.14 查找优化分析原始数据

根据设计需要，如调整优化参数后，再次执行优化设计时，须清除历史记录，可以清除 Error Graph 图表记录，执行图 5.3.13 中的"Clear History"子命令，则相应 Error Graph 图表的曲线和模拟仿真优化运行信息都将被删除，只保留 Parameters 表格中 Current 栏最后一次模拟仿真分析的参数值来作为下一次优化模拟仿真分析的初始值。此时执行该命令后，Log File 文件中的内容不受任何影响，用户可以查阅优化分析原始数据，如图 5.3.14 所示。

下面是调出的第 1 次优化运行的原始数据。

* ------------ Trial Run 1.1

Param：R1.VALUE （R_R1.VALUE） = 95
Param：R2.VALUE （R_R2.VALUE） = 113.72599693232230
Specs：Bandwidth（db（V（out）），3） = 292.99775709168654k
Specs：Max（db（V（out））） = 6.83633035004297
Error of Bandwidth（db（V（out）），3） = 12997.8　　{Min = 230k，Max = 280k}
Error of Max（db（V（out））） = 0　　{Min = 6.50000000000000，Max = 7.50000000000000}
1.00e + 000：f = 3.0216E – 001

5. 运用离散引擎确定优化后参数值的理想结果

如图 5.3.15 所示，从工具栏的引擎选择下拉列表中选择离散引擎（Discrete engine），并在 Parameters 表中的 Discrete Table 一列选择符合要求的离散值系列（电阻 Resistor-10%，即电阻标称值精度为 10% 离散系列），运行离散引擎（Discrete engine），显示结果如图 5.3.15 所示。电阻 R1 = 56 Ω，R2 = 68 Ω。可以返回到电路图编辑器中，修改相应元件参数，使其更新为符合生产标准的系列标称值。再对电路重新进行一次模拟分析，检验电路特性和模拟结果波形，确保是所期望的理想优化结果。

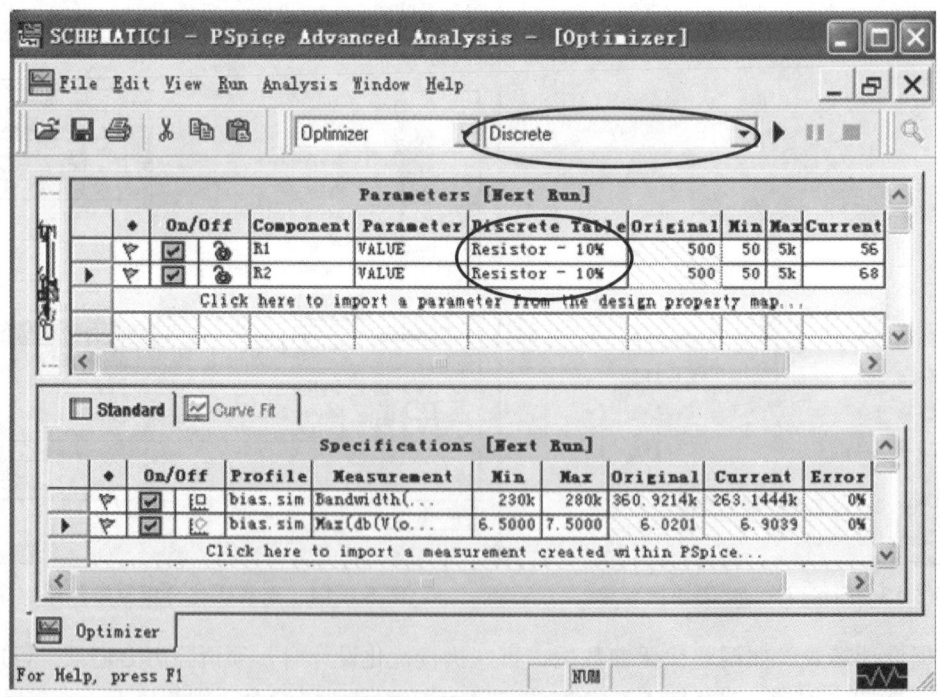

图 5.3.15　离散引擎分析结果

5.4 蒙特卡罗分析

前面关于电路参数灵敏度的计算，反映了电路参数的改变对电路特性影响的大小，这对设计者来说无疑是很重要的。然而很多情况下，并不能确切知道各个参数的实际改变量，而只是知道各个参数的随机分析规律或者是变化范围。在这种情况下，怎样来分析电路特性的随机分布规律或者它的相应变化范围，这就是容差分析所要讨论的问题。由于这种不确定性，容差分析一般用概率统计分析，而且多用蒙特卡罗法。

PSpice 一直重视所设计的电路，要能适合于批量生产的需要。Monte Carlo 分析就是指应用 Monte Carlo 分析工具进行电路的性能特性分析、预测生产成品率是否满足批量生产要求等。

在计算机上进行蒙特卡罗分析时关键在于用计算机产生随机数，然后用一组一组的随机数对各元件取值。而元件的分布规律有：均匀分布（FLAT）、正态分布或高斯（GAUSS）分布、双峰分布（BSIMG）、斜峰分布（SKEW）和自定义分布。

以图 5.4.1 所示的有源高通滤波器为例进行分析。

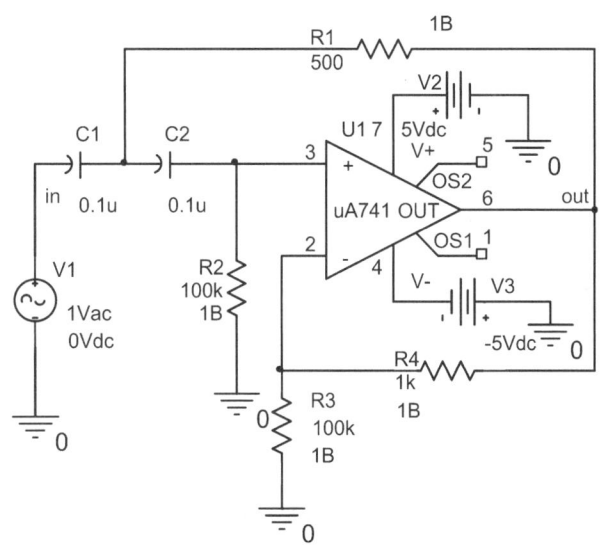

图 5.4.1 有源高通滤波器

5.4.1 蒙特卡罗分析参数设置

1. 设置分布参数

在调用 Monte Carlo 工具前，先要对元器件容差的分布参数进行设置。对于无源元器件电阻 R、电容 C 等元件，通过元件的属性编辑器来设置参数，以 C1 为例，可连击元件符号后，出现如图 5.4.2 所示的无源元件 C1 属性编辑框。在 DIST 栏内视分析需要自行填写：均匀分布（FLAT）、正态分布或高斯（GAUSS）分布、双峰分布（BSIMG）、斜峰分布（SKEW）。确认选择后保存，系统就会按用户设定的分布参数类型进行 Monte Carlo 分析。

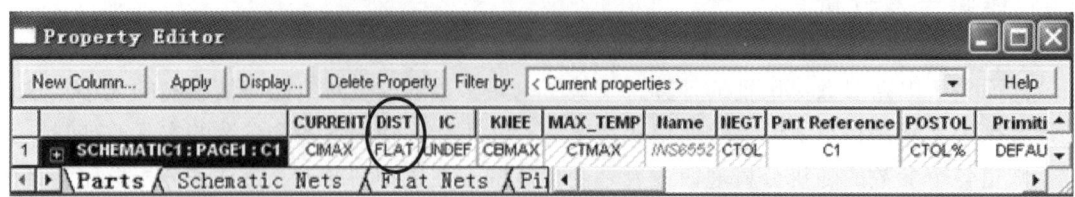

图 5.4.2　无源元器件分析参数设置

而对于二极管、三极管等有源元器件可以选中器件后，在点击右键的快捷菜单中通过模型参数编辑器进行参数设置。如图 5.4.3 为 2N3904 有源元器件分析参数设置，先在 Postol 和 Negtol 两列中设置了相应元器件的正负容差后，Distribution（分布参数）一栏即自动加载系统默认的参数分布类型：FLAT（均匀分布），也可根据实际电路设计的需要，在下拉菜单中选择需要的分布参数类型。

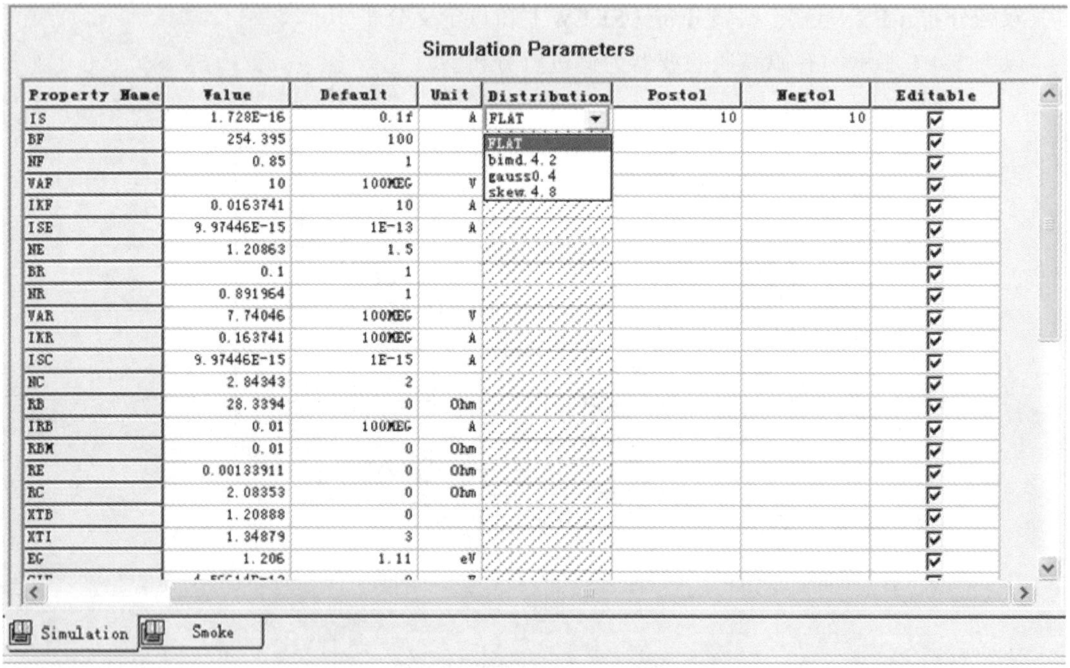

图 5.4.3　有源元器件分析参数设置

2. 设置蒙特卡罗分析参数

在绘图页内选择 PSpice\Advanced Analysis\Monte Carlo 菜单，在弹出的界面中选择 Monte Carlo 页，如图 5.4.4 所示。

在 Monte Carlo 窗口单击 Edit/profile Settings 子命令，出现与 Monte Carlo 分析相关的参数设置对话框，在该对话框中设置相关参数，如图 5.4.5 所示。

Number of Runs：设置 Monte Carlo 分析次数。默认值为 10。第一次为标称值分析，然后按分布参数随机改变元器件值,重复进行分析。Monte Carlo 工具对分析次数的多少无限制，取决于综合精度和运行时间两方面。运用的实例中分析次数设置为 200 次。

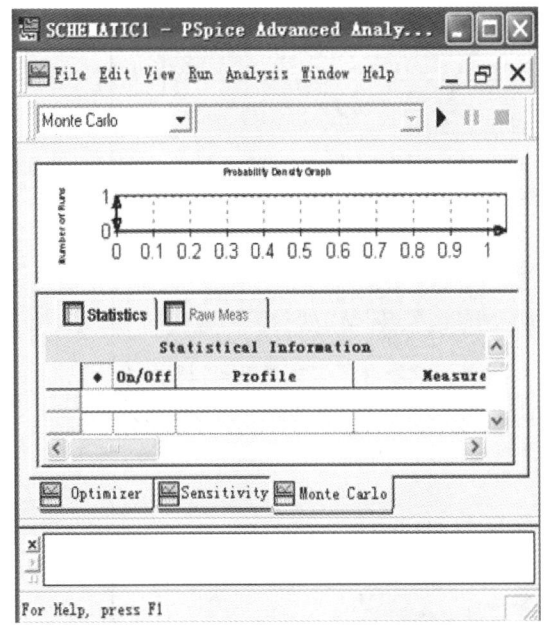 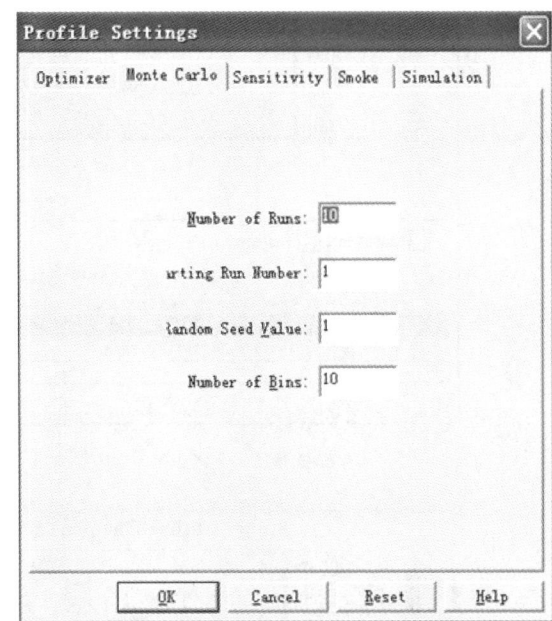

图 5.4.4　Monte Carlo 分析界面　　　　图 5.4.5　Monte Carlo 分析参数设置

Starting Run Number：设置开始分析的次数。此号自动产生。默认值为 1，即从标称值开始，若不动即每次皆从头开始；若改动，比如改成 25 即从 25 次开始重复地进行分析，不必从头开始。

Random Seed Value：设置随机改变元器件值的不同顺序号。

Number of Bins：设置电路特性函数直方图区间数。典型值为运行次数的 10%，最小值为 1。

5.4.2　蒙特卡罗分析

在如图 5.4.4 所示的 Monte Carlo 分析界面中，点击"Click here to import a measurement created within PSpice"处，添加需要的性能指标，然后点击 Run\Start Monte-Carlo 菜单或按"Ctrl+R"键或直接单击工具栏上的 ▶ 按钮，启动 Monte Carlo 分析，分析完成后的界面如图 5.4.6 所示。Probability Density Graph 为 Monte Carlo 直方图图形区；Statistical Information 为电路特性函数 Monte Carlo 分析统计结果数据区。将光标指向 Statistical Information 区的 Max（v（out）/V（in））特性函数时，启动 Monte-Carlo 分析，得到如图 5.4.6（a）所示的与指标 Max（v（out）/V（in））相关的 Monte Carlo 分析结果；同理图 5.4.6（b）为与指标 Cutoff_Highpass_3dB（V（out）/V（in））相关的 Monte Carlo 分析结果。横坐标是电路性能指标的值，纵坐标是性能指标在此区间的数据个数（本次只运行了 100 次）。直接标在指标区选择各指标，可看到它们各自的 Monte Carlo 分析结果。

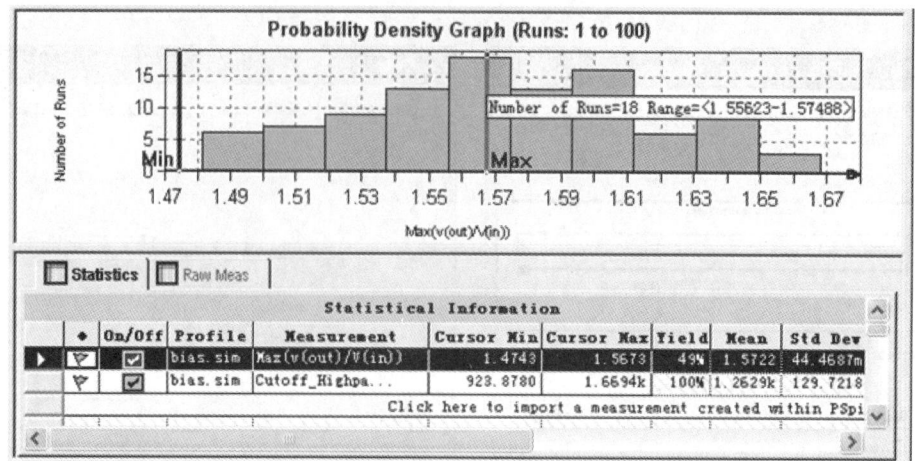

（a）与指标 Max（v（out）/V（in））相关的 Monte Carlo 分析结果

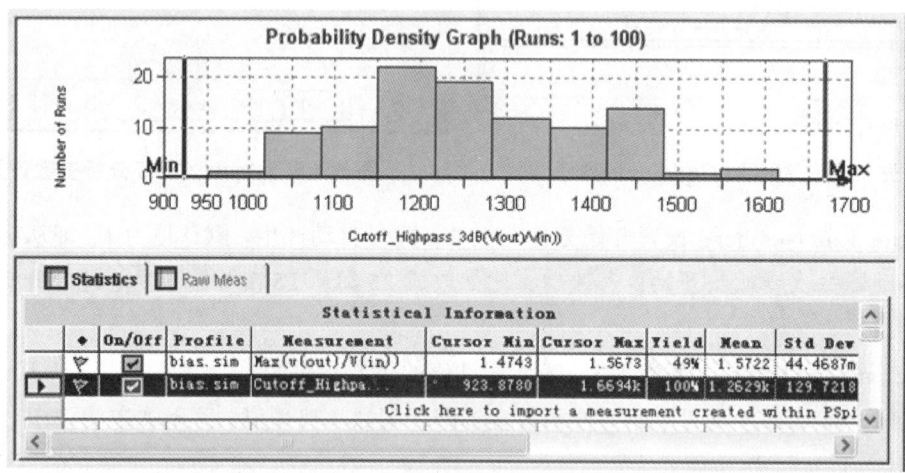

（b）与指标 Cutoff_Highpass_3dB（V（out）/V（in））相关的 Monte Carlo 分析结果

图 5.4.6　Monte Carlo 分析结果

图 5.4.6 所示的 Statistical Information 区分析统计结果数据区共分为 13 列。与其他分析不同的列主要有以下选项：

Cursor Min：指定该行电路特性函数的下限值，小于此值即为不合格。

Cursor Max：指定该行电路特性函数的上限值，大于此值即为不合格。

Yield：显示预测生产成品率。

Mean：给出该行电路特性函数所有原始数据的平均值。

Std Dev：给出该行电路特性函数所有 Monte-Carlo 分析原始数据的标准偏差值。

3Sigma：给出该行电路特性函数所有 Monte-Carlo 分析原始数据中，其值在均值加减 3 倍标准偏差（3σ）范围内的数据个数与原始数据个数之比。

6Sigma：给出该行电路特性函数所有 Monte-Carlo 分析原始数据中，其值在均值加减 6 倍标准偏差（6σ）范围内的数据个数与原始数据个数之比。

Median：给出该行电路特性函数所有 Monte-Carlo 分析原始数据序列的中位数的原始数据。

在图 5.4.6 的 PDG 区有两条线 "Min" "Max" 分别表示指标的范围，即最小值和最大值。两线均可随着光标的指示而移动，如果用鼠标点击 PDF 图中的某一区间，标有 "Max" 的红指示线会移到该区间，如果将鼠标稍作停留，会显示出该区间内性能指标值，如图 5.4.6（a）中所示的 "Number of Runs = 18 Range = <1.55623 – 1.57488>"，表示该区中的数据数目为 18 个，区间内的指标范围为 1.556 23 – 1.574 88，其生产成品率的预测值只有 49%，此时，可以返回到绘图页，通过修改电路的元件参数值和容差分布等参数对电路进行改进，重新运行 Monte-Carlo 分析，直到生产成品率的预测值达到期望值为止。

在图 5.4.6（a）所示的 PDG 区单击鼠标右键，调出如图 5.4.7 所示的快捷菜单，选择 Restrict Calculation Range 可以将计算范围限定在某范围内。选择 Percent Y-axis 选项，可将 Y 轴变成百分比显示，如图 5.4.8 所示。

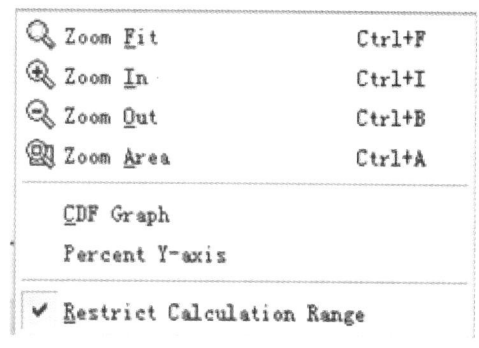

图 5.4.7　PDF 图的快捷菜单

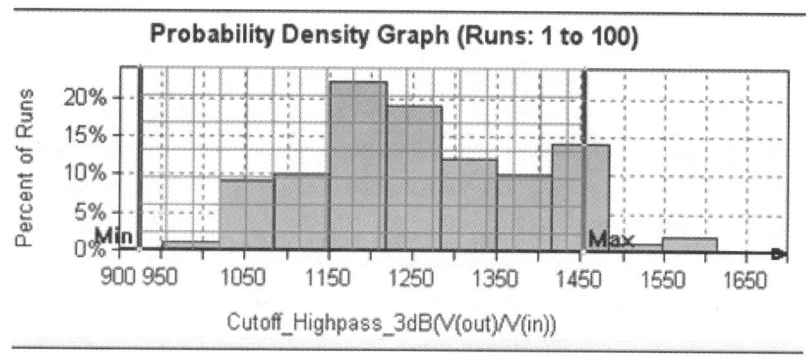

图 5.4.8　PDF 的百分比显示

选择 CDF Graph 可显示 Cumulative Distribution function（累积分布函数图），即显示指标值不大于某门限值的数据个数和原始数据比，如图 5.4.9 所示为 CDF 图。

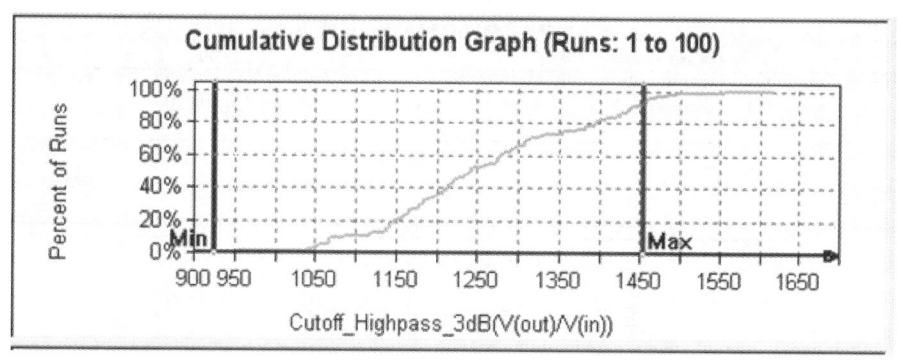

图 5.4.9　CDF 图

若要查看 Monte Carlo 分析原始数据的排序：按下 Raw Meas 键即可显示电路特性函数原始数据排序结果，如图 5.4.10（a）所示。

若要查看带宽电路特性函数的 Monte Carlo 分析按数值大小排序结果，则可双击该行第一列单元格，则带宽电路特性函数数据显示从小到大的排列方式，如图 5.4.10（b）所示。若再次双击该行第一列单元格，则带宽电路特性函数数据显示从大到小的排列方式，如图 5.4.10（c）所示。

由图 5.4.10（b）可见，Cutoff_Highpass_3dB（V（out）/V（in））的最小值为 953.374 688 366 7，是 Monte Carlo 分析中第 93 次模拟分析的结果；由图 5.4.10（c）可见，Cutoff_Highpass_3dB（V（out）/V（in））最大值为 1 616.092 777 353，是 Monte Carlo 分析中第 5 次模拟分析的结果。

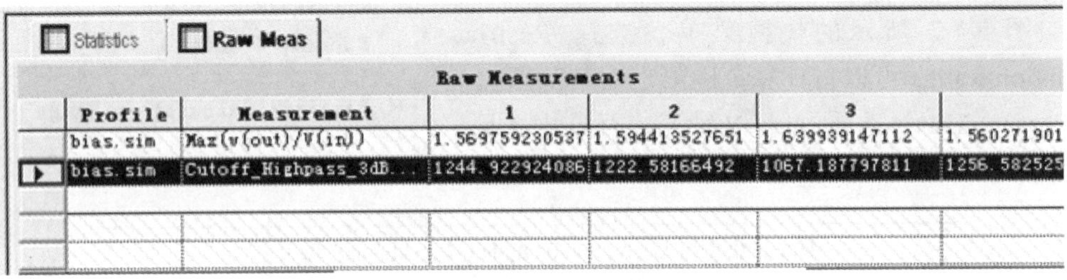
Statistics　Raw Meas

Raw Measurements

Profile	Measurement	1	2	3	
bias.sim	Max(v(out)/V(in))	1.569759230537	1.594413527651	1.639939147112	1.560271901
bias.sim	Cutoff_Highpass_3dB...	1244.922924086	1222.58166492	1067.187797811	1256.582525

（a）Monte Carlo 分析原始数据排序结果

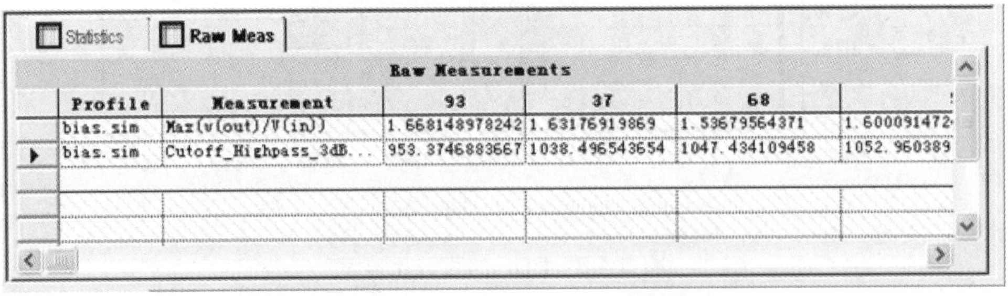
Statistics　Raw Meas

Raw Measurements

Profile	Measurement	93	37	68	
bias.sim	Max(v(out)/V(in))	1.668148978242	1.63176919869	1.53679564371	1.600091472
bias.sim	Cutoff_Highpass_3dB...	953.3746883667	1038.496543654	1047.434109458	1052.960389

（b）电路特性函数数据由小到大排列

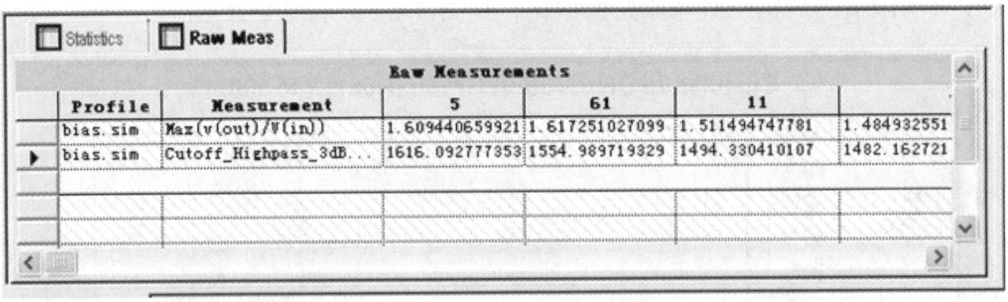
Statistics　Raw Meas

Raw Measurements

Profile	Measurement	5	61	11	
bias.sim	Max(v(out)/V(in))	1.609440659921	1.617251027099	1.511494747781	1.484932551
bias.sim	Cutoff_Highpass_3dB...	1616.092777353	1554.989719329	1494.330410107	1482.162721

（c）电路特性函数数据由大到小排列

图 5.4.10　电路特性函数数据排列

若想以累积分布函数（CDF）图形方式显示运行分析结果，可在 PDF 图表区右键快捷菜单中，执行 CDF Graph 子命令进行转换。显示高通电路特性函数数据的累积统计分布图，如图 5.4.11 所示。

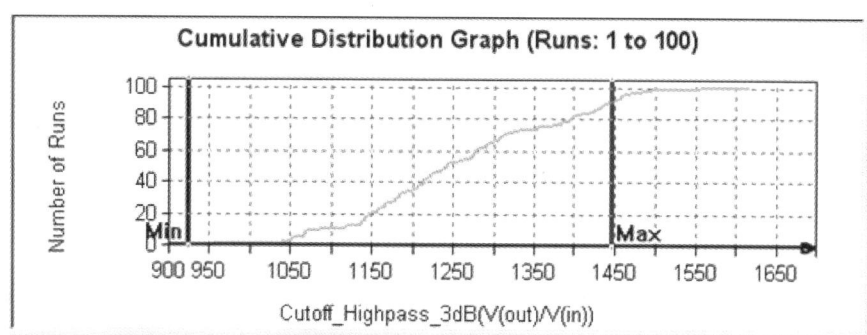

图 5.4.11　高通电路特性函数累积分布函数 CDF 图

若要查看 MC 原始数据，在 Monte Carlo 窗口中执行"View/Log File/Monte Carlo"程序命令，即可调出 Monte Carlo 分析结果清单，如下文本所示，显示排序为第 1 次和第 50 次的原始数据清单运行结果。

************ MonteCarlo Run 1 ************

Param：C1.VALUE　（C_C1.VALUE）＝ 0.01u
Param：C2.VALUE　（C_C2.VALUE）＝ 0.01u
Param：R1.VALUE　（R_R1.VALUE）＝ 20k
Param：R4.VALUE　（R_R4.VALUE）＝ 27k
Param：R3.VALUE　（R_R3.VALUE）＝ 47k
Param：R2.VALUE　（R_R2.VALUE）＝ 15k

Specs：Max（v（out）/V（in））＝ 1.56975923053659
Specs：Cutoff_Highpass_3dB（V（out）/V（in））＝ 1.24492292408634k

************ MonteCarlo Run 50 ************

Param：C1.VALUE　（C_C1.VALUE）＝ 10.47599719229713n
Param：C2.VALUE　（C_C2.VALUE）＝ 9.62776573992126n
Param：R1.VALUE　（R_R1.VALUE）＝ 21.30674153874325k
Param：R4.VALUE　（R_R4.VALUE）＝ 29.47900326548052k
Param：R3.VALUE　（R_R3.VALUE）＝ 50.50947294534134k
Param：R2.VALUE　（R_R2.VALUE）＝ 15.67508468886380k

Specs：Max（v（out）/V（in））＝ 1.57917356596900
Specs：Cutoff_Highpass_3dB（V（out）/V（in））＝ 1.21952101488319k

5.5 热电应力分析

电子电路在工作过程中，常因某（些）个元器件承受的热电应力超出其安全工作条件，降低了其可靠性，严重地甚至导致冒烟烧毁。因此，"冒烟报警"可提高电路工作的可靠性，对一些安全性要求较高的电路（网络）采用降额设计已纳入电子工程师视野。

依据可靠性的物理分析和实验可知，元器件所承受的电应力指的是工作电压、工作电流以及热应力，比如工作温度越高，则元器件的失效率越高，寿命也越短。如果使元器件承受的电应力和热应力（主要是工作温度）低于元器件的额定值，就可以提高元器件工作的可靠性。因此，使电路设计中对可靠性影响较大的关键的元器件具有较常规额定值还低的裕量，以便确保安全运行，这就是降额设计，又称裕量设计。下面以如图 5.5.1 所示的放大电路为例进行分析。

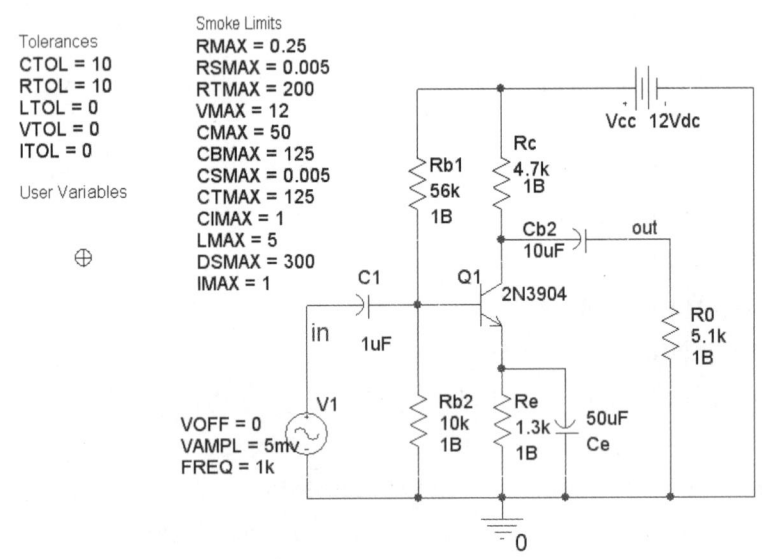

图 5.5.1 放大电路

5.5.1 电路应力参数设置

在进行 Smoke 分析之前，必须要完成 Smoke 参数的设置。Smoke 参数设置分为无源元器件和有源元器件两种形式。无源元器件的 Smoke 参数设置应用较多，如双击电阻 Re 调出属性编辑器，如图 5.5.2（a）所示，其中，与电应力相关的参数 MAX-TEMP 是元件能承受的最高温度，POWER 是该元件的最大功耗，SLOPE 为由于功耗而导致的温度变化率。有源元器件的电应力参数设置，首先打开 PSpice 模型参数编辑器，点击 Smoke 页，如图 5.5.2（b）所示，其中，各参数在"Device Max Ops"栏中定义，其含义在"Description"栏给出，用户直接在"Value"栏和"Unit"栏依次设置或修改各参数的应力值和单位即可。

(a) 无源元件的电应力参数设置

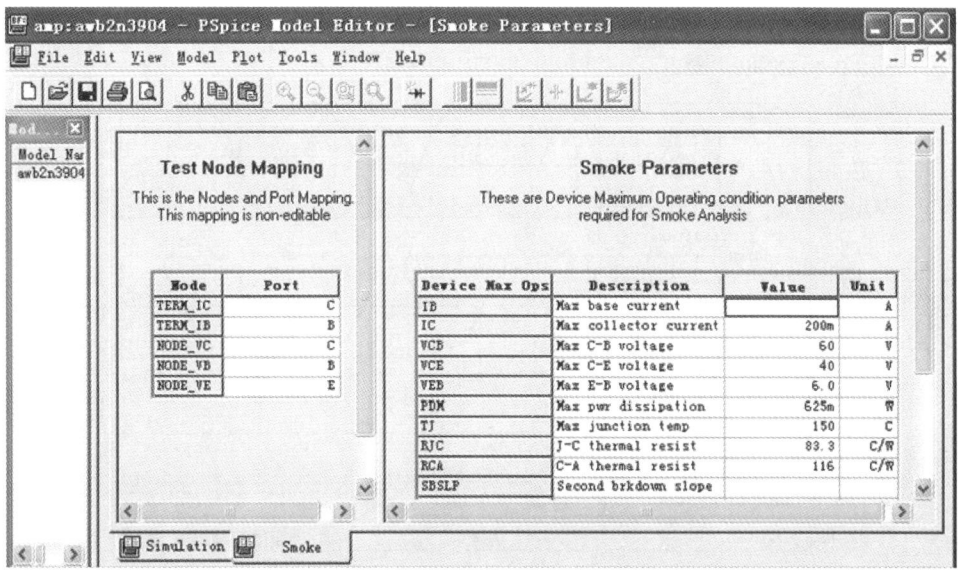

(b) 有源元件的电应力参数设置

图 5.5.2　电路元件的电应力参数设置

5.5.2　调用和运行热电应力分析工具

1. 电路时域仿真

Smoke 分析只有时域（瞬态）形式，故原来作频域（交流）分析的电路，则要加上瞬态电压源 tran = 0.005sin(2π*1000)t，参数设置如图 5.5.3 所示。

图 5.5.3　瞬态分析参数设置

如图 5.5.4 所示为瞬态分析的输入与输出波形，输出信号约为 400 mV，放大倍数约为 80 倍，满足设计结果。

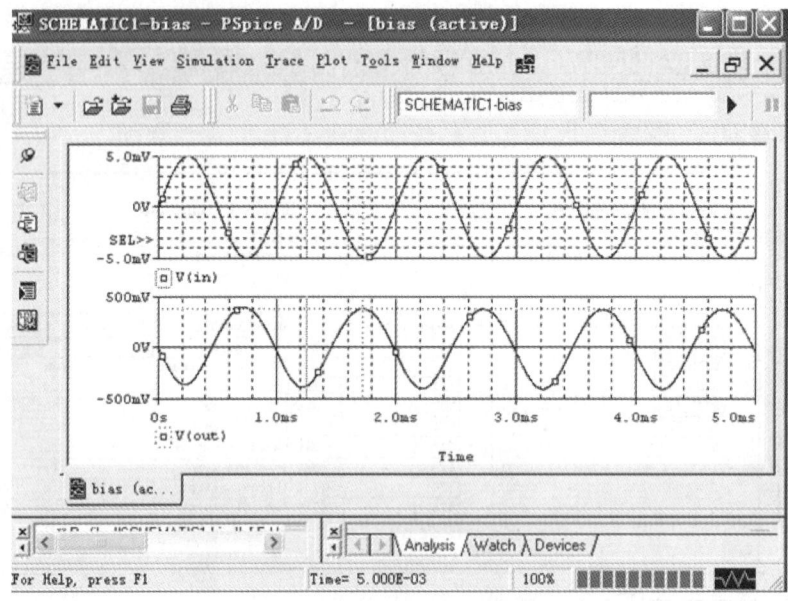

图 5.5.4　瞬态分析结果

2. 调用和运行热电应力分析工具

在绘图页内选择"PSpice\Advanced Analysis\Smoke"菜单，系统进行 Smoke 分析，如图 5.5.5 所示。

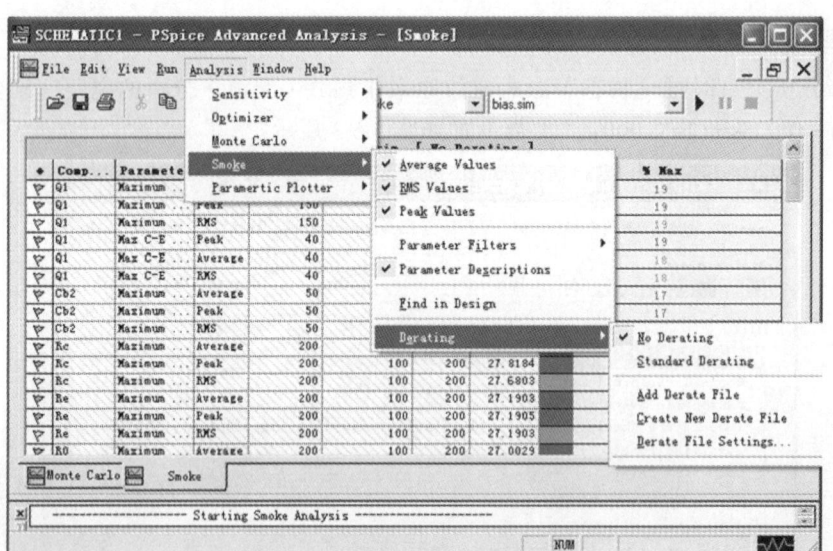

图 5.5.5　Smoke 分析参数设置

按照降额方式的不同，调用 Smoke 分析工具进行电热应力分析时主要有三种不同的方式，系统默认设置是"No Derating"，即不降额调入 Smoke 分析工具，若采用降额设计方法，可运用系统提供的另外两种 Smoke 分析工具设计方法，即标准降额（Standard Derating）设置和自定义降额文件（Derating Files）。

从调用 Smoke 工具图中还可以看出，Average（平均值）、RMS（均方根值）、Peak（峰值）均被选中，将在 Smoke 工具窗口中，对同一个应力参数，将分三行分别显示同一个应力参数相对应的数值。另外还选中了 Parameter Filters 中的所有参数类型，其中包括电流参数、功率参数、温度参数和电压参数，相应在 Smoke 工具窗口的 Parameter 列显示对应元器件参数的应力参数名称。所有降额条件设置完毕后，按下按钮，启动 Smoke 分析工具，分析结果如图 5.5.6 所示。

从图 5.5.5 的 Smoke 分析窗口中可见，图表中共分 9 列。

▽列：应力参数安全条件要求标识，绿旗所在行可调整，黄旗所在行不可调。

Component：元器件名称。

Parameter：应力参数名称，它和 Smoke 分析的参数设置有关，如果选择了 Parameter Descriptions，如图 5.5.6 所示，则显示 Smoke 参数的详细含义，否则只显示该参数的缩写形式。

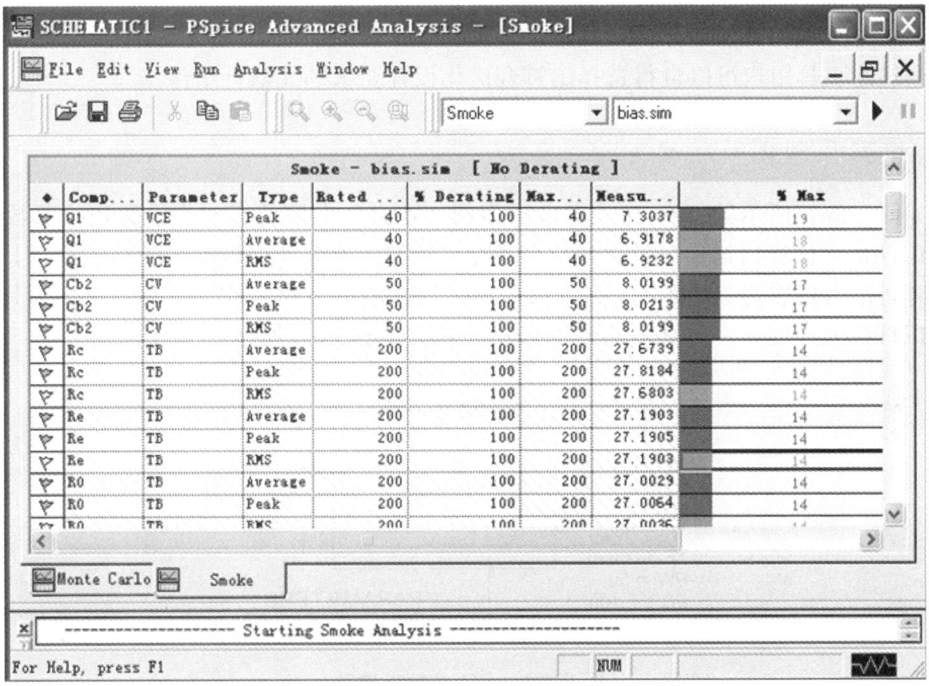

图 5.5.6　Smoke 分析

Type：应力参数的类型，这里的类型可在图 5.5.6 所示的 Analysis 菜单中设置，如 Average Values 为平均值，RMS Values 为 RMS 值即有效值，Peak Values 为峰值。

Rated Value：Smoke 参数的数值。

%Derating：降额因子，在图 5.5.6 所示的 Analysis 菜单中设置，如果采用 No Derating，即为不降额，则"%Derating"列的显示值为 1 或 100%；如采用了降额设计，如 Standard Derating，则该列显示的值为降额因子。

Max Derating：安全工作条件范围。

Measures Value：实际工作值。

%Max：最大比例，该比例值的表达式为

$$\%Max = \frac{MeasuredValue}{MaxDerating} \times 100\%$$

如果%Max栏的颜色标志为红色，表示%Max>100%，即超出安全工作极限；如果为黄色，表示%Max>90%，即接近安全工作极限；如果为绿色，表示%Max<90%，即小于安全工作极限。

如果某元件的应力参数超出其安全工作极限，可在Smoke分析工具窗口中选择该元件，单击鼠标右键，在弹出的快捷菜单中选择"Find in Design"返回到绘图页，修改电路或更换安全范围高的元件，以保证所有元件的应力参数均在其安全工作范围内。

5.6 参数测绘仪参数扫描分析

参数测绘仪工具不但可以进行多种复杂参数功能的扫描，还能在Plot/Probe中通过表格与绘图形式更美观和有效地分析扫描结果，是标准PSpice参数分析（Parametric Sweep）的提升，通过此工具用户可以自行选择出符合优化设计要求的元器件组件。

5.6.1 电路原理图及仿真

以如图5.6.1所示的RC充放电电路为例，在进行电路仿真时先设置扫描参数，放置PARAMETER元件将扫描参数设置为全局参数。以冲激电源作为电路的激励，并将上升时间和下降时间作为扫描变量。如图5.6.2（a）所示为冲激电源的属性，如图5.6.2（b）所示为PARAMETER元件的属性。其电路的瞬态分析结果如图5.6.3所示。

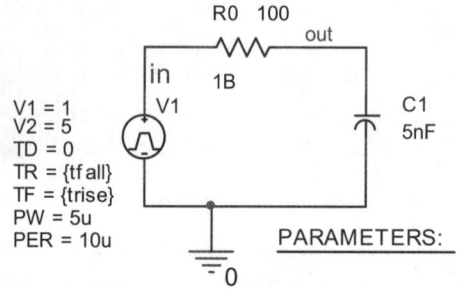

图5.6.1 RC充放电电路

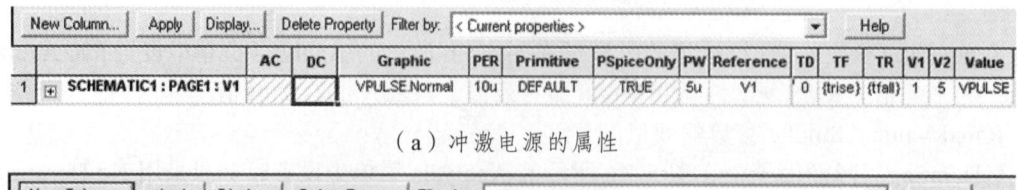

（a）冲激电源的属性

（b）PARAMETER元件的属性

图5.6.2 元件的属性设置

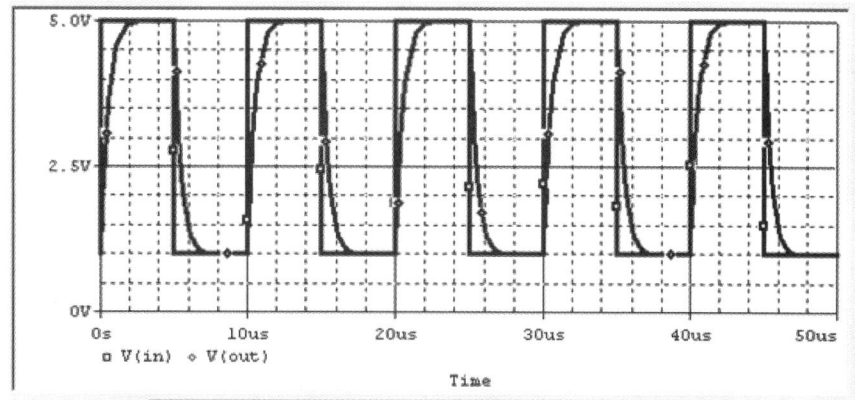

图 5.6.3 瞬态分析结果

5.6.2 调整元器件参数

在绘图页内单击"PSpice\Advanced Analysis\Parametric Plotter"菜单，启动高级分析中的参数测绘仪工具，系统会弹出如图 5.6.4 所示的 Parametric Plotter 工具窗口，图中 ① 为"Sweep Parameters"表格区：显示参数扫描过程调整元器件参数数据区，② 为"Measurements"表格区：显示参数扫描过程测量分析数据区。

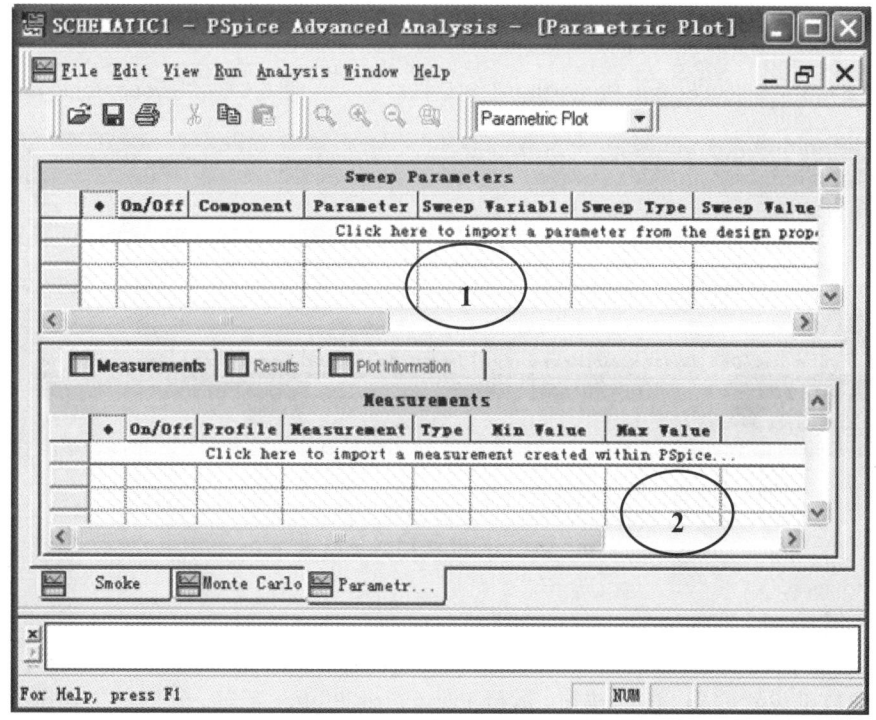

图 5.6.4 Parametric Plotter 工具窗口

添加参数扫描设计变量时，可在图 5.6.4 所示的窗口单击"Click here to import a parameter from the design property map"文件所在行，系统会弹出如图 5.6.5 所示的"Select Sweep

Parameters"对话框,点击"Select Type"列,可选择设计变量的扫描类型,点击"Sweep Value"列,弹出如图 5.6.6 所示的"Sweep Settings"对话框,在弹出的对话框中输入扫描的类型、起点、终点值及步长。或者直接点击"Sweep Value"列,在下拉的类型中进行选择。

系统会根据用户参数的设置顺序默认内、外层扫描参数,用户也可直接在 Parametric Plotter 工具界面中单击"Sweep Variable"列,选择内、外层扫描参数,如图 5.6.7 所示。在图 5.6.7 中单击"Click here to import a measurement within PSpice…",添加需要的电路响应变量或性能指标,如果没有性能指标,则单击鼠标右键,选择 Created New Measurement 菜单,进行添加。

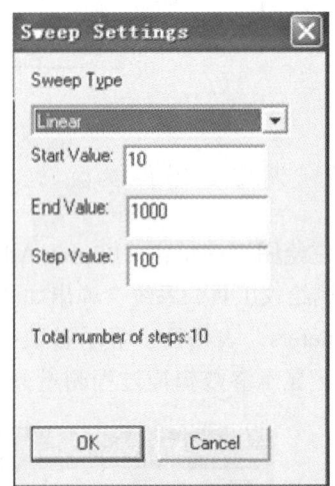

图 5.6.5 "Select Sweep Parameters"对话框　　图 5.6.6 "Sweep Settings"对话框

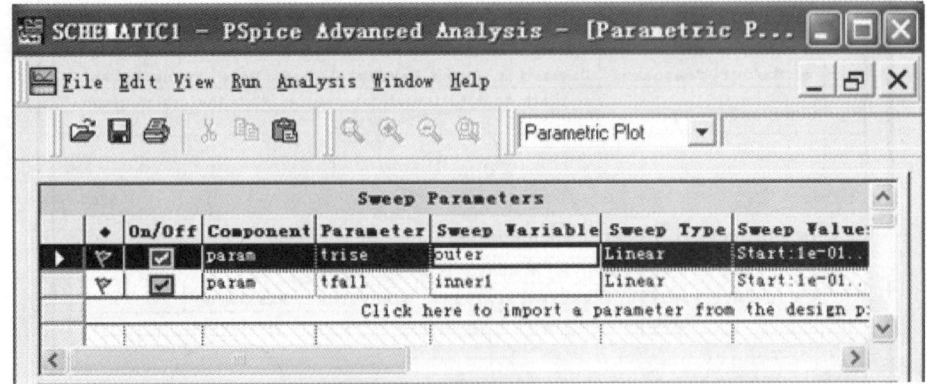

图 5.6.7 内外层扫描参数设置

5.6.3 结果分析

所有参数都设置完毕,按下按钮,运行 Parametric Plotter 工具,分析结果如图 5.6.8 所示。根据 Sweep Parameters 对话框的参数,在 Measurements 页给出了电路指标的最大值和最小值,如图 5.6.8(a)所示,若想查看参数扫描测量分析的每一次扫描结果和数据分析结果,可以点击左上角的 Results 标签页,在 Results 页给出了电路指标随各扫描参数变化的具体数值结果，如图 5.6.8（b）所示。在图 5.6.8（b）中，要分类并且锁定各种显示的结果，如双击第四列的 bias.sim∷overshoot（v（out）），可先锁定该指标的范围，然后锁定下一个指标的范围，再选择相应的其他组合值，当所有的指标均被锁定后，用户可按照指标的要求选择扫描变量的最优组合值。

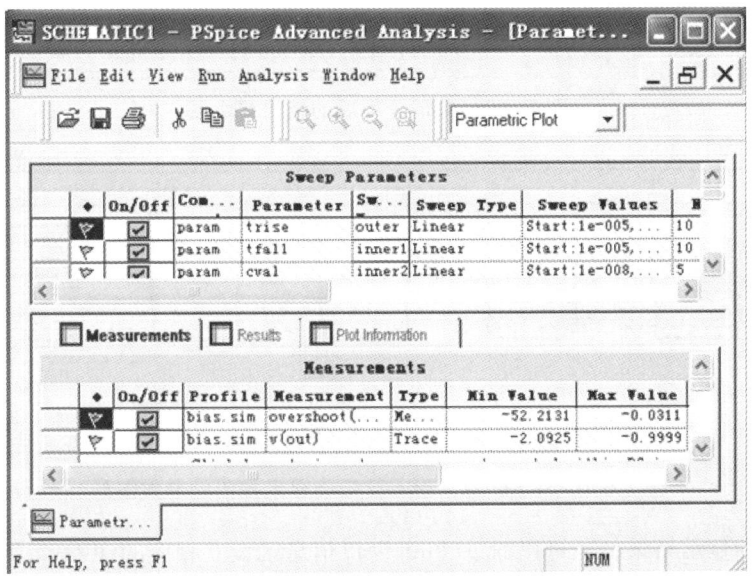

（a）Measurements 页

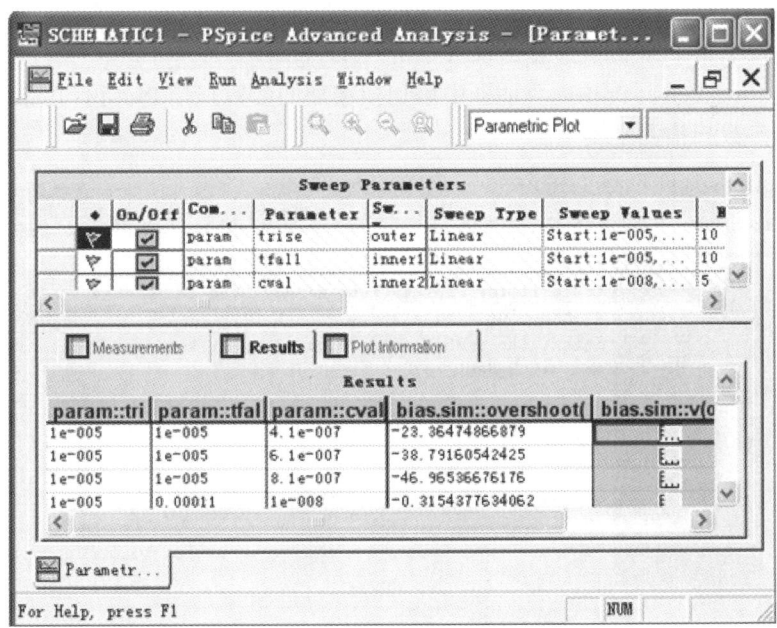

（b）Results 页

图 5.6.8 Parametric Plotter 分析结果

以图 5.6.9 方框中的元器件参数值组件为例，可以双击对应栏上每一次分析的黄色图标，在 PSpice Probe 窗口会显示扫描的参数图形，如图 5.6.10 所示。

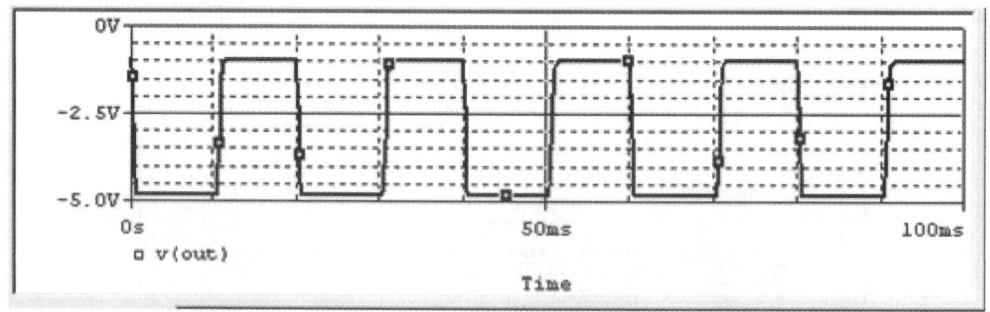

图 5.6.9　处理分类后的结果显示区

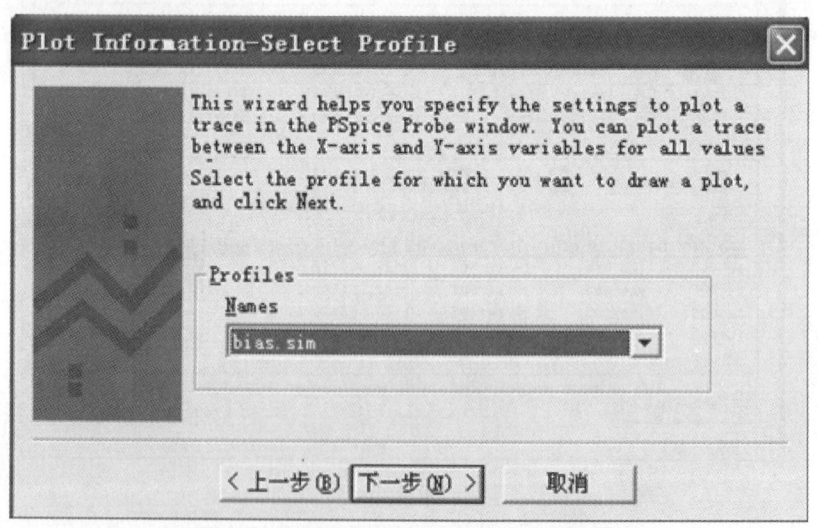

图 5.6.10　PSpice Probe 窗口会显示扫描的参数图形

对于同样的显示结果，还可以通过 Plot 窗口信息区设立相应的 Plot 参数波形曲线，在 PSpice Probe 窗口显示扫描的曲线轨迹信息。点击左上角的 Plot Information 标签页，将进入 Plot 窗口信息区。

首先，右键点击 Plot 窗口信息区或者单击 Click here to add plot 文件行信息，在显示的 Plot Information-Select Profile 对话框中添加拟增加的参数扫描 Plot 窗口。图 5.6.11 所示为选择 bias.sim 参数扫描测量类型。

图 5.6.11　选择 bias.sim 参数扫描测量类型

单击下一步，选择 Plot 波形显示区 X 轴变量，如图 5.6.12 所示。当选择了一个参数或者要测量的设计变量作为 X 轴的变化量，那么相对应 Y 轴只允许 "Measurement" 的设计变量。

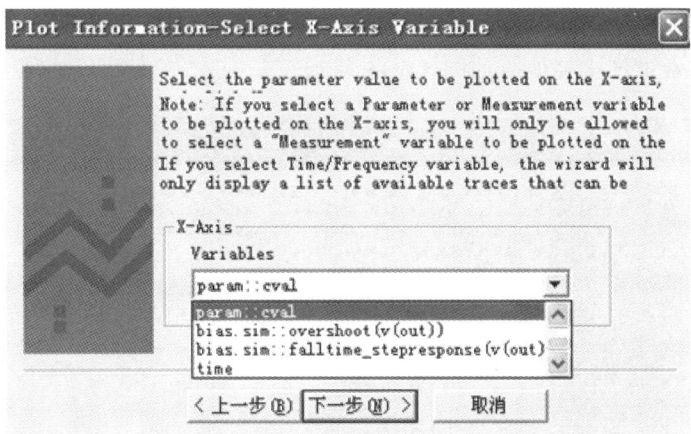

图 5.6.12　选择 X 轴扫描参数变量

单击下一步，选择作为 Y 轴的变化量，如图 5.6.13 所示。

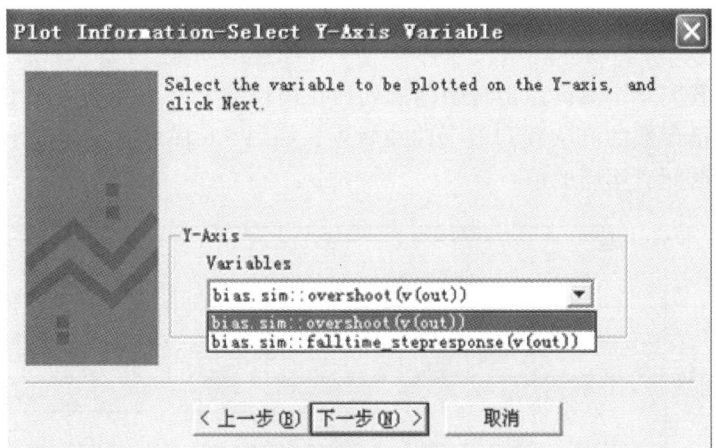

图 5.6.13　选择 Y 轴的变化量

单击下一步，设置扫描参数设置变量，如图 5.6.14 所示。

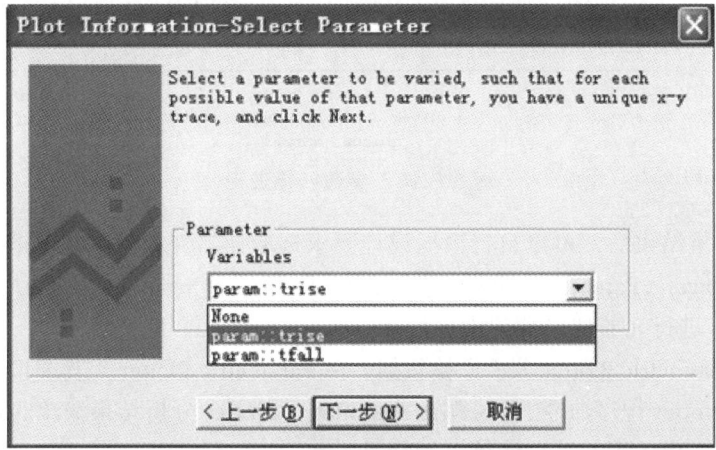

图 5.6.14　设置扫描参数设置变量

单击下一步，对于每一个参数，选择恒定不变的值来进行曲线的扫描分析。选定 tfall 的 0.00091 值，点击右键锁定其值，如图 5.6.15 所示。

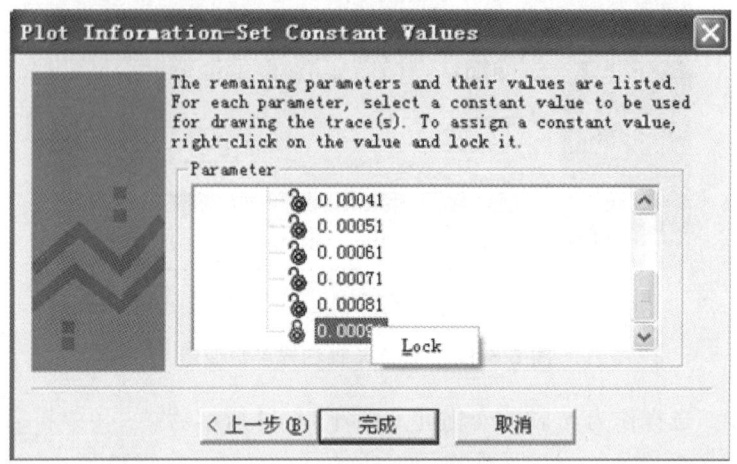

图 5.6.15　锁定扫描参数值

所有参数设置完毕，右键点击选中标志列，在出现的 Plot 向导中点击 Display Plot，可以显示每一行扫描参数的 Plot 窗口波形曲线轨迹，如图 5.6.16 所示，C 取不同值时，电路的过冲输出随下降时间有不同的值。

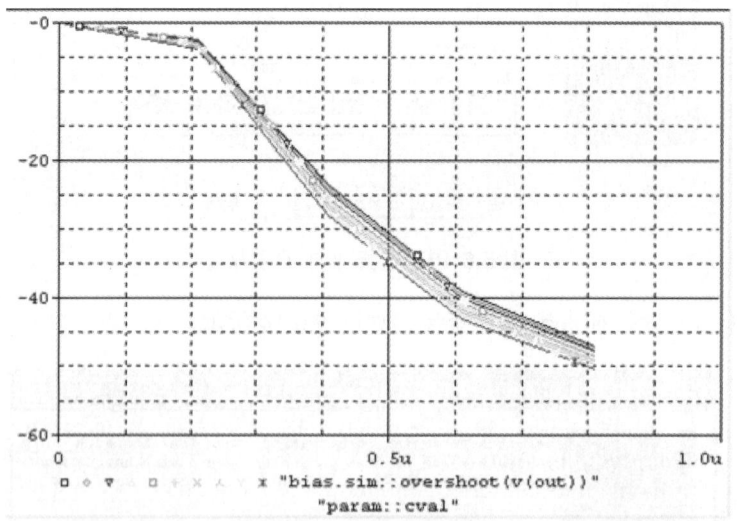

图 5.6.16　参数扫描波形

参数扫描分析结束后，可以自行根据设计要求选取元器件组件，在 Parametric Plotter 工具窗口执行 Analysis/Parametric Plotter/Send to Optimizer 子命令，把元器件参数发送给 Optimizer 工具，进行元器件参数的优化设计分析。

若要查看 Parametric Plotter 分析原始数据，在 Parametric Plotter 工具窗口中执行 View/Log File/Parametric Plotter 程序命令，即可调出 Parametric Plotter 分析结果清单，如下列数据所示，它显示排序为第 2 次的原始数据清单运行结果。

************ Parametric sweep Run 2 ************

Param：param.trise　（trise）= 10u

Param：param.tfall　（tfall）= 10u

Param：param.cval　（Cval）= 210n

Specs：overshoot（v（out））= − 2.46460299534724

Specs：v（out）= − 1.02487409114838

第 6 章 PSpice 综合应用及举例

本章将 PSpice 应用于电路分析基础、模拟电子技术、高频电子线路和数字电子技术中进行仿真分析。

6.1 PSpice 在电路分析基础中的应用

例 6.1.1 电阻电路如图 6.1.1 所示,求电阻 R1、R2 和 R3 的电压、电流和功率。

要点分析:绘制电路;设置仿真参数如图 6.1.2 所示,Analysis type 设置为 "Bias Point",表示进行直流工作点分析;Options 选项单选 General Setting,表示进行一般分析。

仿真结果如图 6.1.3 所示。

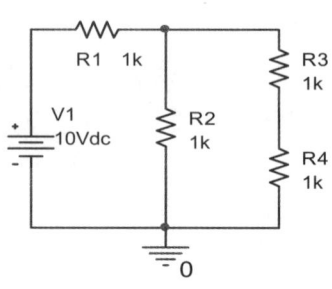

图 6.1.1 仿真电路图

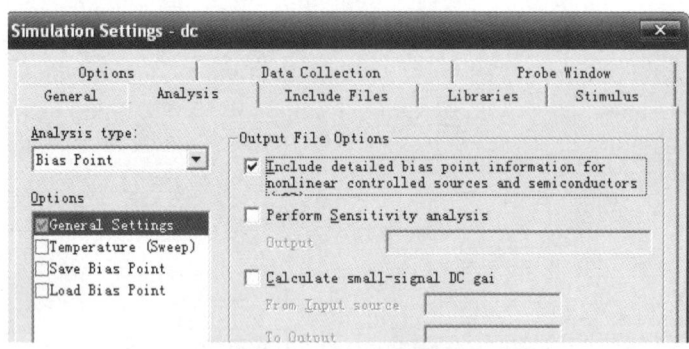

图 6.1.2 设置仿真参数

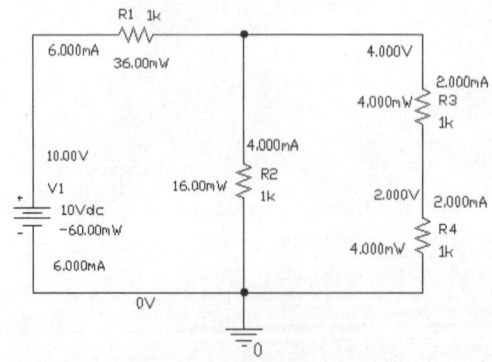

图 6.1.3 仿真结果

例 6.1.2 电路如图 6.1.4 所示,求电路中电感的电流、电压、功率随时间变化的波形。

要点分析:使用时域分析功能。仿真设置如图 6.1.5 所示,仿真的电流、电压和功率随时间变化的波形如图 6.1.6 所示。

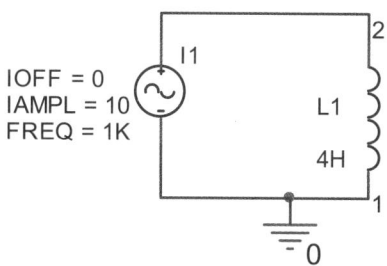

图 6.1.4 仿真电路图

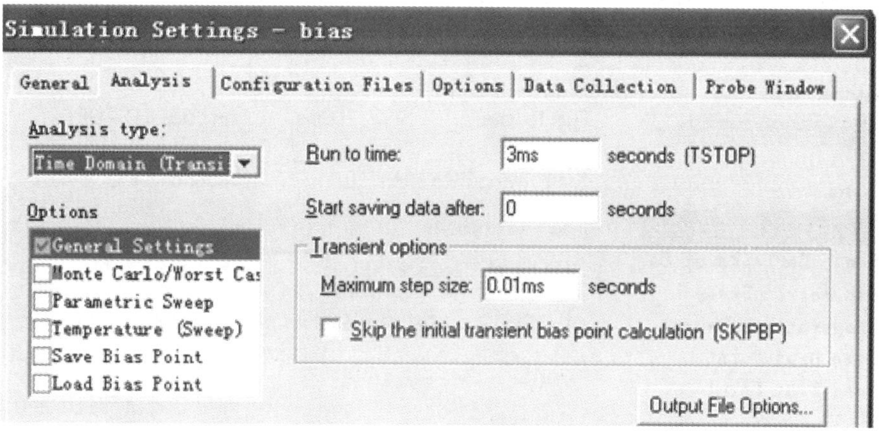

图 6.1.5 仿真参数设置

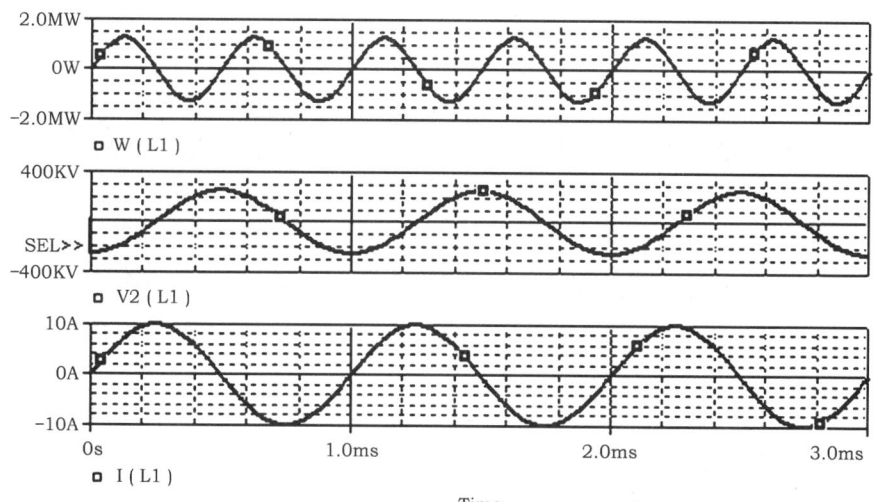

图 6.1.6 电流、电压和功率波形

例 6.1.3 电路如图 6.1.7 所示,求电容的电流、功率随时间变化的波形。

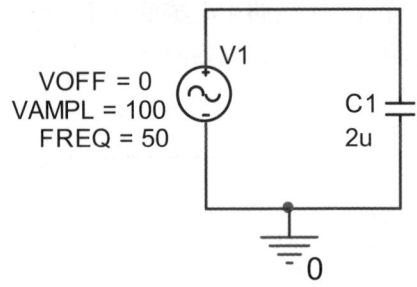

图 6.1.7 仿真电路图

要点分析：使用时域分析功能。仿真设置如图 6.1.8 所示，仿真结果如图 6.1.9 所示。

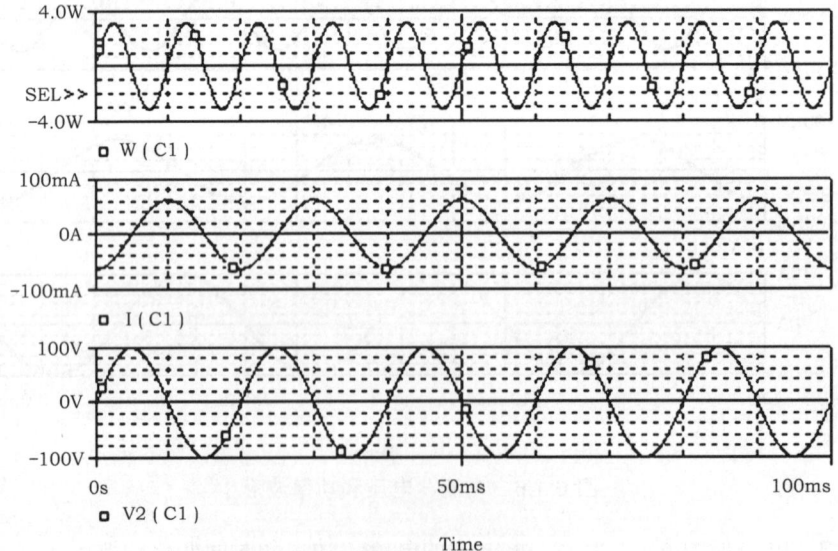

图 6.1.8 仿真参数的设置

图 6.1.9 电压、电流和功率波形

例 6.1.4 电路如图 6.1.10 所示，求各节点电压、支路电流和元件功率。
要求：电流控制电压源属性：r = 10。

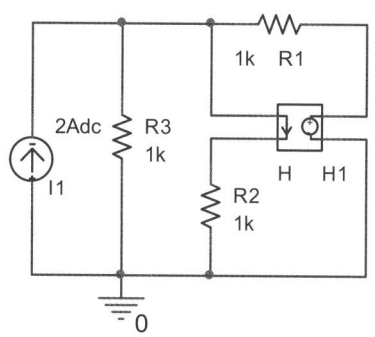

图 6.1.10 仿真电路图

要点分析：电流控制电压源位于 Analog 库。按题目的要求，设置电流控制电压源属性中的 GAIN = 10，分析类型：Bias Point 偏置点如图 6.1.11 所示；仿真结果如图 6.1.12 所示。

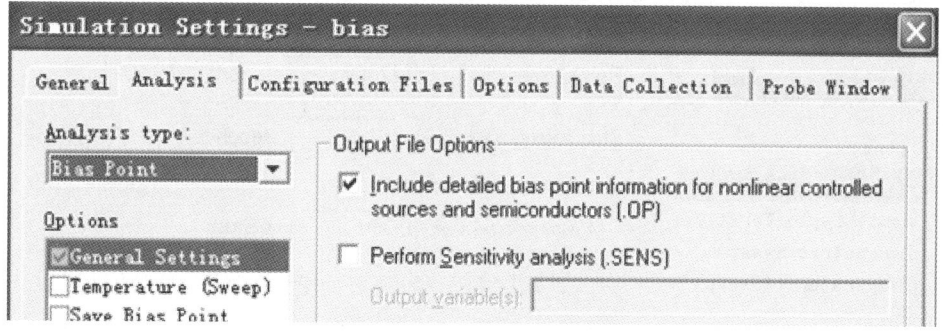

图 6.1.11 仿真参数设置

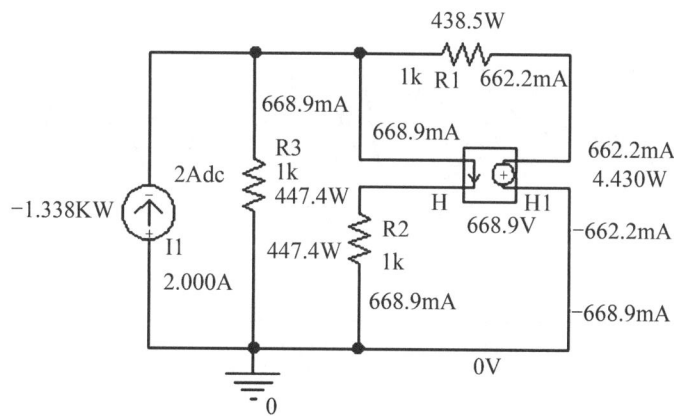

图 6.1.12 各节点电压、支路电流和元件功率

例 6.1.5 电路如图 6.1.13 所示，正弦激励 $u_s = 100\sin(314t + 60°)$ V，求电路的零状态响应。

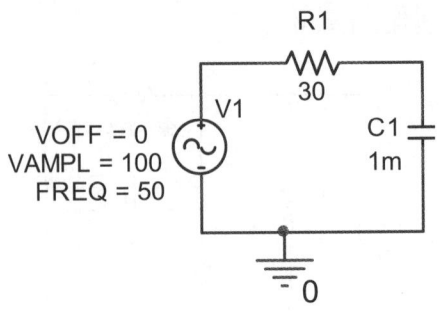

图 6.1.13 仿真电路图

要点分析：采用瞬态分析，仿真参数设置如图 6.1.14 所示，运行仿真程序，观察输出电压和电流波形，如图 6.1.15 所示。

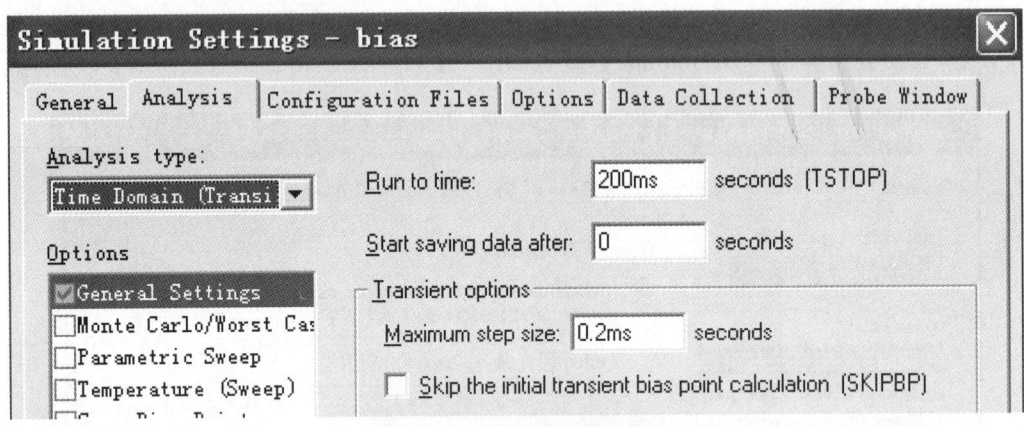

图 6.1.14 仿真参数设置

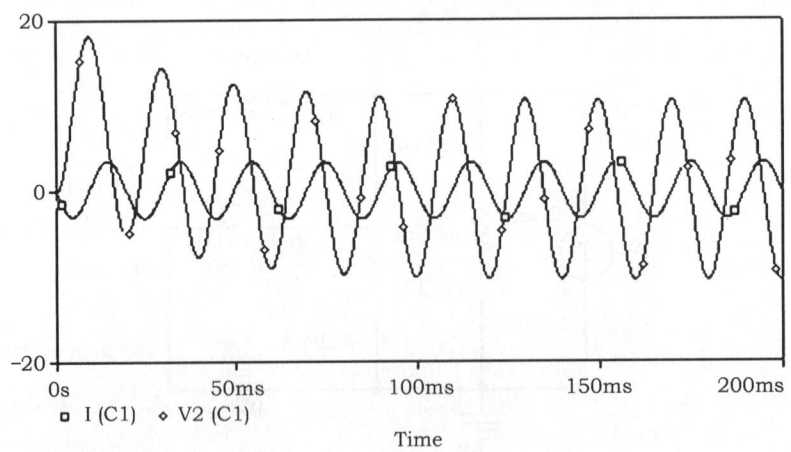

图 6.1.15 电压和电流波形

例 6.1.6 电路如图 6.1.16 所示，已知电容电压的初始值为 10 V，$t = 1$ ms 时开关闭合，求电路的零输入响应。

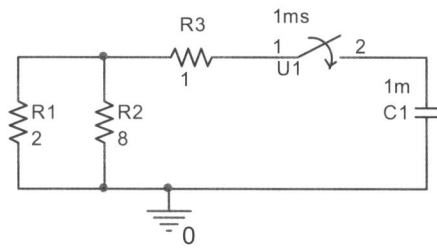

图 6.1.16　仿真电路原理图

要点分析：根据题目的要求，需设置电容 C 的初始值，双击电容元件，或选择电容元件后单击鼠标右键，在弹出的菜单中选择 Edit Properties…命令，打开编辑参数窗口，将"IC"设置为 10 V，即电容电压的初值；设置开关的闭合时间为 1 ms，即打开编辑参数窗口，将TCLOSE 设置成 1 ms。采用瞬态分析，仿真参数设置如图 6.1.17 所示。电路的输出电流和电压如图 6.1.18 所示，由图可以看出，$t=1$ ms 时，电容电压从初值 10 V 开始，单调下降到 0；电容电流由 0 跳变到 -4 A，然后按指数规律衰减到 0。注意输出电压和电流的方向。

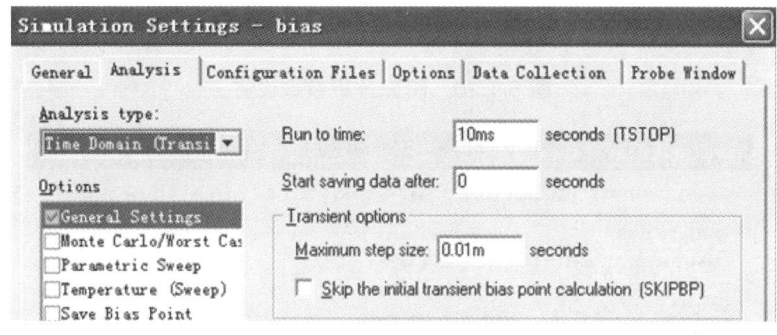

图 6.1.17　仿真参数设置

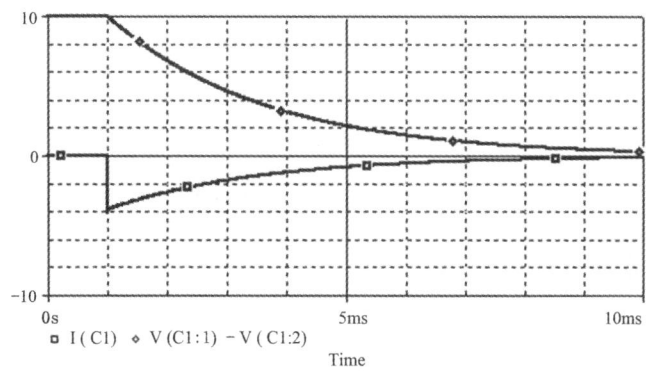

图 6.1.18　电路的输出电流和电压

例 6.1.7　电路如图 6.1.19 所示，R 的参数可调，电容电压初值为 10 V，$t=1$ ms 时开关闭合，求直流激励下二阶电路的全响应。

要点分析：仿真类型采用瞬态分析，参数设置如图 6.1.20 所示，对 R 进行参数扫描的参数设置如图 6.1.21 所示，仿真的结果如图 6.1.22 所示。图 6.1.22 中的 3 条曲线分别是 RLC电路在欠阻尼、临界阻尼和过阻尼情况下，电容电压由初值 10 V 到稳定值 5 V 的变化过程。

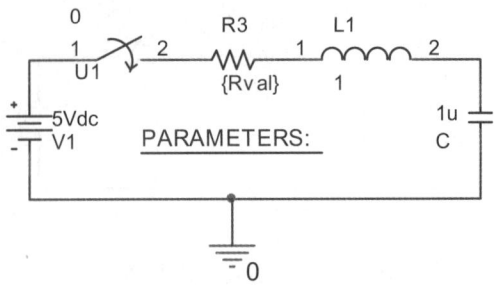

图 6.1.19 仿真电路图

图 6.1.20 瞬态分析参数设置

图 6.1.21 参数扫描设置

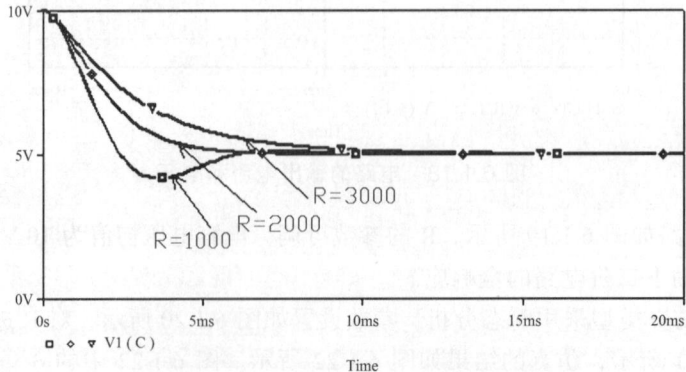

图 6.1.22 不同 R 下的电路全响应

例 6.1.8　如图 6.1.23 所示为 RC 串联电路，当加以正弦交流时，试用交流分析和拉氏变换分析其响应。

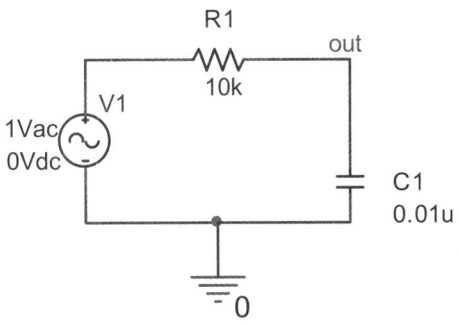

图 6.1.23　RC 串联电路

要点分析：交流分析的参数设置如图 6.1.24 所示。仿真的波形如图 6.1.25 所示。

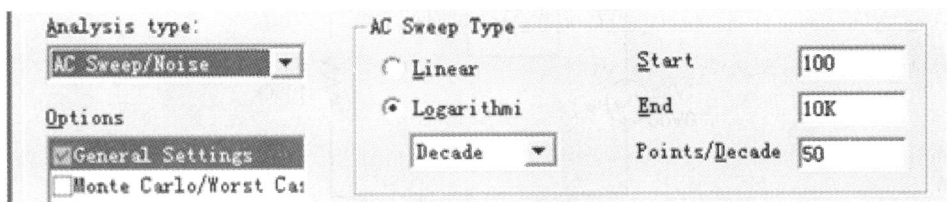

图 6.1.24　参数设置

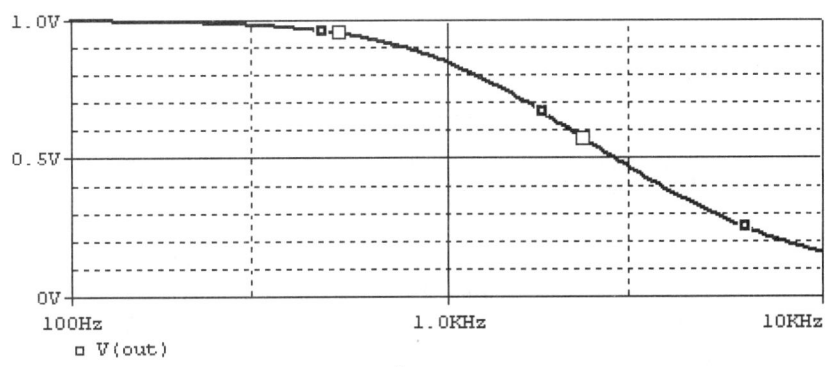

图 6.1.25　仿真波形

若用拉氏变换来解，先求以 out 为电路变量的网络函数，得拉氏变换解为

$$H(s) = \frac{V_{\text{out}}(s)}{V_1(s)} = \frac{1/RC}{s + 1/RC} = \frac{\dfrac{1}{(1e4) \times (0.01e-6)}}{s + \dfrac{1}{(1e4) \times (0.01e-6)}} = \frac{1e4}{s + 1e4}$$

在 ABM 库中调用 LEAPLACE，打开其属性，在 XFORM 一栏填入 $\dfrac{1e4}{s+1e4}$，1e4 表示 10^4，如图 6.1.26 所示。仿真的结果与用交流分析的结果一致。

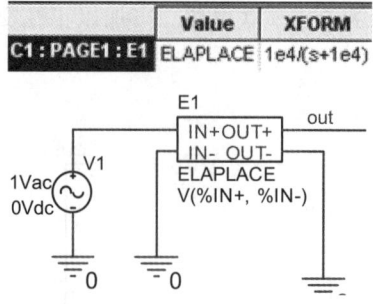

图 6.1.26 拉氏变换图

例 6.1.9 某电路的网络函数 $H(s) = \dfrac{40s}{(1+s/2)(1+s/10)(1+s/100)}$，其电路如图 6.1.27 所示，分析此电路的特性。

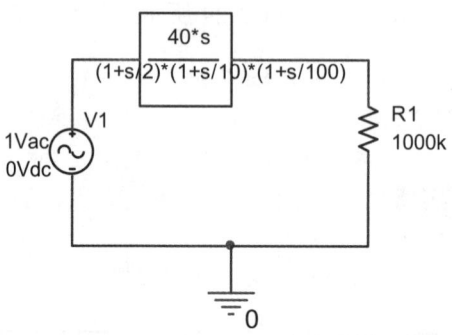

图 6.1.27 网络函数电路

要点分析：在 ABM 库中调用 LAPLACE 元件，如图 6.1.28 所示，输入相应的网络函数。

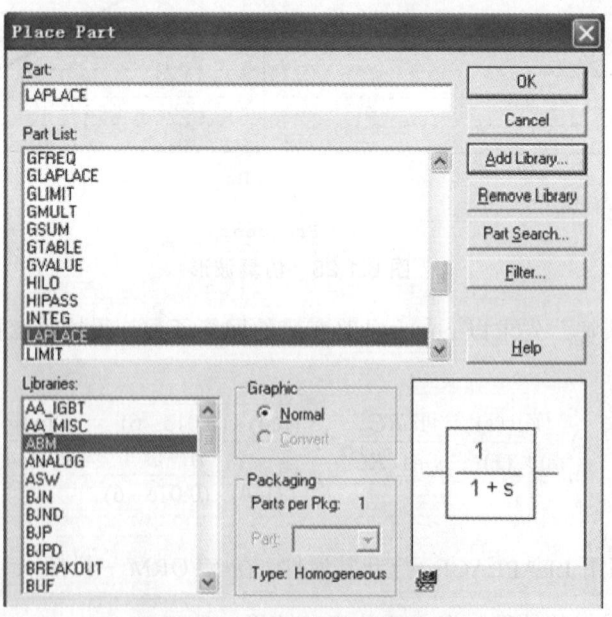

图 6.1.28 调用 LAPLACE 元件

要分析电路的特性，进行交流分析设置，如图 6.1.29 所示。仿真分析结果如图 6.1.30 所示，由图可以看出网络函数具有带通特性。

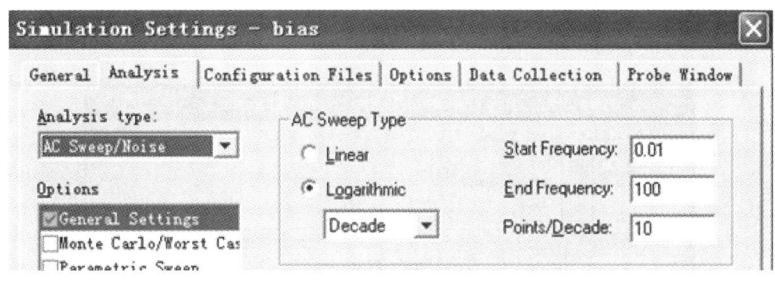

图 6.1.29　交流分析设置

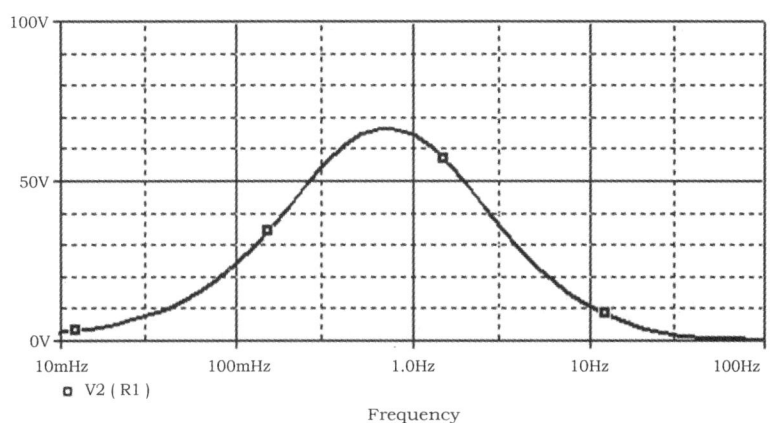

图 6.1.30　仿真结果

6.2　PSpice 在模拟电子技术中的应用

例 6.2.1　电路如图 6.2.1 所示，图中 $R = 10$ kΩ，二极管选用 1N4002，且 $I_s = 10$ nA，$n = 2$。求：（1）$V_{DD} = 10$ V 时的 I_D 和 V_D 值；（2）测试二极管 V-I 特性曲线；（3）作出温度为 0 ℃、27 ℃、50 ℃、80 ℃ 时二极管正向特性曲线，并在图中标注出每条曲线的温度值；（4）改变二极管模型参数反向饱和电流 $I_s = 1\text{E} - 4$、$1\text{E} - 5$、$1\text{E} - 7$，分析二极管的正向伏安特性，并说明 I_s 大小对伏安特性的影响。

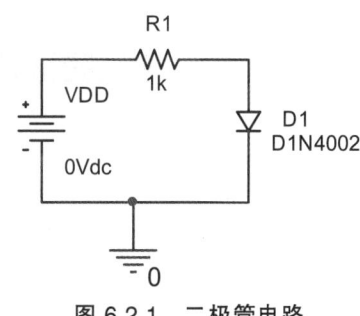

图 6.2.1　二极管电路

要点分析：

（1）修改二极管的模型参数。在绘制的原理图中选中二极管 1N4148，执行 Edit/PSpice model，弹出如图 6.2.2 所示的二极管模型参数修改对话框，按要求进行修改，并保存修改后的文件。

（2）设置直流工作点参数。测量电路 I_D 和 V_D 值的参数设置，如图 6.2.3 所示，分析类型选择工作点分析。如在 OUT 文件中要保存分析结果，就选中 "Include detailed bias point information for nonlinear controlled sources and semiconductors"。测试结果为 $I_D = 9.29E-03$，$V_D = 7.11E-01$。

（3）测试二极管 V-I 特性曲线，直流扫描参数设置如图 6.2.4 所示。V-I 特性曲线如图 6.2.5 所示。

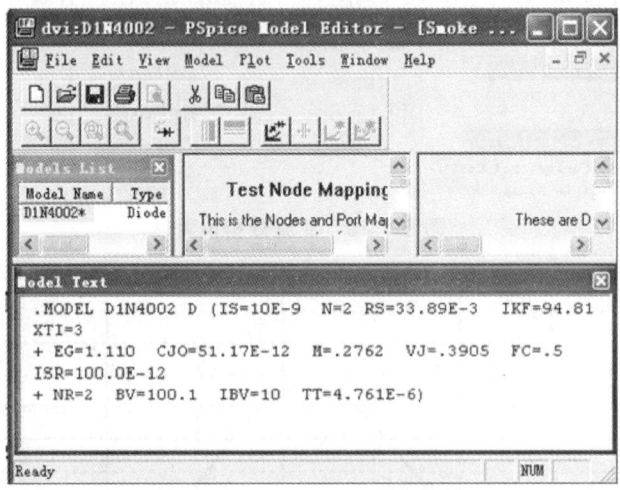

图 6.2.2　二极管的模型参数

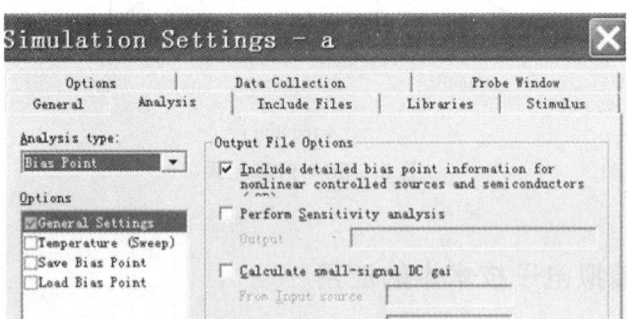

图 6.2.3　仿真参数设置

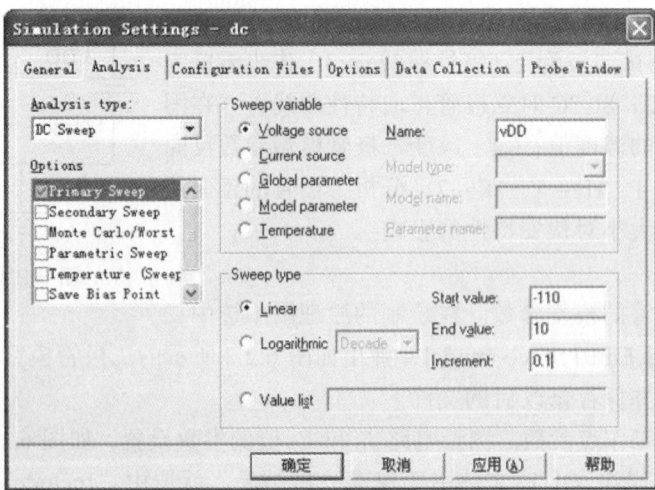

图 6.2.4　直流扫描参数设置

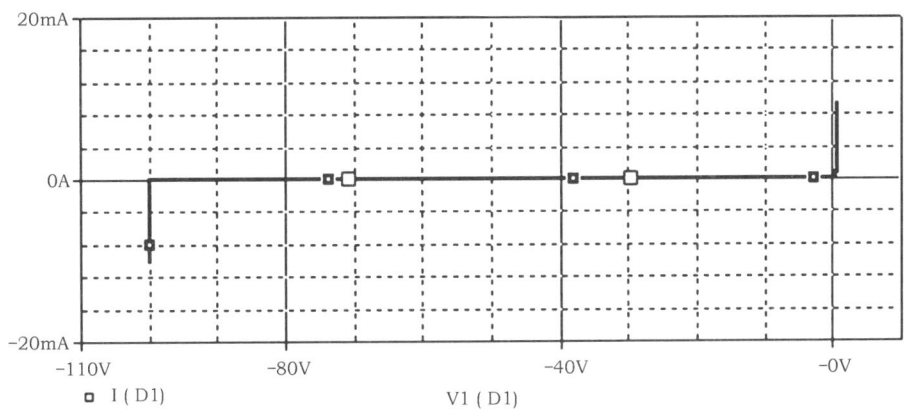

图 6.2.5 二极管 V-I 特性曲线

(4) 不同温度下的正向特性参数设置。

① 自变量参数设置。Sweep variable：Voltage Source，VDD；Sweep type：线性变化，扫描范围 0～10 V，步长为 0.01。

② 参变量设置。Sweep variable：Temperature；Sweep type：在 "Value List" 栏内输入 "0 27 50 80"，运行结束后，得到的是 V_{DD} 与 I_D 的特性曲线。为了得到不同温度下的二极管正向特性曲线，将 X 轴的变量改为 V (D1)，结果如图 6.2.6 所示。由图可以看出，当温度升高时，二极管的正向特性曲线将左移。

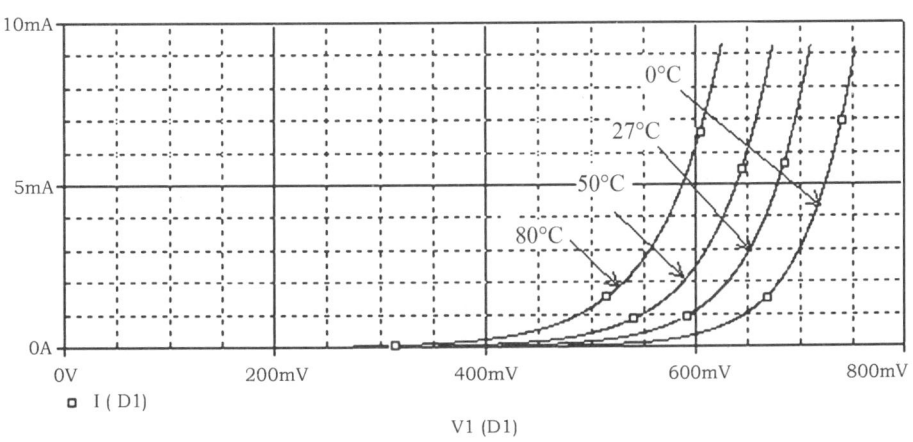

图 6.2.6 不同温度下的二极管正向特性曲线

(5) 二极管的不同反向饱和电流的设置。同理先进行自变量参数的设置，再进行参变量参数的设置。Sweep variable：Model Parameter（模型参数），从 "Model type" 栏下拉列表中选择模型 D，并在其下方的 "Model name" 栏内键入名称 D1N4002，在 "Parameter name" 栏内键入 I_S 参数名称。Sweep type：在 "Value List" 栏内输入 "1E-4 1E-5 1E-7"。仿真结果如图 6.2.7 所示。由图可以看出，在相同的 V_D 下，I_S 增加时，正向电流 I_D 也相应增加。

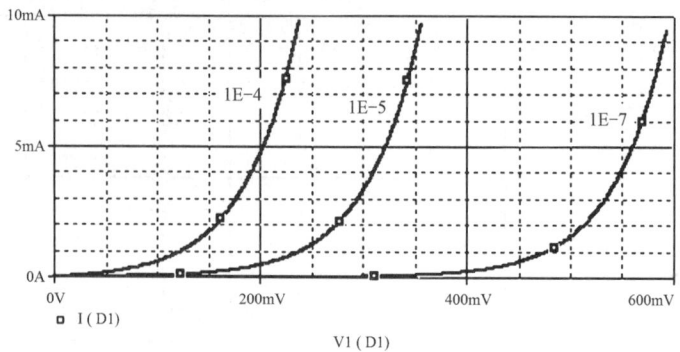

图 6.2.7　二极管的不同反向饱和电流的正向特性曲线

坐标轴和坐标网格的设置方法：

在 Probe 窗口中显示波形信号，可根据实际需要，改变坐标轴和坐标网格的设置。在 Probe 窗口中，选择执行 "Plot/Axis Settings" 子命令，屏幕上将弹出如图 6.2.8 所示的对话框，或用鼠标左键双击显示窗口中 X 轴下方标注坐标值的区域，即可弹出此对话框。

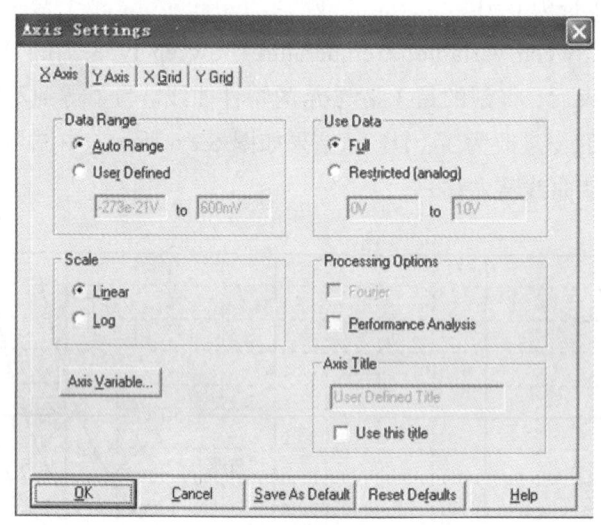

图 6.2.8　Probe 中坐标轴设置对话框

（1）坐标轴的设置。

① X 轴的设置。

在图 6.2.8 中的 "X Axis" 标签页用于对 X 轴进行设置。其设置内容主要包括 X 轴刻度范围及方式、数据范围及电路分析类型选择等。

Data Range：用于设置波形显示窗口中 X 轴的刻度范围。其中，"Auto Range" 选项表示 Probe 根据波形数据自动调整 X 轴的刻度范围，"User defined" 选项表示自行定义 X 轴的刻度范围，此时需要在其下方输入 X 轴刻度起始值和终止值。

Scale：用于设置 X 轴的刻度方式，其中 "Linear" 和 "Log" 选项分别表示线性坐标和对数坐标。

Use Data：用于设置在设定的 X 轴范围内所要显示的波形范围。"Full" 选项表示在模拟分析结束后显示全部波形，这是 Probe 的默认设置；"Restricted（Analog）"。

Processing Options：用于设置启动傅里叶分析和电路性能分析。

Axis Title：选中 Use this title 后，自定义波形的标题。

Axis Variable：用于根据分析内容的需要，设置 X 轴的变量类型。

完成上述设置后，按"OK"按钮，即可按新的设置重新显示波形。

② Y 轴的设置。

在图 6.2.8 中，选择"Y Axis"标签页，即可对 Y 轴进行设置。除"Y Axis"和"Axis Title"两项设置外，其余各项与 X 轴设置相同。"Y Axis"和"Axis Title"两项主要针对在多 Y 轴的情况下实现对 Y 轴有选择的设置。其中，"Y Axis"用于选择 Y 轴；"Axis Title"用于给选定的 Y 轴添加名称。

（2）坐标网格的设置。

① X 轴网格的设置。

X 轴网格的设置在图 6.2.8 中，选择"X Grid"标签页，屏幕出现如图 6.2.9 所示的 X 轴网格设置对话框，即可对 X 轴的网格进行设置。网格线分为主网格线（Major）和细网格线（Minor）。网格可采用自动设置和自定义设置。当图中"Automatic"选项处于选中状态时，则系统自动确定网格线。

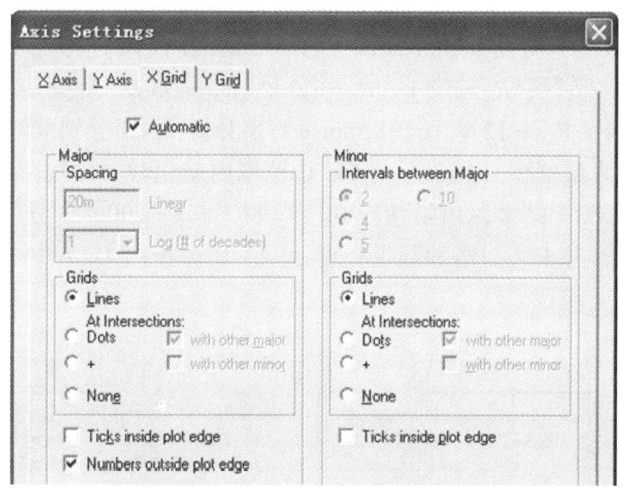

图 6.2.9 Probe 中 Grid 设置对话框

a. 主网格线设置。

图 6.2.9 中的"Major"栏，用于主网格线的设置。

- Spacing：用于设置主网格线之间的距离。当 X 轴为线性刻度时，由"Linear"项的设置值决定；当 X 轴为对数刻度时，两条主网格线之间的数量级由"Log"项的下拉列表中的值确定。

- Grids：用于确定主网格线的形式。"Line"选项表示主网格线是直线；"Dots"和"+"分别表示在主网格线与其他网格线的交叉处为点和十字叉，"with other major"和"with other minor"选项则表示在主网格线或细网格线的交叉处显示点或十字叉；"None"选项表示不显示网格线。

- **Tricks inside plot edge**：在 X 坐标轴上用竖线标出主网格线的位置。
- **Numbers outside plot edge**：在 X 轴的下方标出主网格线的坐标值。

b. 细网格线的设置。

图 6.2.9 中的"Minor"栏，用于细网格线的设置。在细网格线的设置中，"Grids"栏和"Tricks inside plot edge"选项与主网格线的设置相同。"Intevals beween Major"栏用于确定在两条主网格线之间用细网格线划分成几个区间。

② Y 轴网格的设置。

Y 轴的主、细网格线设置与 X 轴的相似，只增加了"Y Axis"项，以满足在多 Y 轴下有选择性地进行相应设置。

③ 坐标网格线显示属性的设置。

在 Probe 窗口中，将光标指向网格线任一位置，单击鼠标右键，屏幕上弹出包括"Settings"和"Properties"命令的快捷菜单。若执行"Settings"子命令，将弹出网格线设置对话框，可对网格线进行设置；若执行"Properties"命令，将弹出网格线显示属性对话框，可以对网格线的颜色、线型和线宽等进行设置。

④ 坐标轴框线显示属性的设置。

在 Probe 窗口中，将光标指向坐标轴框线的任一位置，单击鼠标右键，屏幕上弹出坐标轴框线显示属性设置框，可对坐标轴框线的颜色、线型和线宽等进行设置。

例 6.2.2 共射极放大电路如图 6.2.10 所示。设两图中 BJT 均为 NPN 型硅管，型号为 2N3904，$\beta = 50$。电路参数：$R_c = 3.3\ k$，$R_e = 1.3\ k$，$R_{b1} = 33\ k$，$R_{b2} = 10\ k$，$R_1 = 5.1\ k$，$C_{b1} = C_{b2} = 10\ \mu F$，$C_e = 50\ \mu F$，$V_{CC} = 12\ V$。试用 PSpice 程序分析：（1）分别求两电路的 Q 点；（2）作温度特性分析，观察当温度在 $-30\ ℃ \sim +70\ ℃$ 范围内变化时，比较两电路 BJT 的集电极电流 I_C 的相对变化量；（3）信号源内阻 $R_s = 0$，$\beta = 80$，$R_{bb} = 100$，试分析图（a）电压增益的幅频响应和相频响应，并求 f_L、f_H 和频带宽度；（4）试分析图（a）中 C_e 在 $1 \sim 100\ \mu F$ 变化时，下限频率 f_L 的变化范围。

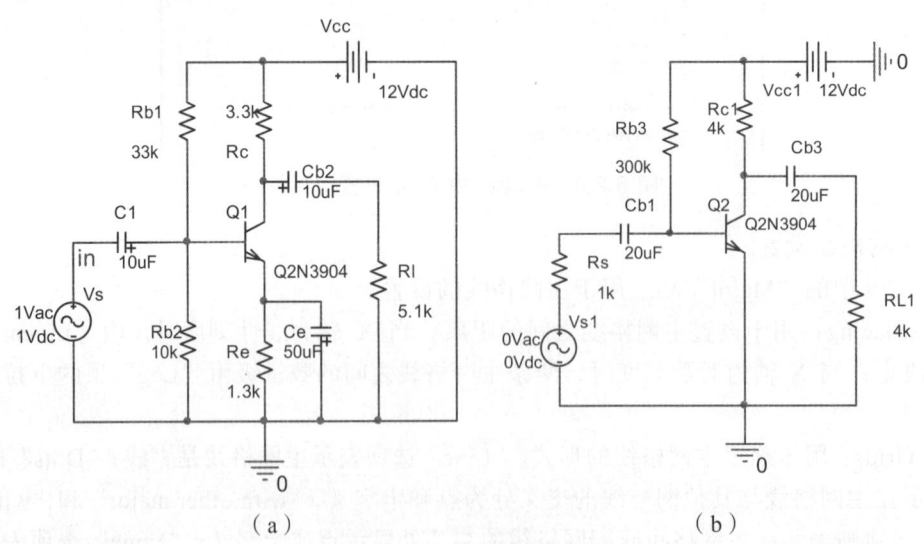

图 6.2.10　仿真电路图

要点分析：

（1）电路图的绘制。先在设计项目管理器中设置成两张图纸，如图 6.2.11 所示，绘制的电路如图 6.2.10 所示。

（2）求两电路的 Q 点参数设置。进行静态工作点分析的设置，分析的结果如图 6.2.12 所示。

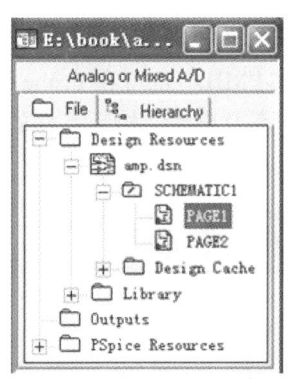

图 6.2.11 设计项目管理器

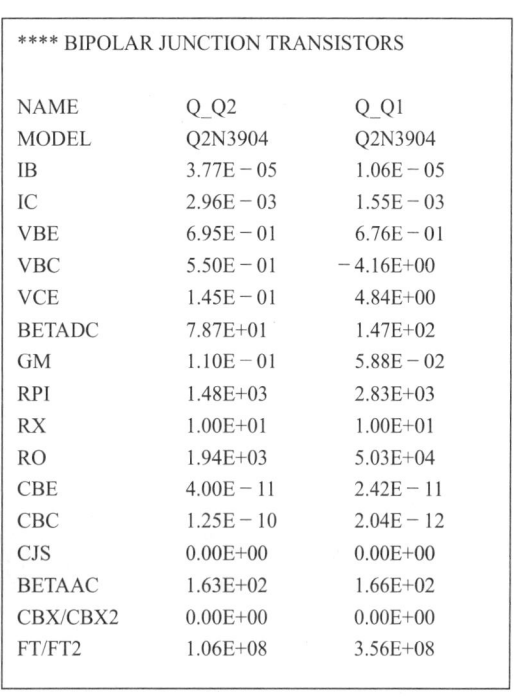

图 6.2.12 两共射极放大电路 Q 点分析结果

（3）温度特性分析。进行直流扫描分析，对温度进行扫描。仿真参数设置如图 6.2.13 所示。仿真的结果如图 6.2.14 所示。

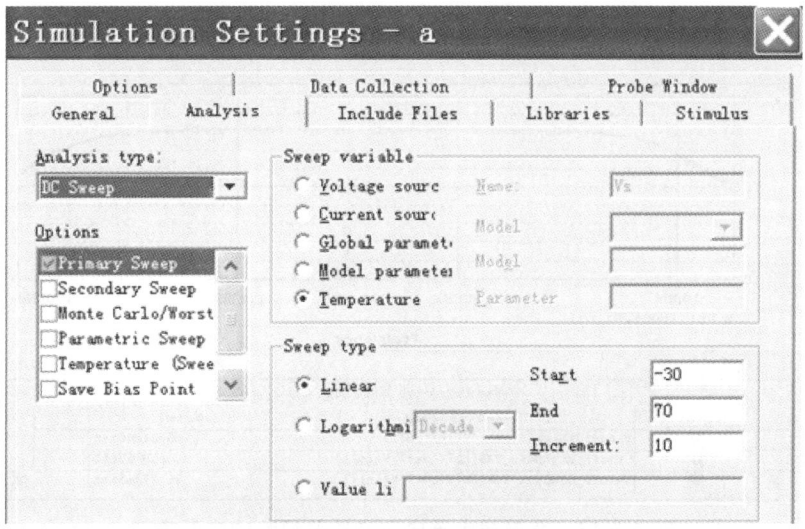

图 6.2.13 仿真参数设置

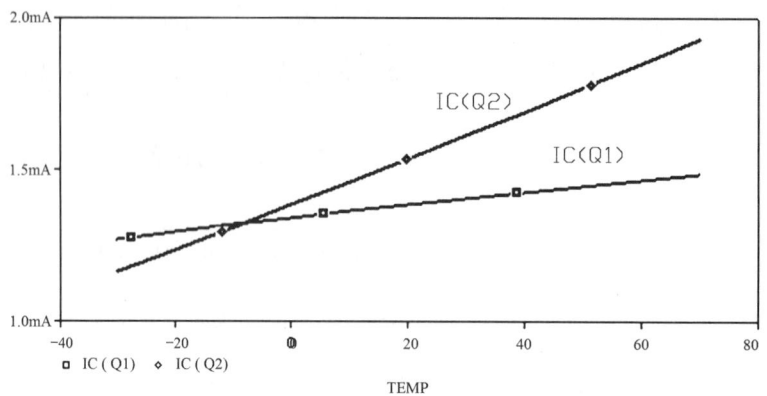

图 6.2.14　I_C 的随温度变化的曲线

（4）电路的幅频和相频特性分析。对电路进行幅频和相频响应分析时应进行交流扫描分析，仿真参数设置如图 6.2.15 所示。其幅频特性曲线如图 6.2.16 的上部分。在 Probe 窗口中，执行 trace/Evaluate measurement…，可测量出如图 6.2.16 所示窗口下方的上截止频率 26.272 65 MHz、下截止频率 189.656 43 Hz 及频带宽度 26.272 64 MHz。也可在 Probe 窗口中，执行 trace/ measurements 测量出电路的上截止频率、下截止频率及频带。相频特性的曲线如图 6.2.17 所示。

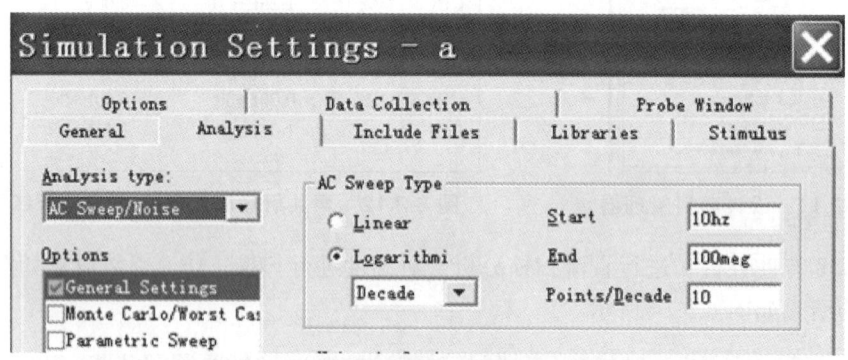

图 6.2.15　仿真参数设置

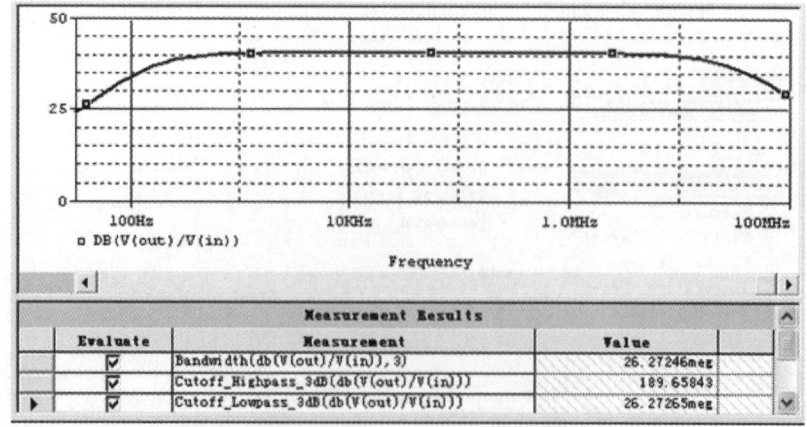

图 6.2.16　共射放大器电压增益的幅频响应及带宽

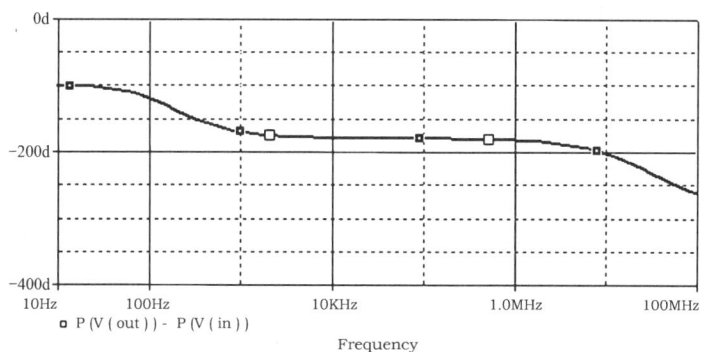

图 6.2.17　相频特性的曲线

（5）电容 C_e 对下限频率 f_L 的影响。将图 6.2.10（a）中的 C_e 设置为扫描参数，其仿真参数设置如图 6.2.18 所示，其仿真结果如图 6.2.19 所示。由图可知 C_e 愈大，下限频率愈低。

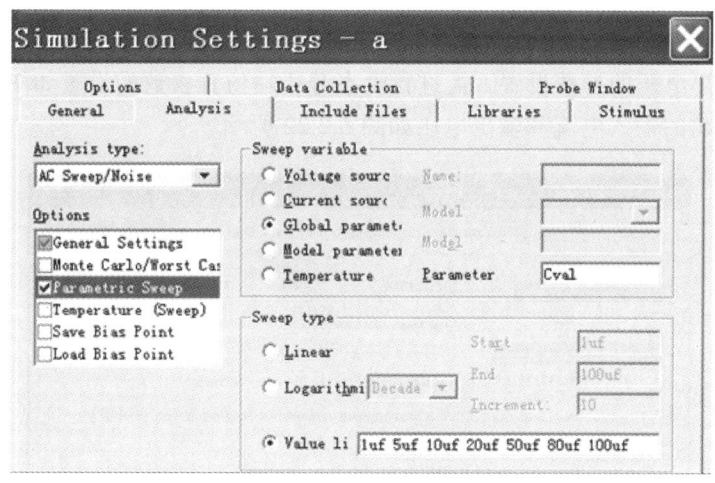

图 6.2.18　参数扫描设置

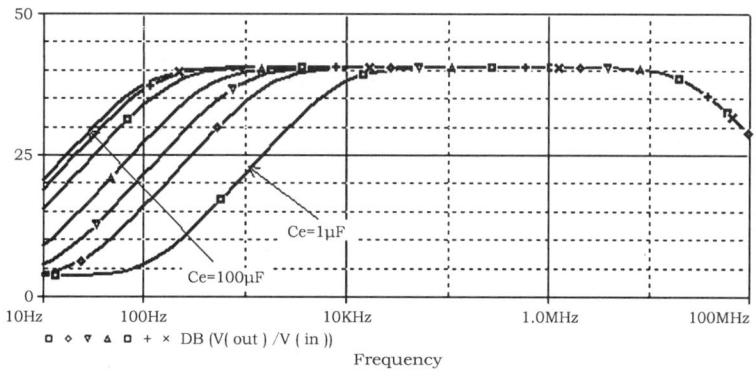

图 6.2.19　电容 C_e 对下限频率 f_L 的影响

例 6.2.3　共栅极放大电路如图 6.2.20 所示，电路参数为 $I_q = 1$ mA，$V_{dd} = +5$ V，$V_{ss} = -5$ V，$R_g = 100$ k，$R_d = 4$ k，$R_L = 10$ k，场效应管的 T 的参数为 $V_t = 1$ V，$K_n = 1$ mA/V^2，沟道调制参数为 0。

（1）设输入电流为 $100\sin 6.28\times 1\,000\,t\,(\mu A)$，$R_s = 50\,k$，求电路的输入电流和输出电压波形；

（2）确定电路的小信号电压增益、电流增益、输入电阻及输出电阻。

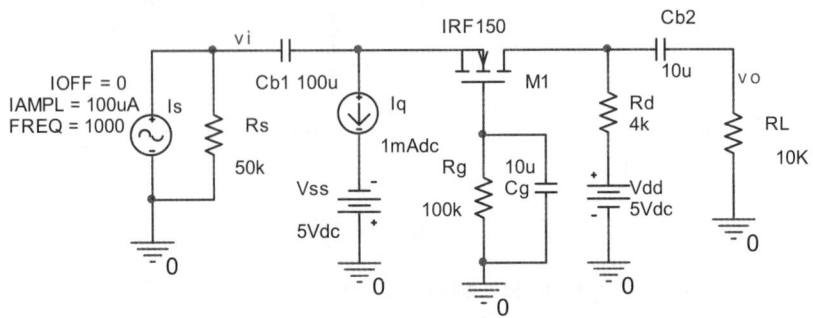

图 6.2.20　共栅极放大电路

要点分析：

（1）电路输出电压的参数设置，需进行瞬态分析，仿真参数的设置如图 6.2.21 所示。运行 PSpice，仿真出的输入电流和输出电压如图 6.2.22 所示。

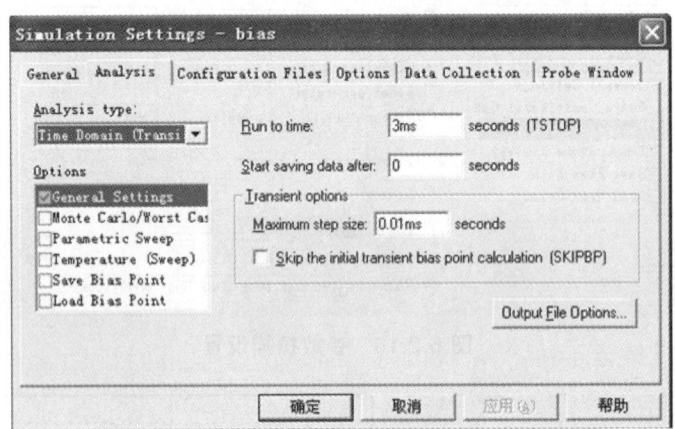

图 6.2.21　仿真参数的设置

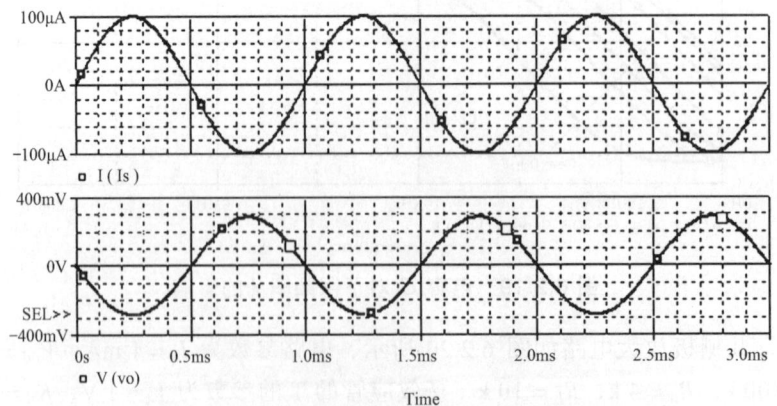

图 6.2.22　输入电流和输出电压

（2）电路的电压增益、电流增益、输入电阻及输出电阻的仿真参数设置。需进行交流小信号分析，仿真参数的设置如图 6.2.23 所示。运行 PSpice，仿真出的电压增益如图 6.2.24 所示，最大增益为 15.06 dB。如图 6.2.25 所示为电流增益，其增益约为 -10.88 dB。如图 6.2.26 所示为输入电阻，约为 504 Ω。

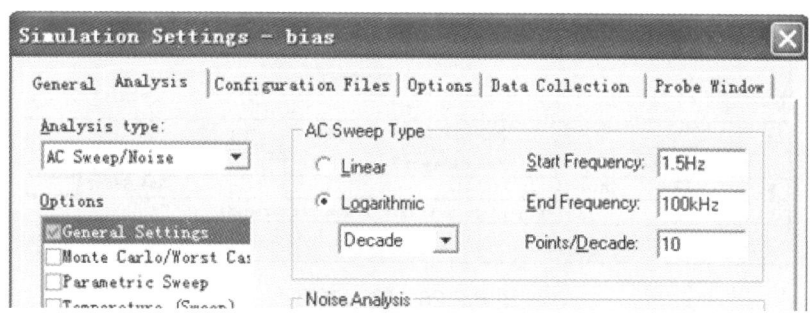

图 6.2.23 仿真参数的设置

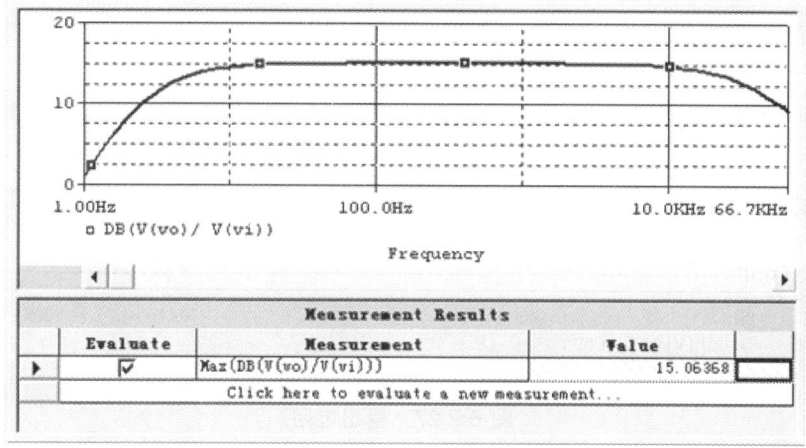

图 6.2.24 电压增益

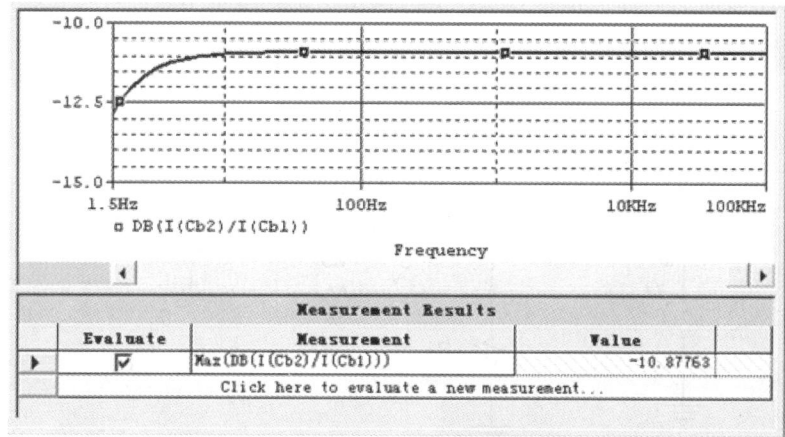

图 6.2.25 电流增益

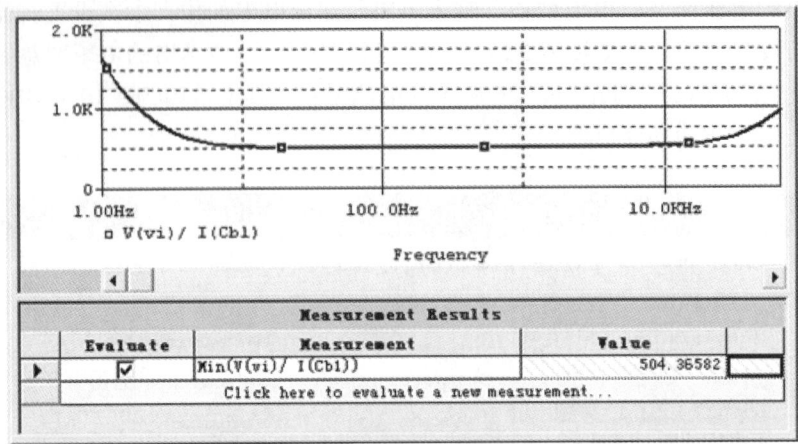

图 6.2.26 输入电阻

(3) 求输出电阻时,去掉负载接入交流信号 V1。如图 6.2.27 所示为输出电阻,约为 4 kΩ。

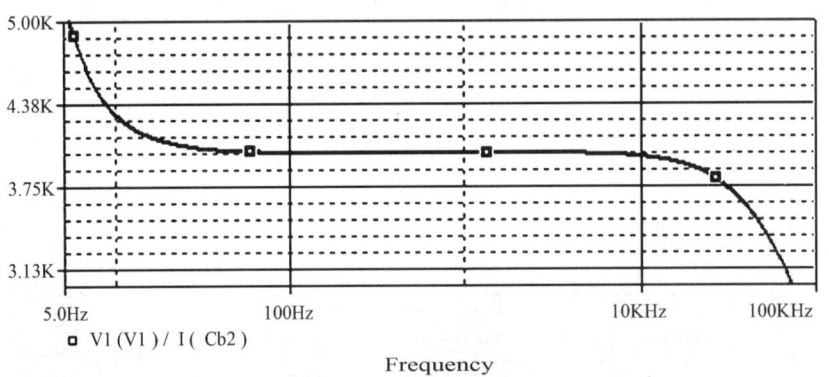

图 6.2.27 输出电阻

例 6.2.4 如图 6.2.28 所示为二阶压控电压源低通滤波电路。运放选用 uA741,工作电源为 ±15 V,试作出幅频响应和相频响应,求出截止频率和通带增益。

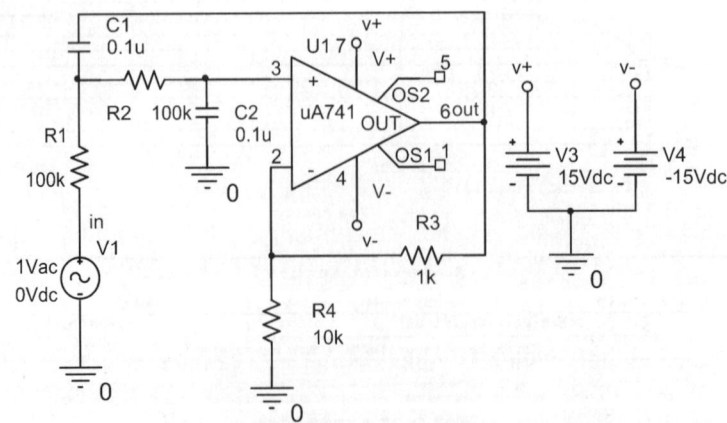

图 6.2.28 仿真电路图

要点分析：观测幅频响应和相频响应，设置交流扫描分析功能，如图 6.2.29 所示。求截止频率和通带增益可采用如下方法：

① 用标尺法；

② Trace/Measurements…；

③ Trace/Evaluate Measurement…。

由图 6.2.30 可以看出电路的截止频率为 10.956 Hz，通带增益为 826.768 dBm。

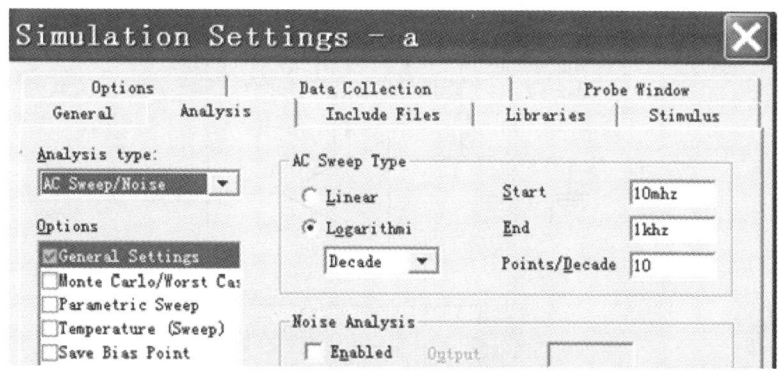

图 6.2.29　仿真参数设置

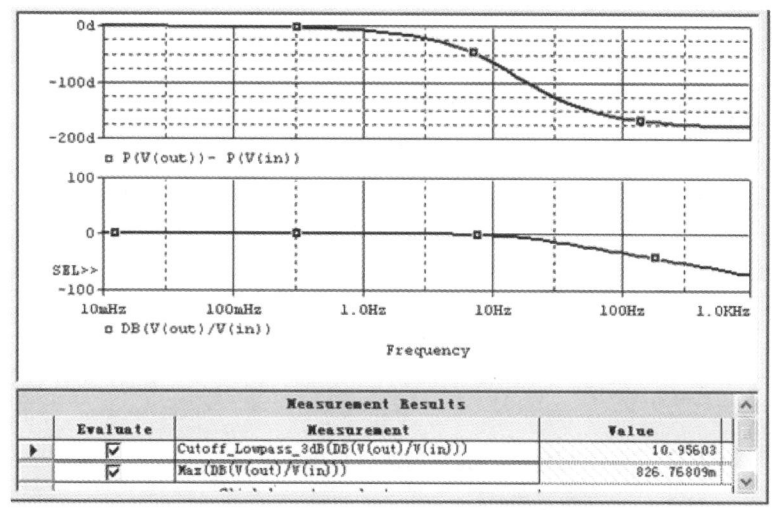

图 6.2.30　低通滤波的幅频和相频曲线

例 6.2.5　如图 6.2.31 所示为 RC 正弦波振荡电路，其中运放选用 uA741，工作电源为 +12、-12，D1、D2 选用 1N4148，其他参数为：$R1 = 15\ \text{k}$，$R2 = 10\ \text{k}$，$R = 5.1\ \text{k}$，$C = 0.033\ \mu\text{F}$。R_p 为 100 k 可变电阻器，试运用 PSpice 分析：

（1）观察输出电压波形由小到大的起振和稳定到某一幅度的全过程，求出振荡周期 T_0。

（2）分析输出波形的谐波失真情况。

重点分析：

（1）观测振荡全过程。选取电阻 R_p 值是关键，选得稍大，负反馈过强，电路不起振或振幅较小；选得稍小，负反馈过弱，出现非线性失真，此处选择 27 kΩ 左右较合适，即 R_p 的参数 SET 设置为 0.73 左右。电路的瞬态分析参数设置如图 6.2.32 所示。电路起振到稳定全过程的波形如图 6.2.33 所示。测试电路的振荡周期 T_0，可通过观察局部电路波形，测出电路的周期，如图 6.2.34 所示，周期 $T = 1.064\ 55$ ms。

（2）分析输出波形的谐波失真。即进行傅里叶分析参数设置，如图 6.2.35 所示。傅里叶分析的结果如图 6.2.36 所示。

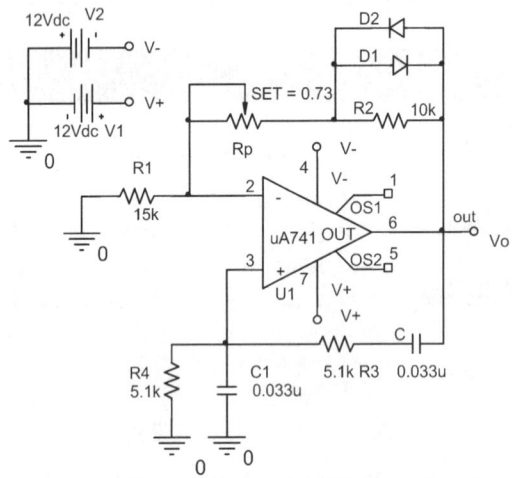

图 6.2.31　RC 正弦波振荡电路

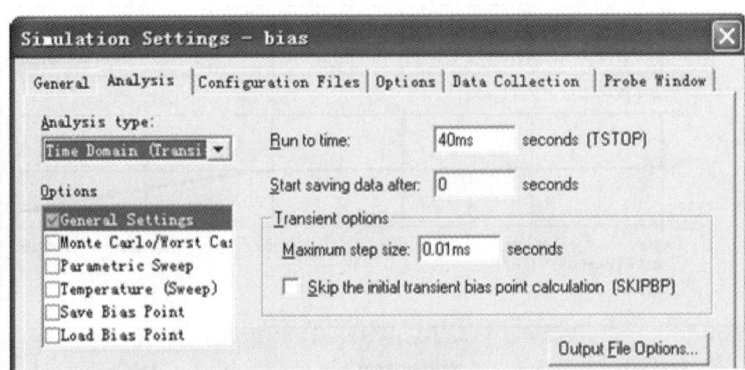

图 6.2.32　瞬态分析参数设置

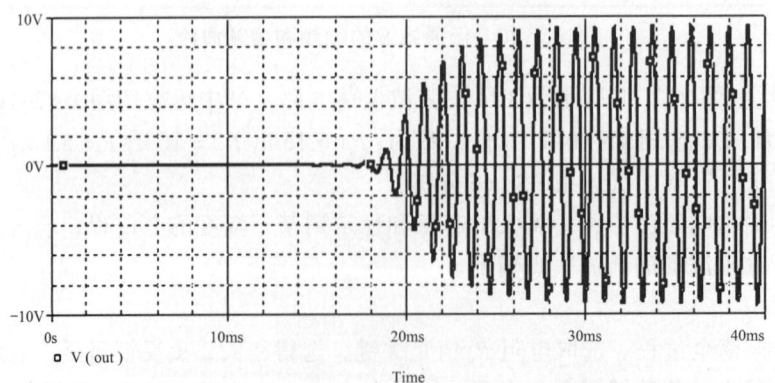

图 6.2.33　电路起振到稳定全过程的波形

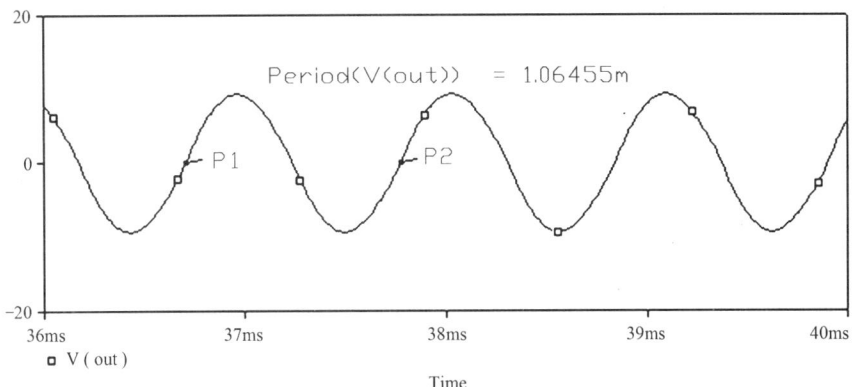

图 6.2.34　电路的局部波形

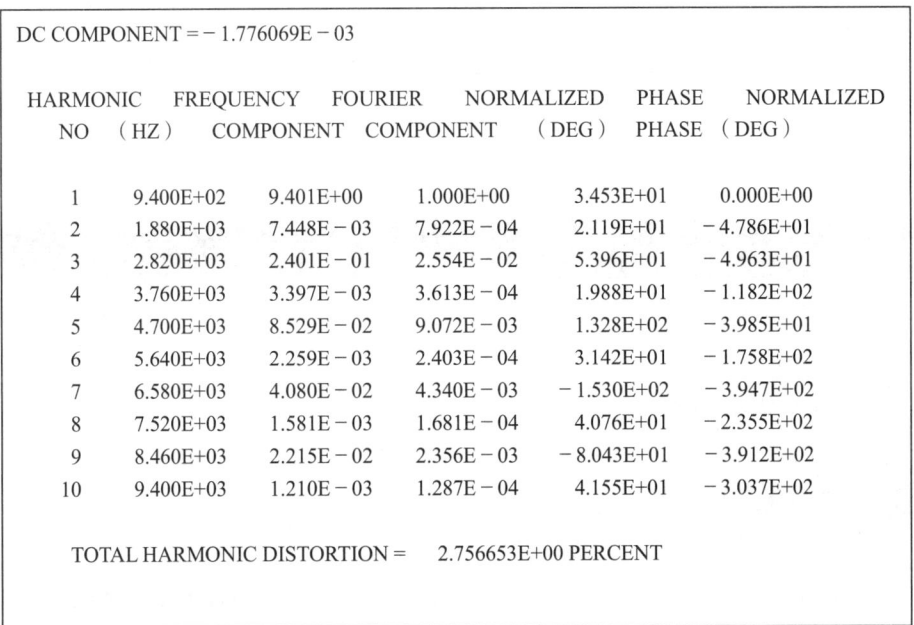

图 6.2.35　仿真参数设置

```
DC COMPONENT = − 1.776069E − 03

HARMONIC   FREQUENCY   FOURIER     NORMALIZED   PHASE      NORMALIZED
  NO       （HZ）       COMPONENT   COMPONENT   （DEG）     PHASE （DEG）

   1       9.400E+02   9.401E+00   1.000E+00   3.453E+01    0.000E+00
   2       1.880E+03   7.448E−03   7.922E−04   2.119E+01   − 4.786E+01
   3       2.820E+03   2.401E−01   2.554E−02   5.396E+01   − 4.963E+01
   4       3.760E+03   3.397E−03   3.613E−04   1.988E+01   − 1.182E+02
   5       4.700E+03   8.529E−02   9.072E−03   1.328E+02   − 3.985E+01
   6       5.640E+03   2.259E−03   2.403E−04   3.142E+01   − 1.758E+02
   7       6.580E+03   4.080E−02   4.340E−03   − 1.530E+02  − 3.947E+02
   8       7.520E+03   1.581E−03   1.681E−04   4.076E+01   − 2.355E+02
   9       8.460E+03   2.215E−02   2.356E−03   − 8.043E+01  − 3.912E+02
  10       9.400E+03   1.210E−03   1.287E−04   4.155E+01   − 3.037E+02

TOTAL HARMONIC DISTORTION =    2.756653E+00 PERCENT
```

图 6.2.36　傅里叶分析的结果

由此看出,基波分量为 9.401 V,3 次和 5 次谐波分量大于其他谐波分量,分别为 0.240 1 V 和 0.085 29 V。总谐波失真系数约为 2.76%。

例 6.2.6 图 6.2.37 所示为整流、滤波、稳压电路。模拟工频电压作为电路的输入,要求 V_2 的电压振幅为 17 V,频率为 50 Hz,二极管采用 1N4148,稳压管采用 1N750,它的 $V_Z = 10$ V,$I_{Z(MIN)} = 1$ mA。试分析:(1)$C = 1\ 000\ \mu F$,正常稳压时,R 的取值范围,并绘出输出电压的波形;(2)$R = 40$,正常稳压时,C 的取值范围,并绘出输出电压的波形。

要点分析:

(1)采用参数分析方法,当 $C = 1\ 000\ \mu F$,正常稳压时,以 {rval} 为参数变量,其仿真参数设置如图 6.2.38 所示,图 6.2.39 所示为参数扫描,图 6.2.40 所示为不同电阻时的电路输出电压,由图可以看出电阻 R 的取值在 5~65 Ω 较好。

(2)当 $R = 40$ 时,以 $C = \{Cval\}$ 为参数,图 6.2.41 所示为参数扫描设置对话框,图 6.2.42 所示为不同电容时的电路输出电压,由图可以看出电阻 C 的取值应大于 150 μF,否则纹波将明显增大。

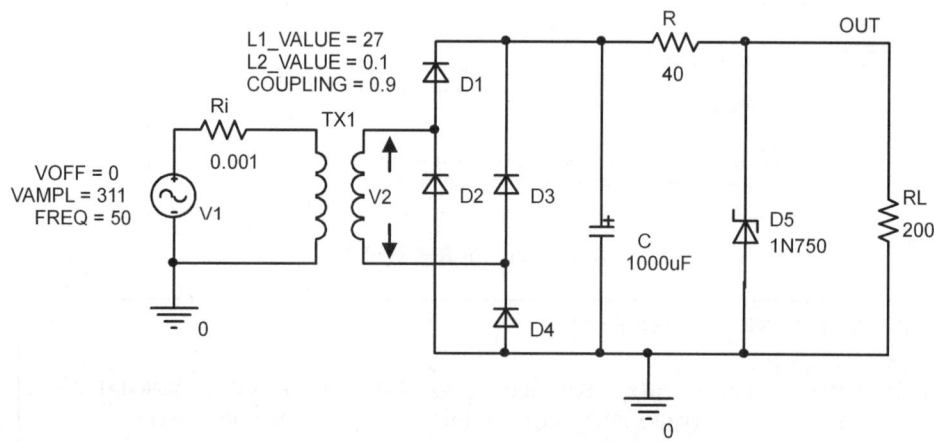

图 6.2.37 仿真电路图

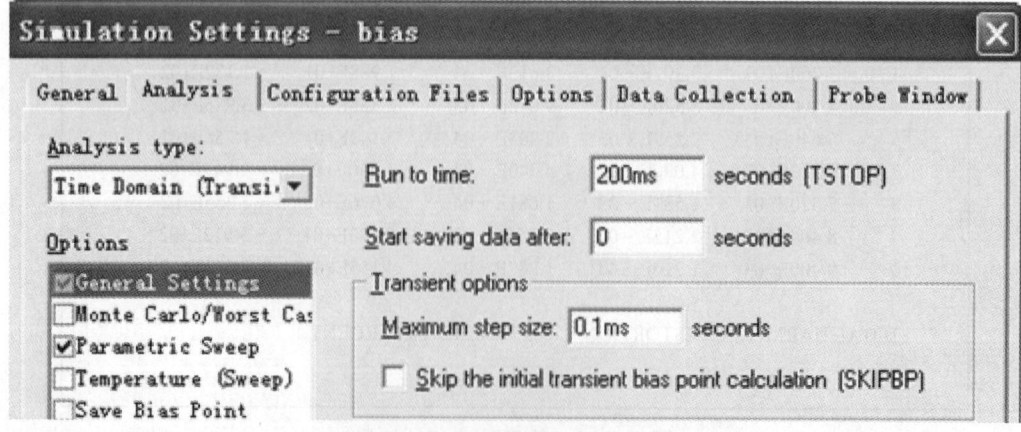

图 6.2.38 瞬态分析的参数设置

第 6 章　PSpice 综合应用及举例

图 6.2.39　R 参数扫描分析设置对话框

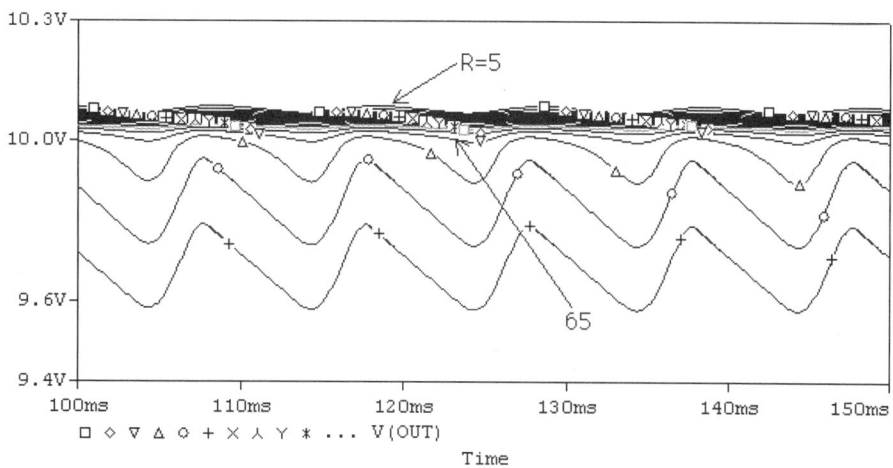

图 6.2.40　不同电阻时的电路输出电压

图 6.2.41　C 参数扫描设置对话框

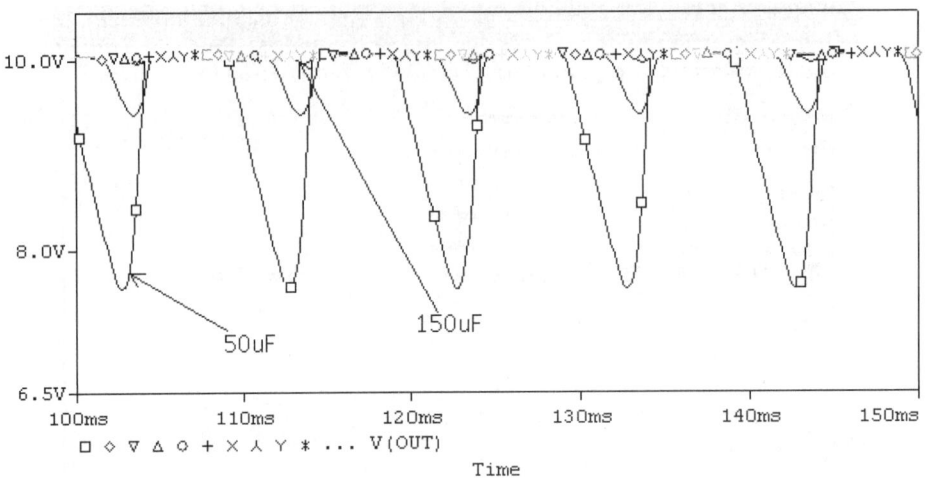

图 6.2.42 不同电容下的电路输出电压

6.3 PSpice 在高频电子线路中的应用

例 6.3.1 图 6.3.1 所示为单调谐放大电路。求：

（1）对放大器进行工作点分析；

（2）仿真出放大器增益的幅频特性及相频特性曲线、放大器在谐振点的增益、中心频率和带宽；

（3）分析谐振电容和电感对幅频特性的影响；

（4）分析谐振电阻对通频带的影响。

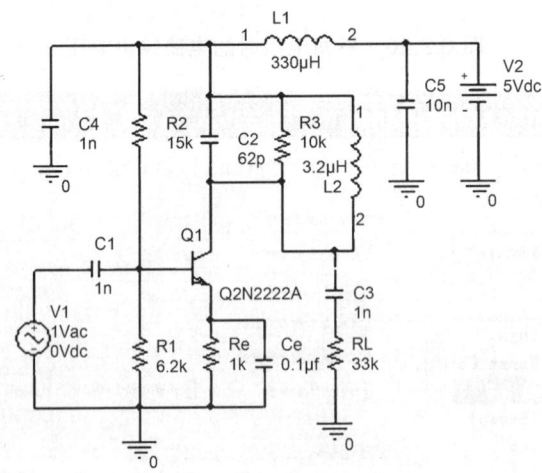

图 6.3.1 谐振放大器

要点分析：

（1）工作点分析（Bias Point Detail）：设置分析类型为 Bias Point，如图 6.3.2 所示。

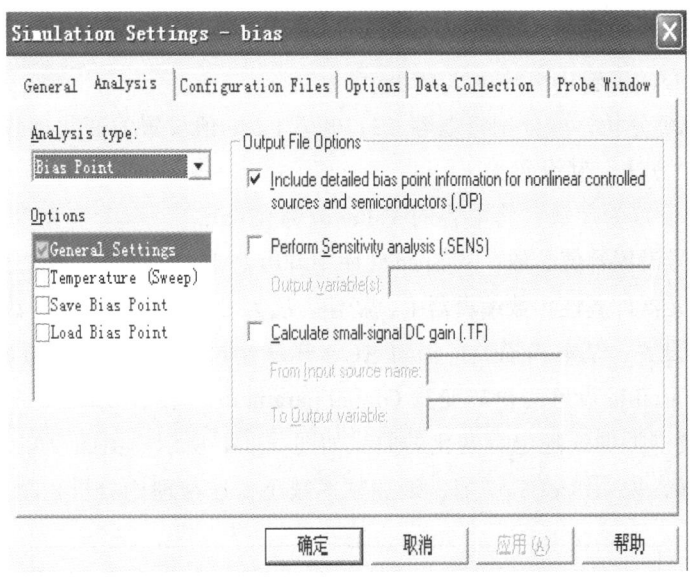

图 6.3.2　工作点分析仿真参数的设置

在输出文件（output file）中查得工作点的运行结果为：

IB	1.14E − 05
IC	7.63E − 04
VBE	6.38E − 01
VBC	− 3.59E + 00
VCE	4.23E + 00

（2）频率响应分析：在放大电路原理图中，作（AC Sweep）分析。设置参数，起始值为 1MEG，终值为 100MEG，采样点数为 100，可得增益的幅频特性及相频特性曲线如图 6.3.3 所示。

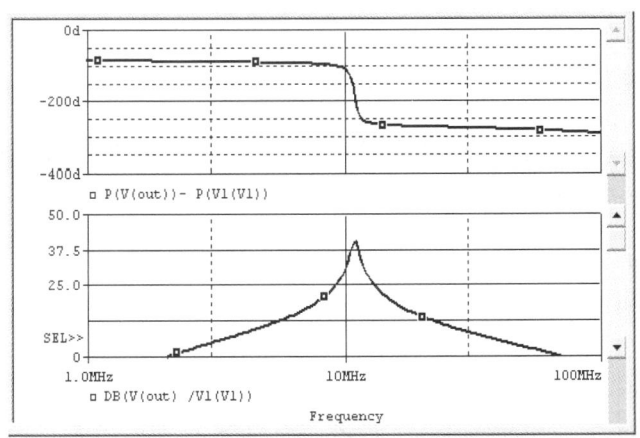

图 6.3.3　增益的幅频特性及相频特性曲线

调用特征函数 max(db(v(out)/v(v1: +)))、Centerfreq(db(v(out)/v(v1: +))，1)和 Bandwidth (db(v(out)/v(v1: +))，3)，仿真结果增益 Gain = 40.853、中心频率 F_c = 10.706 MHz、通频带 BW = 620172 Hz。

由图 6.3.3 可知,当频率为 10.706 MHz 时,其输出值最大,电路处于谐振状态,而偏离(增大或减小)中心频率输出电压大大减小。

(3)先进行 AC 分析,再分别将电容 C2、电感 L2 的值设置为变化参数,进行参数扫描。采用参数扫描方法,其设置如下:

① 把电容 C 设置为参数:将电容的 Value 改为{Cval}。

② 用参数符号设置容值参数:从 Special 库中调出 PARAM 符号,放置于电路图的空白处,双击 PARAM,在元器件属性参数编辑器中,新建一项为 Cval,即为电容参数名,其值为 62p。

③ 参数扫描设置:基本扫描类型仍为 AC,其设置同上,再选择设置 Parametric Sweep,扫描变量 Sweep variable 设置为全局变量 Global parameter,参数 parameter 设置为 Cval。

根据以上设置谐振曲线随电容变化的曲线如图 6.3.4 所示。由图可知,当电容容量增加时,曲线整体左移,说明电容 C 增加,谐振频率减小,这与理论分析相吻合。

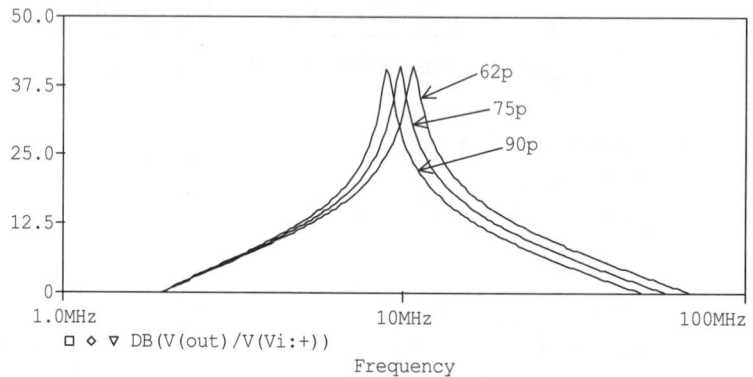

图 6.3.4　谐振曲线随电容变化的曲线

电感对幅频特性的影响,其操作方法同上。

(4)分析负载电阻对通频带的影响:其他参数不变,把 R3 设置为变化值,按步骤(3)的方法,分析电阻对通频带、品质因素的影响。

根据 $BW = \dfrac{f_0}{Q_L}$,$Q_L = \dfrac{1}{R}\sqrt{\dfrac{L}{C}}$,要使通频带变宽,$Q$ 值将减小(选择性差),则谐振电阻增大。当其他参数不变时,改变谐振电阻 R3,同样采用参数扫描的方法,可得如图 6.3.5 所示的曲线。

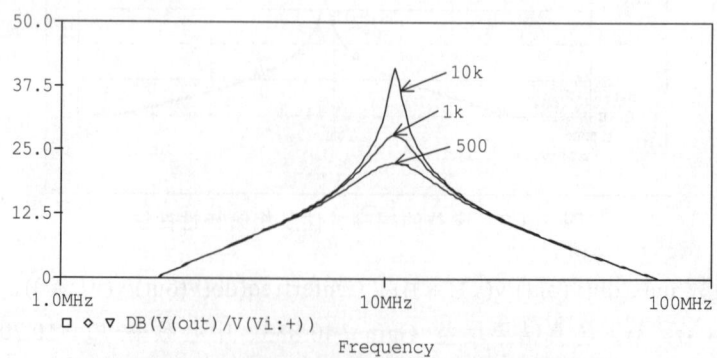

图 6.3.5　谐振电阻与通频带的关系曲线

由图 6.3.5 可知，当电阻变小时曲线变得较平坦，增益减小，选择性变差，但通频带变宽。

例 6.3.2 图 6.3.6 所示为二极管包络检波，注：由于 PSpice 元件库中没有 AM 模型，根据 AM 的表达式可用 3 个正弦信号叠加，即 $u_{am}(t) = u_c \cos\omega_c t + \frac{m}{2} u_c \cos(\omega_c + \Omega)t + \frac{m}{2} u_c \cos(\omega_c - \Omega)t$。其中，载波频率为 465 kHz，调制信号频率 Ω 为 1 kHz，峰-峰值为 1，调制系数为 0.4，因此图中的 V1 为 $u_c \cos(\omega_c - \Omega)t$，V2 为 $u_c \cos\omega_c t$，V3 为 $u_c \cos(\omega_c + \Omega)t$。

（1）观察检波器的输入和输出波形；
（2）观察检波器输入和输出信号频谱；
（3）观察对角切割失真；
（4）观察负峰切割失真。

要点分析：

（1）在检波电路原理图中，对电路进行瞬态（Time Domain）分析。参数设置如图 6.3.7 所示，输入输出波形如图 6.3.8 所示。

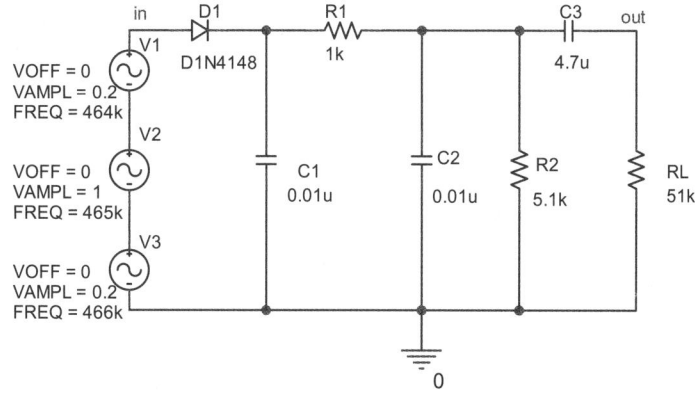

图 6.3.6 仿真电路图

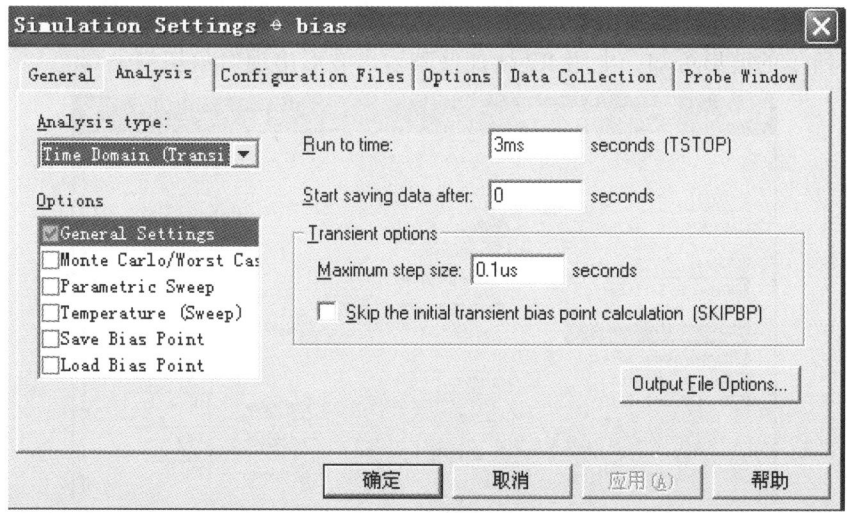

图 6.3.7 参数设置

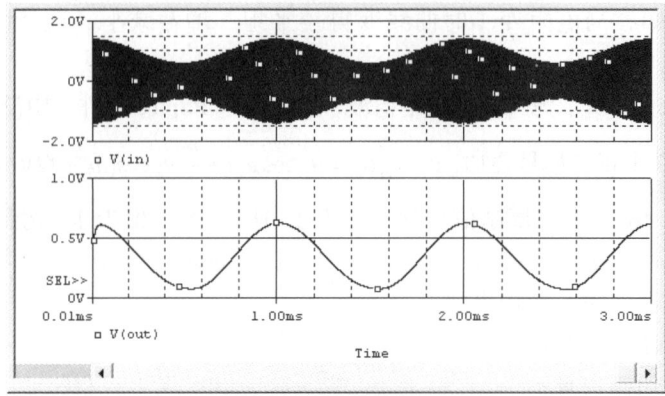

图 6.3.8 输入和输出波形

（2）进行瞬态分析以后，在仿真结果中选择 Trace/Fourier，得到输入输出信号频谱，如图 6.3.9 所示。

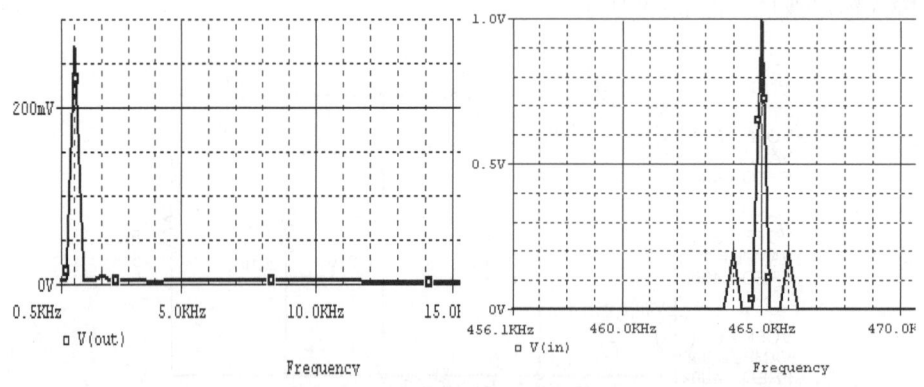

图 6.3.9 输入输出信号的频谱

由输入输出频谱可知与理论的频谱是一致的，即载频为 465 k，调制频率为 1 k。

（3）观察对角切割失真。在进行基本分析的条件下改变直流负载电阻 R2 进行参数扫描分析，基本参数设置如图 6.3.7 所示，参数设置如图 6.3.10 所示。输出波形如图 6.3.11 所示。由图 6.3.11 所示的波形可知，电阻 R2 增加使其输出波形出现对角切割失真。

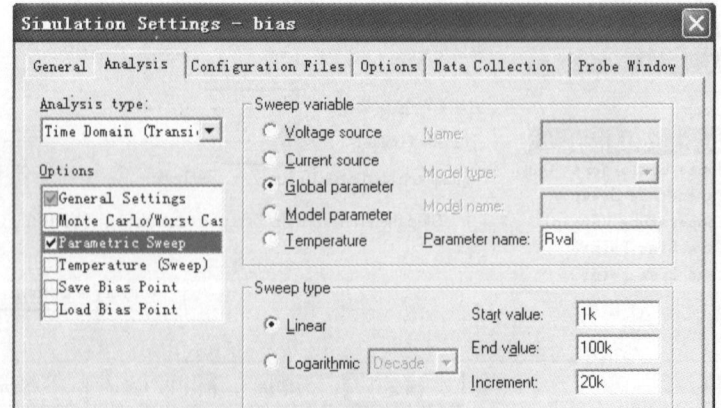

图 6.3.10 参数扫描的参数设置

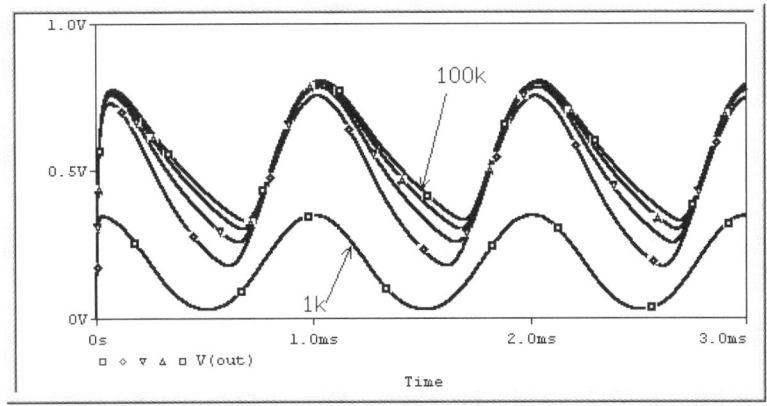

图 6.3.11 对角切割失真输出波形

（4）观察负峰切割失真。用同样的方法改变交直流负载电阻 RL 进行参数扫描分析，其参数扫描设置如图 6.3.12 所示，输出的波形如图 6.3.13 所示。由图可知电阻 RL 的值变小时负峰切割失真越明显。

图 6.3.12 RL 参数扫描设置

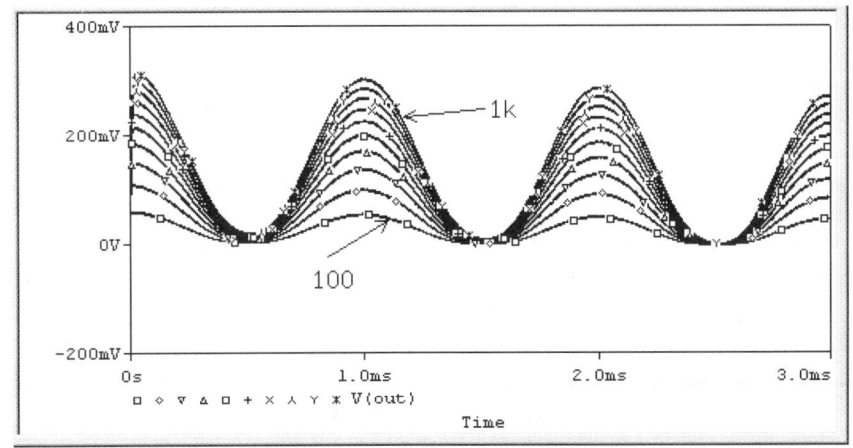

图 6.3.13 负峰切割失真输出波形

例 6.3.3 图 6.3.14 所示为考毕兹振荡器。仿真出电路的振荡波形，分析振荡频率。

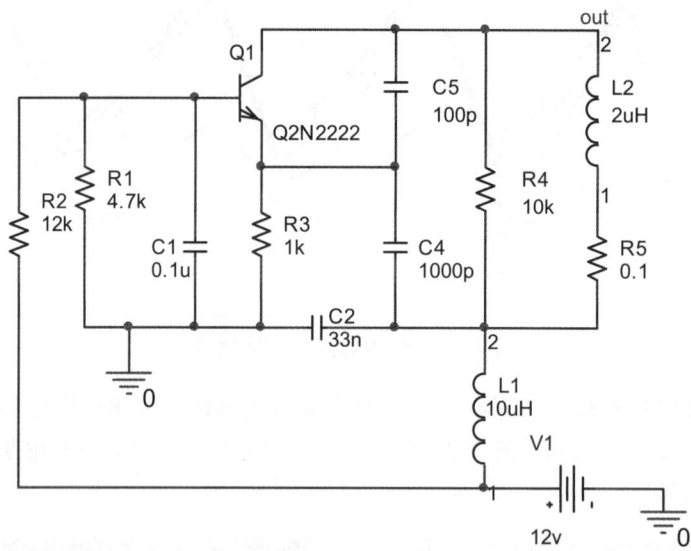

图 6.3.14 考毕兹振荡电路

要点分析：

仿真出电路的振荡波形：进行瞬态分析，其参数设置如图 6.3.15 所示，仿真的波形如图 6.3.16 所示。测量其周期为 86.494 55 ns，频率为 11.56 MHz。根据理论公式 $f_0 = \dfrac{1}{2\pi\sqrt{LC_\Sigma}}$，$C_\Sigma = \dfrac{C_4 C_5}{C_4 + C_5}$ 计算的频率为 11.8 MHz。

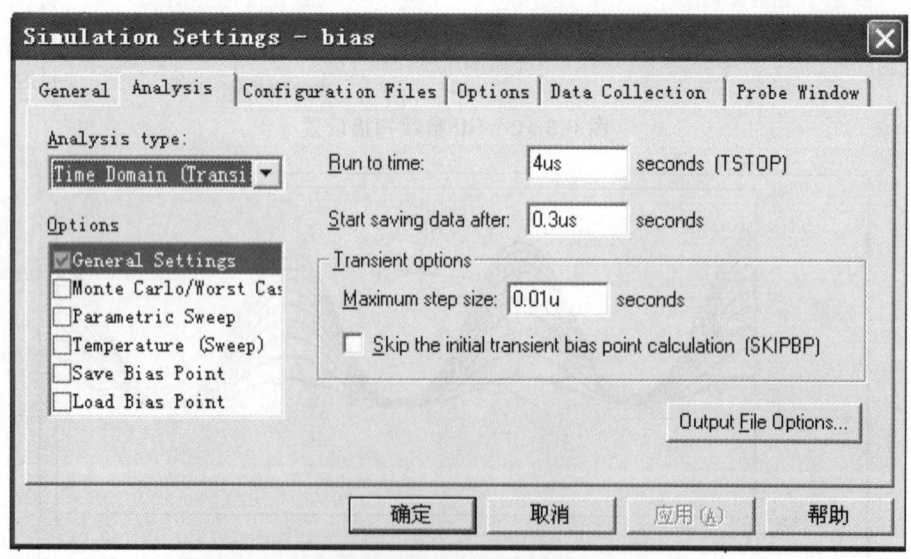

图 6.3.15 参数设置

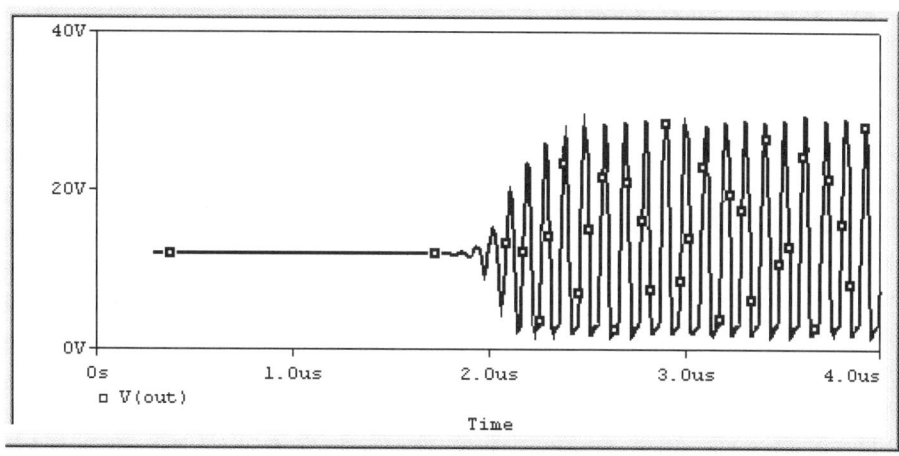

图 6.3.16 振荡波形

例 6.3.4 图 6.3.17 所示为高频谐振功率放大器。求：

（1）输入电压 Vi 的峰-峰值为 1.1 V 时，观察高频谐振功率放大器工作在欠压状态时集电极电流仿真波形、频谱、功率放大器负载上的电压仿真波形及输出电压频谱；

（2）输入信号 Vi 的峰值电压增大，使高频功率放大器工作在过压状态，重新观察集电极电流；

（3）改变 RL 即负载，观察负载特性。

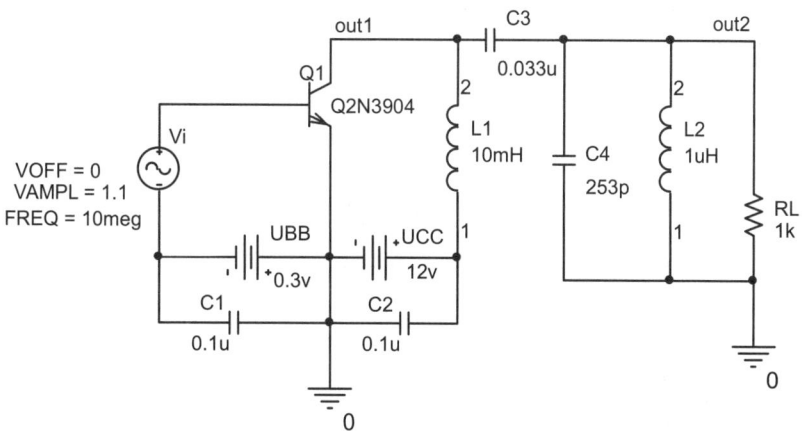

图 6.3.17 高频谐振功率放大电路

要点分析：

（1）观察高频谐振功率放大器工作在欠压状态时集电极电流仿真波形，仿真类型为瞬态分析，参数设置如图 6.3.18 所示，仿真的波形如图 6.3.19 所示，集电极电流频谱图如图 6.3.20 所示。

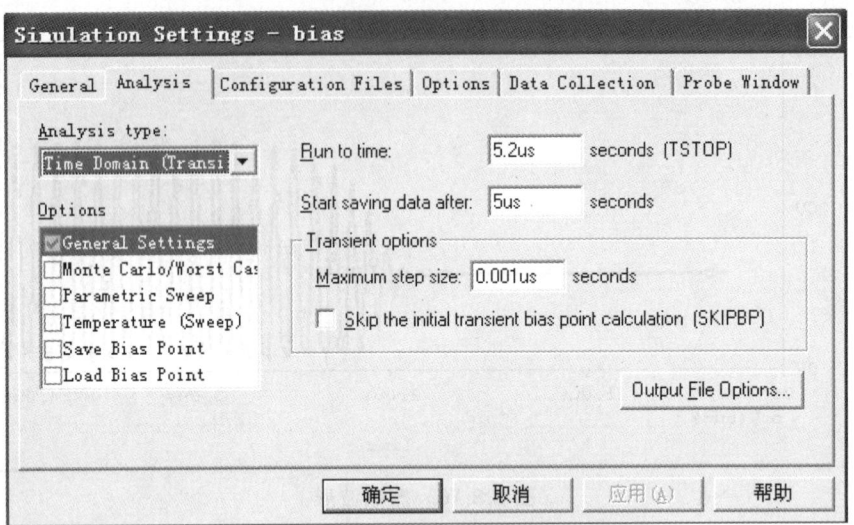

图 6.3.18　参数设置

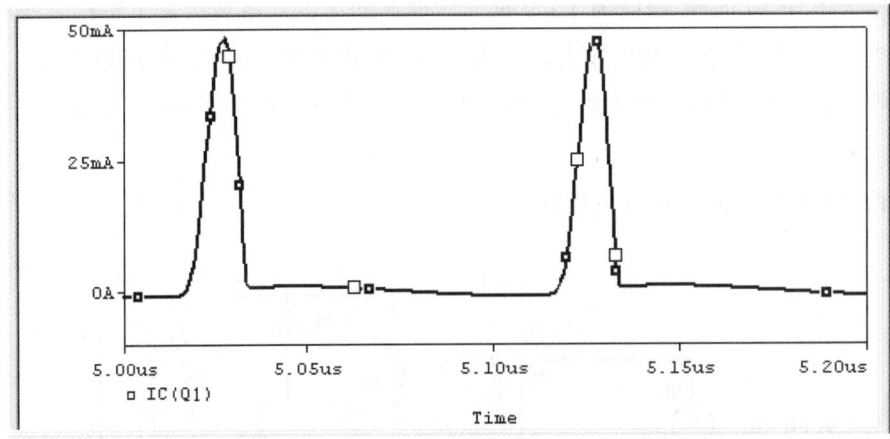

图 6.3.19　集电极电流余弦脉冲

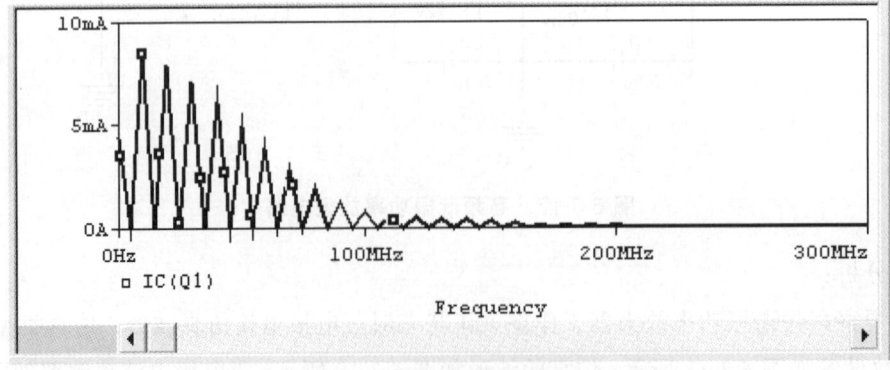

图 6.3.20　集电极电流频谱

功率放大器负载上的电压仿真波形如图 6.3.21 所示，负载上的电压频谱如图 6.3.22 所示。

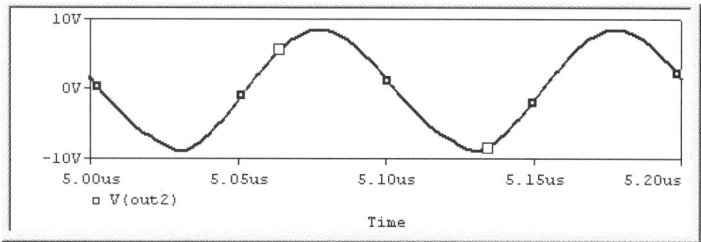

图 6.3.21　功率放大器负载电压波形

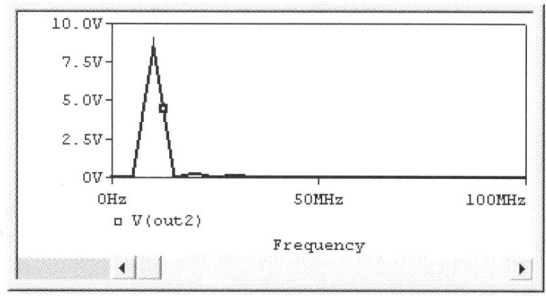

图 6.3.22　负载上的电压频谱

（2）输入信号 U1 的峰值电压增加为 1.12 V 时，高频功率放大器工作在过压状态，集电极电流波形如图 6.3.23 所示，为中间凹陷的余弦脉冲。

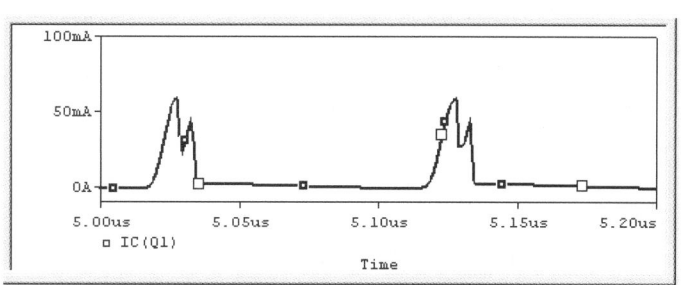

图 6.3.23　集电极电流波形

（3）当电阻 RL 分别取 10 Ω、1 k、1.5 k、2 k 时，其负载特性如图 6.3.24 所示。由图可知随着负载电阻的增加，放大器由欠压状态向过压状态过渡。

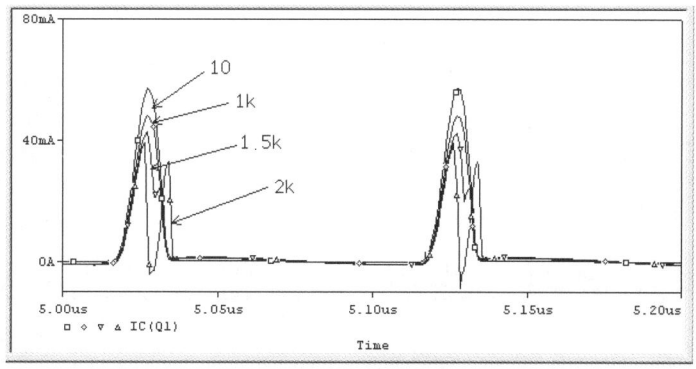

图 6.3.24　负载特性

6.4 PSpice 在数字电子技术中的应用

例 6.4.1 图 6.4.1 所示为一组合逻辑电路,输入信号 A、B、C 的频率分别为 2 kHz、1 kHz 和 500 Hz,仿真出 A、B、C、CA、S 处的波形,并根据相应的波形说明此电路的功能。

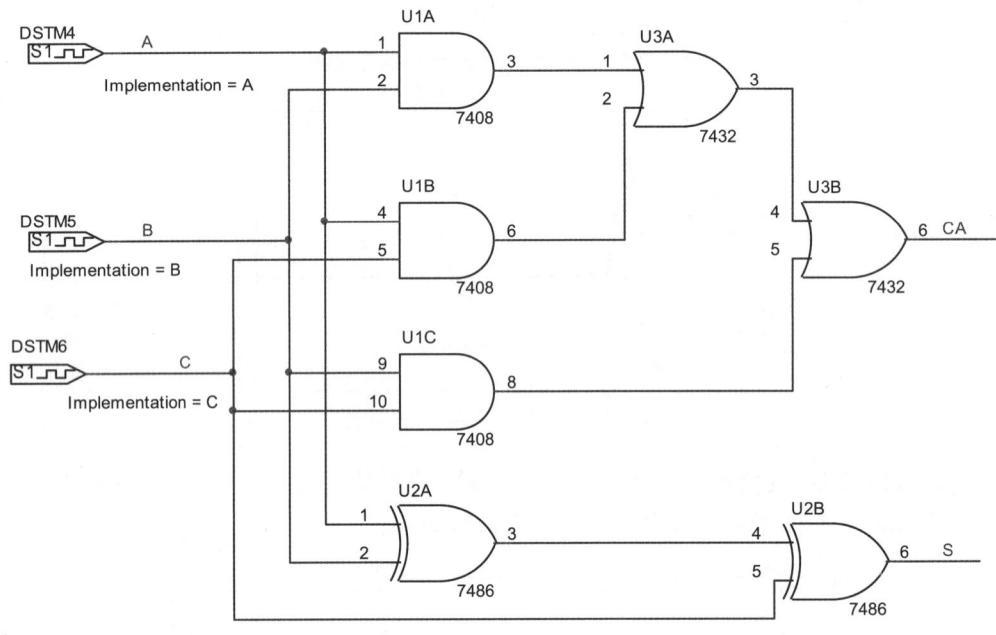

图 6.4.1 仿真电路

要点分析:

(1)调用 StmEd 模块,以人机交互的方式设置信号:在 Capture 窗口中执行"Edit/PSpice Stimulus"子命令,便可打开 StmEd 窗口和"New Stimulus"设置框。如图 6.4.2 所示为时钟信号参数设置框的设置结果,输入信号 A、B、C 的频率分别为 2 kHz、1 kHz 和 500 Hz,其信号波形设置窗口如图 6.4.3 所示。

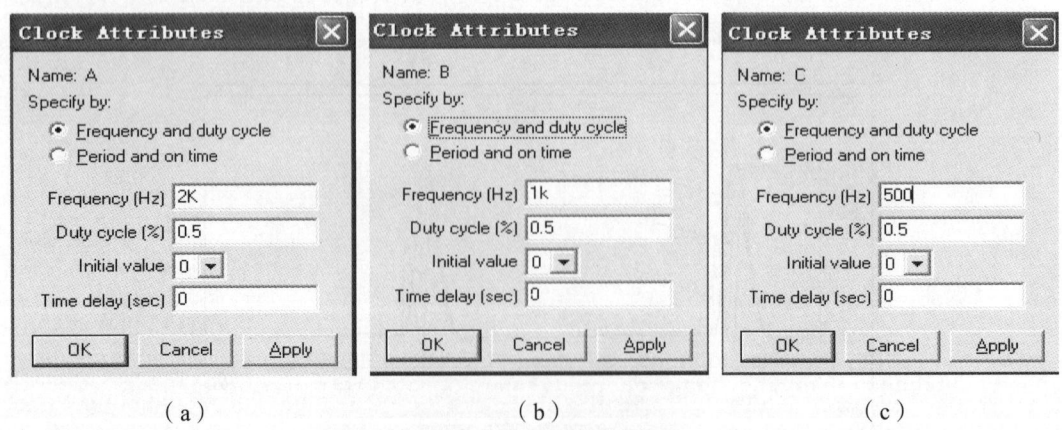

(a) (b) (c)

图 6.4.2 时钟信号参数设置框

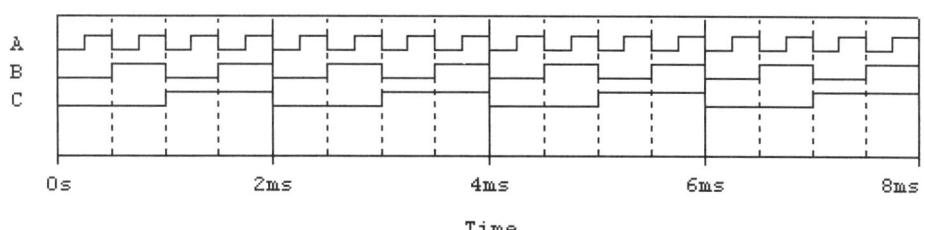

图 6.4.3　信号波形设置窗口

（2）设置电路分析仿真类型的参数：仿真类型为瞬态分析，参数设置如图 6.4.4 所示。

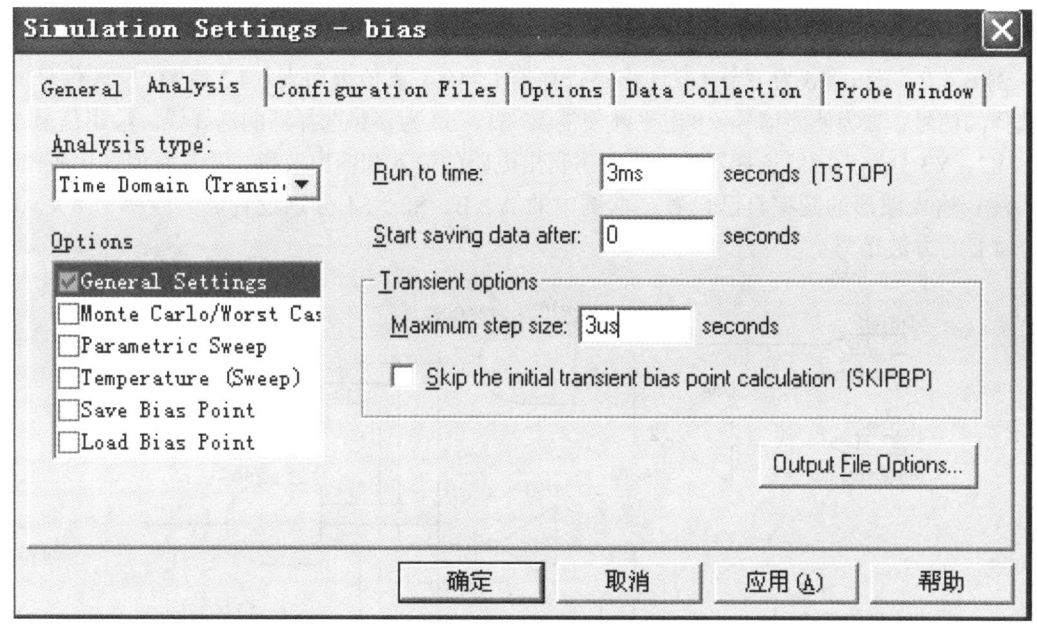

图 6.4.4　参数设置

（3）仿真结果分析：如图 6.4.5 所示为电路仿真波形，由此可得到图 6.4.1 所示电路的真值表（见表 6.4.1），分析该表可知电路为一位全加器。

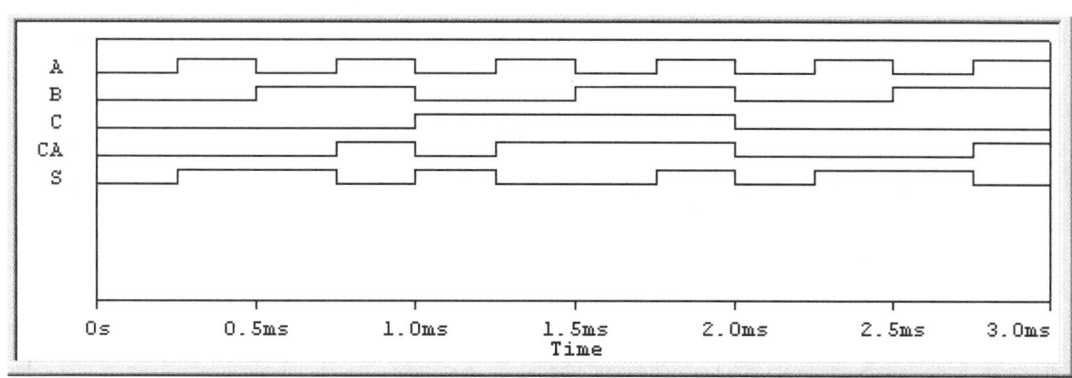

图 6.4.5　仿真输入输出波形

表 6.4.1 真值表

A	B	C	CA	S
0	0	0	0	0
0	0	1	0	1
0	1	0	0	1
0	1	1	1	0
1	0	0	0	1
1	0	1	1	0
1	1	0	1	0
1	1	1	1	1

例 6.4.2 图 6.4.6 为一个 4 选 1 多路选择器电路，其真值表如表 6.4.2 所示。输入信号 A 为要选择的信号，E 为使能信号（0 电平才使能），S1、S2 为多路选择器的选择线。输出信号 Y0、Y1、Y2、Y3 分别为四线选择器的输出，仿真出电路的输入和输出波形，并与真值表比较验证。

注：输入波形的频率自己设置，本例中的 A、E、S2、S1 分别设置成为频率为 8 k、1 k、2 k、4 k 的方波信号。

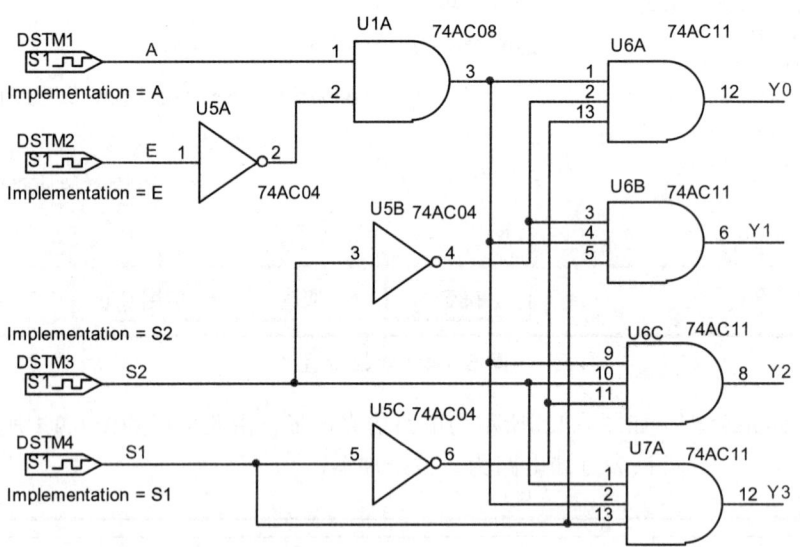

图 6.4.6 仿真电路图

表 6.4.2 真值表

E	S2	S1	Y0	Y1	Y2	Y3
1	X	X	0	0	0	0
0	0	0	A	0	0	0
0	0	1	0	A	0	0
0	1	0	0	0	A	0
0	1	1	0	0	0	A

要点分析：

（1）调用 StmEd 模块，以人机交互的方式设置信号：同样在 Capture 窗口中执行 "Edit/PSpice Stimulus" 子命令，便可打开 StmEd 窗口和 "New Stimulus" 设置框。将输入的 E、S2、S1、A 分别设置成为 1 k、2 k、4 k、8 k。

（2）设置电路分析仿真类型的参数：仿真类型为瞬态分析，参数设置如图 6.4.7 所示。

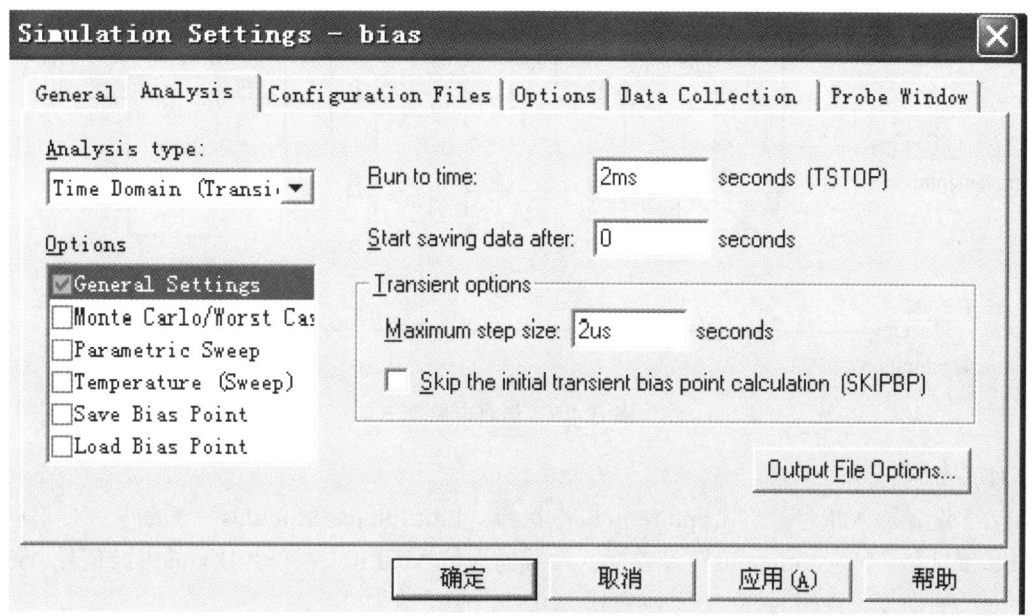

图 6.4.7　仿真参数设置

（3）仿真结果分析：电路的输入输出波形如图 6.4.8 所示，由图可以看出与表 6.4.2 所示的真值表是相符合的，即当 E 使能时，S2S1 为 00 时 Y0 输出 A，S2S1 为 01 时 Y1 输出 A，S2S1 为 10 时 Y2 输出 A，S2S1 为 11 时 Y3 输出 A。

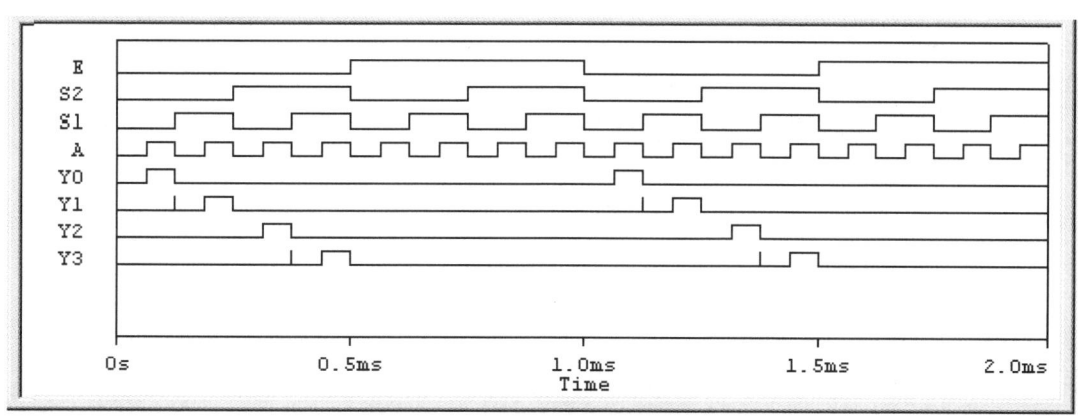

图 6.4.8　电路的输入输出波形

例 6.4.3　图 6.4.9 所示为 3 位异步计数器电路。高电平信号固定接 HI（在 place power 中选择$D_HI），/CLK 为脉冲信号（下降沿触发），/CLR 为清除信号（低电平有效），输出计数值为 D2、D1、D0，其中 D2 为高位，仿真出电路的输入/CLK、/CLR 波形及电路的 D2、D1、D0 输出波形，并和计数器的工作原理进行比较及验证。

注：/CLK、/CLR 的波形由自己设置，本例的/CLK（频率为 1 k 的方波信号，起始值为 0）、/CLR（频率为 90 Hz，占空比为 0.95，起始值为 0）。

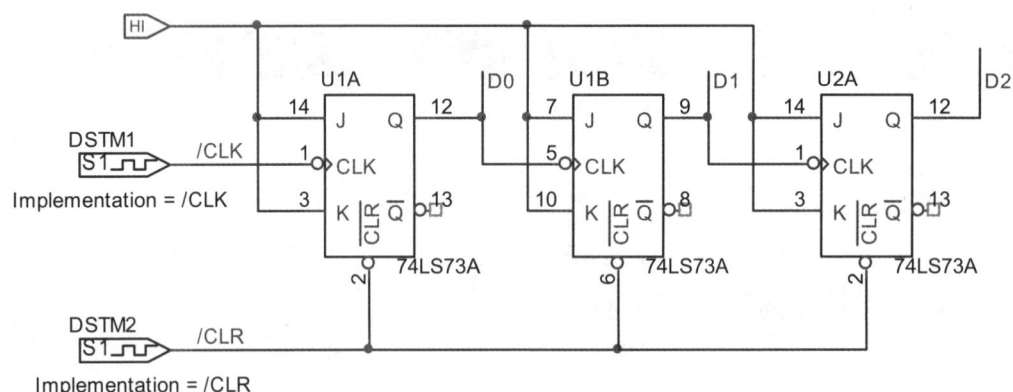

图 6.4.9　仿真电路图

要点分析：

（1）设置输入信号：在 Capture 窗口中执行"Edit/PSpice Stimulus"子命令，便可打开 StmEd 窗口和"New Stimulus"设置框。设置输入信号/CLK（频率为 1 k 的方波信号，起始值为 0）和/CLR（频率为 90 Hz，占空比为 0.95，起始值为 0）。

（2）设置电路分析仿真类型的参数：仿真类型为瞬态分析，参数设置如图 6.4.10 所示。

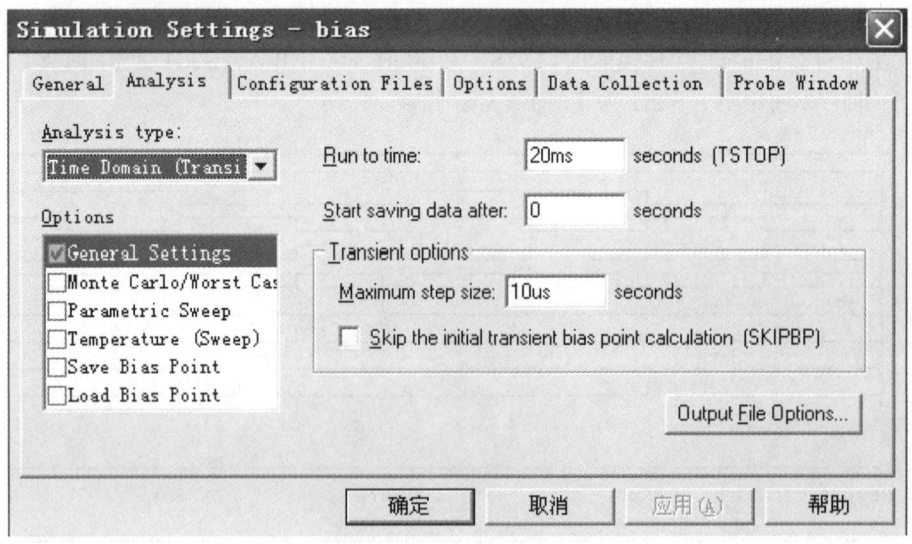

图 6.4.10　仿真参数设置

（3）仿真结果分析：电路的输入输出波形如图 6.4.11 所示，由图可以看出，当清零信号/CLR 无效时，触发信号/CLK 的下降沿到来时三位计数器进行正常计数；当/CLR 为低电平，无论/CLK 处于何种状态电路输出都为零，这与理论分析是一致的。

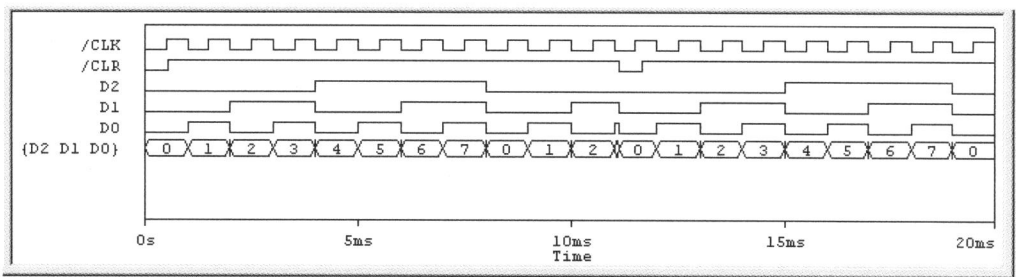

图 6.4.11 电路的输入输出波形

例 6.4.4 图 6.4.12 所示为数/模混合电路，仿真出电路的输入输出波形。

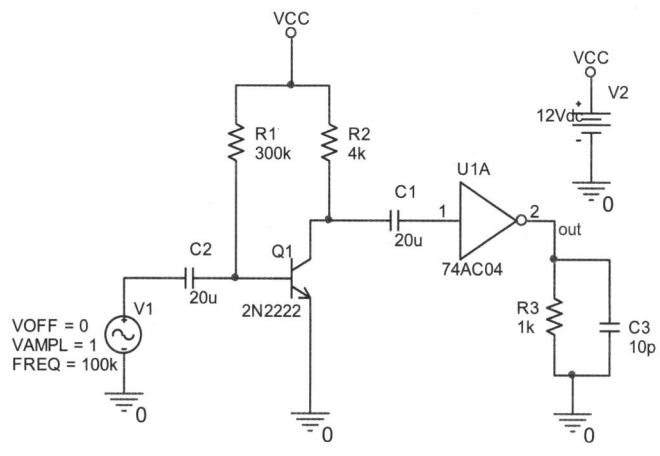

图 6.4.12 数/模混合电路

要点分析：

（1）设置电路分析仿真类型的参数：仿真类型为瞬态分析，根据输入信号其参数设置如图 6.4.13 所示。

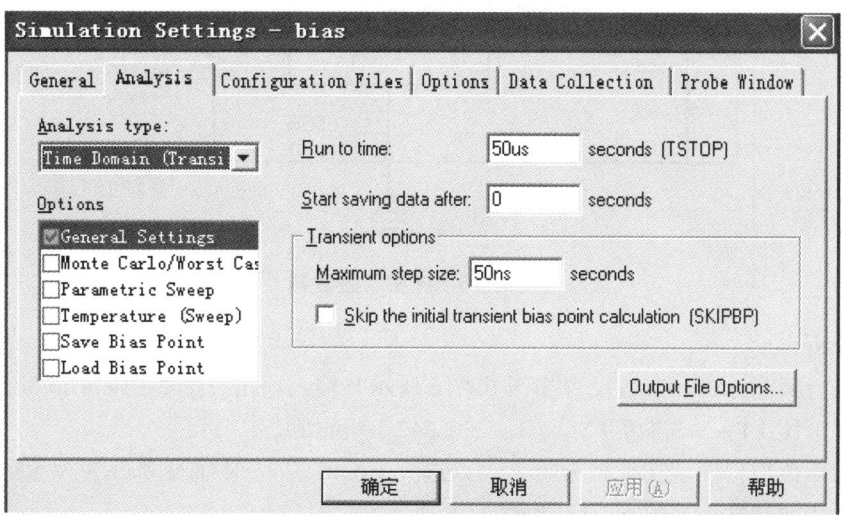

图 6.4.13 仿真参数设置

（2）仿真结果分析：电路的输入输出波形如图 6.4.14 所示。

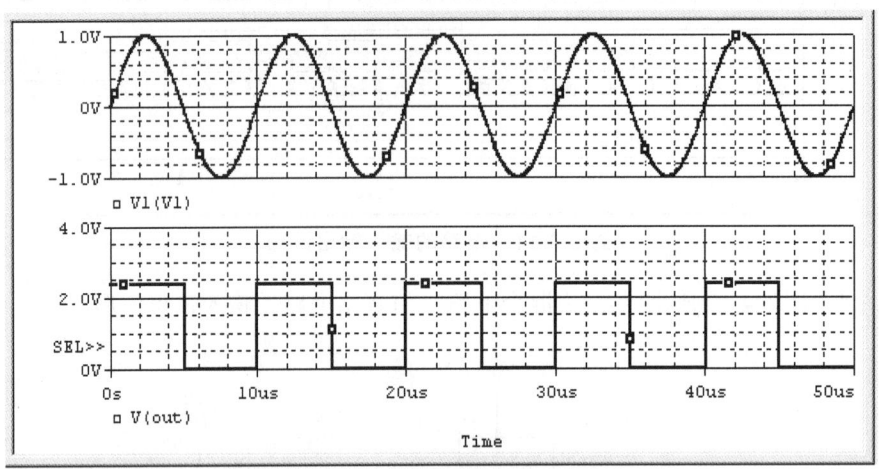

图 6.4.14　电路的输入输出波形

例 6.4.5　图 6.4.15 所示为 555 定时器组成的施密特触发器。输入信号选分段线性源，设置参数为 T1 = 0 s、V1 = 0 V；T2 = 1 s、V2 = 5 V；T3 = 2 s、V3 = 0 V 的三角波信号。

（1）仿真出电路的输入输出波形，并启动标尺测出阈值电压 V_{T+} 和 V_{T-} 的值；

（2）电压传输特性；

（3）输入正弦信号（振幅 = 5 V，频率 = 1 kHz），观看输出波形。

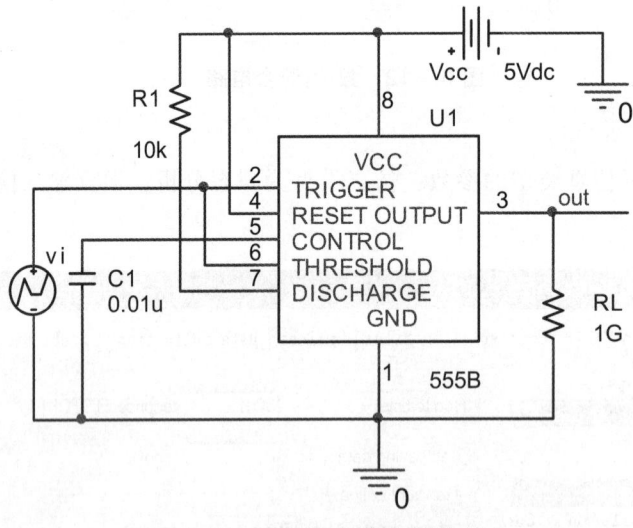

图 6.4.15　施密特触发器

要点分析：

（1）进行瞬态分析，参数设置如图 6.4.16 所示，输入输出波形如图 6.4.17 所示。启动标尺测出阈值电压 V_{T+} = 3.319 9 V，V_{T-} = 1.642 3 V 的值。

（2）电压传输特性。在瞬态分析后，点选 V（out）并将 X 轴变量改为 V（Vi：+），即可得到电压传输特性，如图 6.4.18 所示。

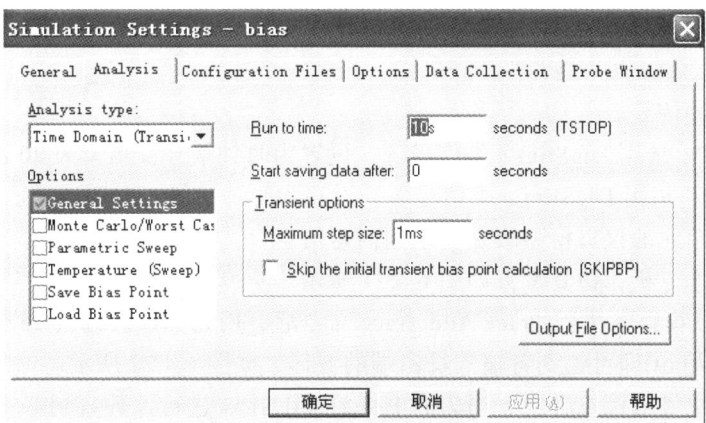

图 6.4.16　仿真参数

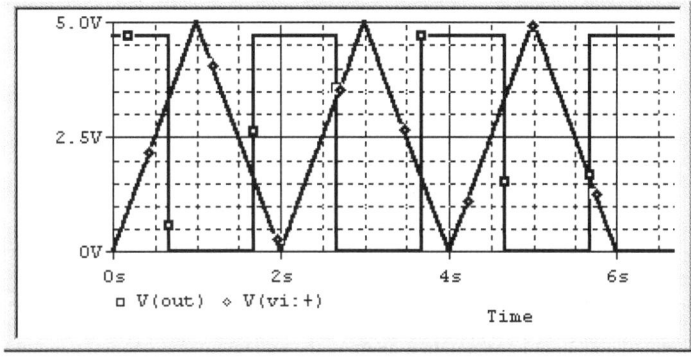

图 6.4.17　输入输出波形

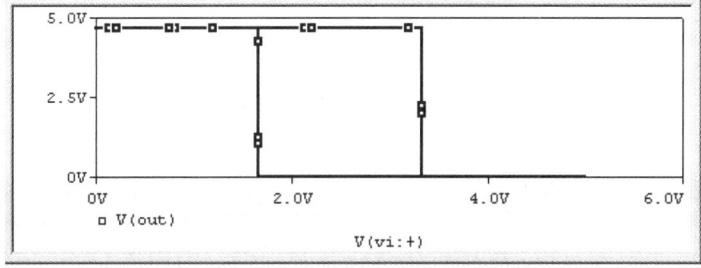

图 6.4.18　电压传输特性

（3）输入正弦信号（振幅 = 5 V，频率 = 1 kHz），输出波形如图 6.4.19 所示。

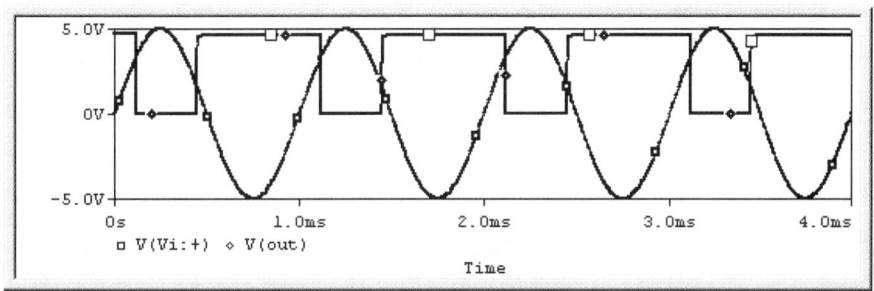

图 6.4.19　输入输出波形

例 6.4.6 计数器与 A/D 转换器组成的阶梯波发生器如图 6.4.20 所示，分析各点波形。

要点分析：

（1）设置脉冲信号。

时钟脉冲 CP：选用 DigStim n 类信号源，设置为时钟信号：频率为 20 k，占空比为 0.5。

清零脉冲 Cr：选用 DigStim n 类信号源。设置为时钟信号：频率为 1 k，占空比为 0.8。

（2）各逻辑单元的接口模型级别均采用内定值。

（3）进行瞬态分析，仿真参数如图 6.4.21 所示。

（4）在 Probe 窗口下执行 Trace/Add Trace 命令后，用光标依次输入 cp cr {U1:QD U1:QC U1:QB U1:QA} V(out)即可得到各输入输出端的波形，如图 6.4.22 所示。

由各输入输出波形可以看出，当为高电平时 74LS161 进行计数直到 F，又从 0 开始重新计数，输出阶梯波。当清零脉冲 Cr 为低电平时对电路立即进行清零。

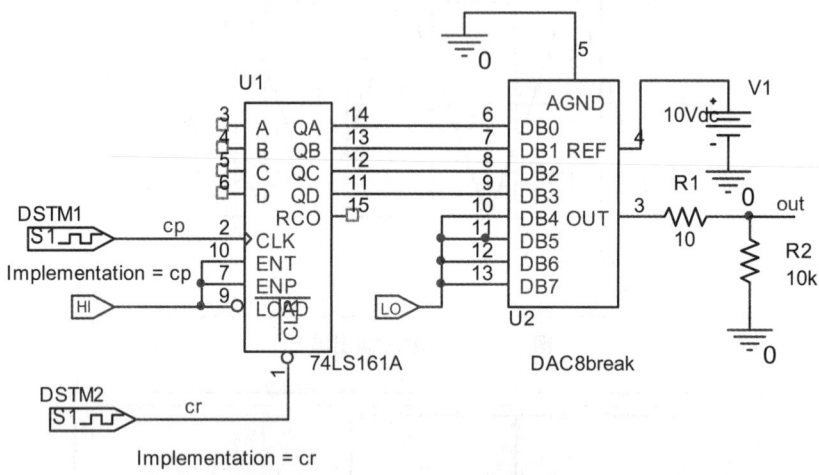

图 6.4.20 阶梯波发生器电路图

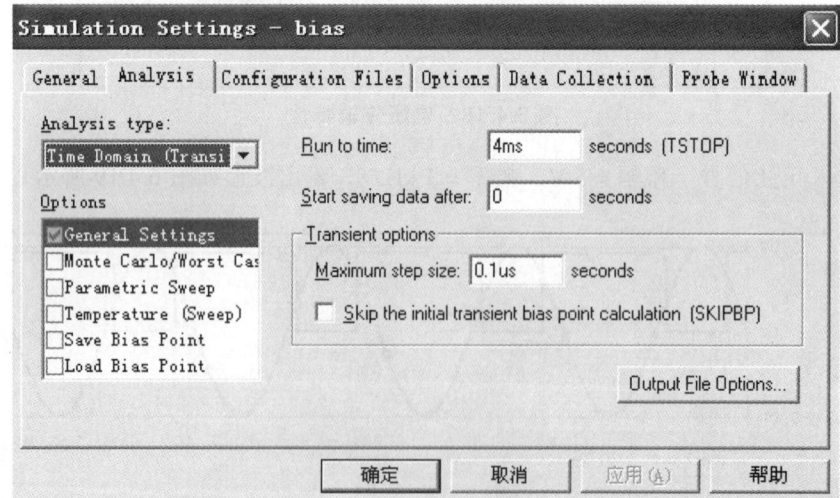

图 6.4.21 仿真参数

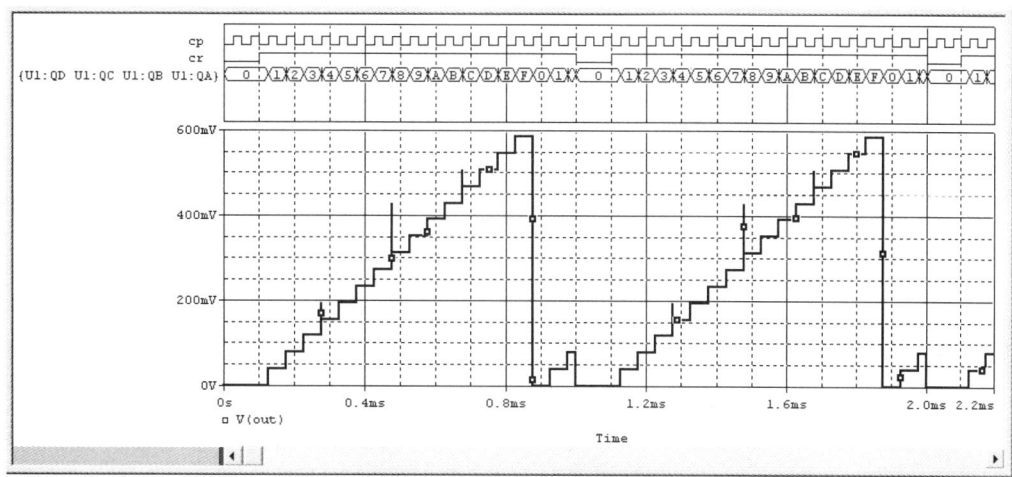

图 6.4.22 各输入输出端的波形

附录 A 三极管的 PSpice 模型参数

表 A.1

模型参数	含 义	单位	默认值	备 注
AF	flicker noise exponent		1.0	噪声指数
BF	ideal maximum forward beta		100.0	最大正向放大倍数
BR	ideal maximum reverse beta		1.0	最大反向放大倍数
CJC	base-collector zero-bias p-n capacitance	farad	0.0	集电结电容
CJE	base-emitter zero-bias p-n capacitance	farad	0.0	发射结电容
CJS（CCS）	Substrate zero-bias p-n capacitance	farad	0.0	
EG	bandgap voltage（barrier height）	eV	1.11	
FC	forward-bias depletion capacitor coefficient		0.5	
GAMMA	epitaxial region doping factor		$1E-11$	
IKF（IK）	corner for forward-beta high-current roll-off	amp	infinite	
IKR	corner for reverse-beta high-current roll-off	amp	infinite	
IRB	current at which Rb falls halfway to	amp	infinite	
IS	transport saturation current	amp	$1E-16$	饱和电流
ISC（C4）	base-collector leakage saturation current	amp	0.0	集电结漏电流
ISE（C2）	base-emitter leakage saturation current	amp	0.0	发射结漏电流
ISS	substrate p-n saturation current	amp	0.0	
ITF	transit time dependency on Ic	amp	0.0	
KF	flicker noise coefficient		0.0	噪声系数
MJC（MC）	base-collector p-n grading factor		0.33	
MJE（ME）	base-emitter p-n grading factor		0.33	
MJS（MS）	substrate p-n grading factor		0.0	
NC	base-collector leakage emission coefficient		2.0	集电结漏电系数
NE	base-emitter leakage emission coefficient		1.5	发射结漏电系数
NF	forward current emission coefficient		1.0	正向电流系数
NK	high-current roll-off coefficient		0.5	

续表 A.1

模型参数	含 义	单位	默认值	备 注
NR	reverse current emission coefficient		1.0	
NS	substrate p-n emission coefficient		1.0	
PTF	excess phase @ 1/(2 TF) Hz	degree	0.0	
QCO	epitaxial region charge factor	coulomb	0.0	
RB	zero-bias (maximum) base resistance	ohm	0.0	最大基极电阻
RBM	minimum base resistance	ohm	RB	最小基极电阻
RC	collector ohmic resistance	ohm	0.0	
RCO	epitaxial region resistance	ohm	0.0	
RE	emitter ohmic resistance	ohm	0.0	
TF	ideal forward transit time	sec	0.0	正向传递时间
TR	ideal reverse transit time	sec	0.0	反向传递时间
TRB1	RB temperature coefficient (linear)	$°C^{-1}$	0.0	RB的温度系数
TRB2	RB temperature coefficient (quadratic)	$°C^{-2}$	0.0	
TRC1	RC temperature coefficient (linear)	$°C^{-1}$	0.0	
TRC2	RC temperature coefficient (quadratic)	$°C^{-2}$	0.0	
TRE1	RE temperature coefficient (linear)	$°C^{-1}$	0.0	
TRE2	RE temperature coefficient (quadratic)	$°C^{-2}$	0.0	
TRM1	RBM temperature coefficient (linear)	$°C^{-1}$	0.0	
TRM2	RBM temperature coefficient (quadratic)	$°C^{-2}$	0.0	
T_ABS	absolute temperature	°C		
T_MEASURED	measured temperature	°C		
T_REL_GLOBAL	relative to current temperature	°C		
T_REL_LOCAL	relative to AKO model temperature	°C		
VAF (VA)	forward Early voltage	volt	infinite	
VAR (VB)	reverse Early voltage	volt	infinite	
VJC (PC)	base-collector built-in potential	volt	0.75	
VJE (PE)	base-emitter built-in potential	volt	0.75	
VJS (PS)	substrate p-n built-in potential	volt	0.75	
VO	carrier mobility knee voltage	volt	10.0	
VTF	transit time dependency on Vbc	volt	infinite	

续表 A.1

模型参数	含义	单位	默认值	备注
XCJC	fraction of CJC connected internally to Rb		1.0	
XCJC2	fraction of CJC connected internally to Rb		1.0	
XTB	forwardand reverse beta temperature coefficient		0.0	正向和反向放大倍数的温度影响系数
XTF	transit time bias dependence coefficient		0.0	传递时间系数
XTI（PT）	IS temperature effect exponent		3.0	IS的温度影响系数

附录 B 部分常用 PSpice A/D 菜单命令及功能

表 B.1

主菜单	菜单命令	功　能
File	New	新建仿真分析类型或新建文本文件
	Open...（Ctr+O）	打开波形文件、输出文件、电路图输入文件等文件
	Append Waveform（DAT）...	在当前激活的波形文件中添加波形文件
	Open Simulation...	打开仿真分析类型（.sim）文件或电路图输入（.cir）文件中
	Export	将仿真结果数据输出到指定类型的文件中
	Import	输入指定格式的曲线文件夹
	Log Commands...	将设置轴线和添加曲线等操作记录到指定的.cmd 文件中
	Run Commands...	运行由 Log Commands 命令记录的文件
Edit	Modify Object...	修改激活的曲线变量或文本标注
	Measurement Results	显示求值测量结果
	Circuit File	显示.cir 电路文件
	Output File	显示.out 输出文件
	Simulation Results	显示.dar 仿真波形文件
	Simulation Queue	打开 PSpice 仿真管理器
View	Output Window	显示仿真进程窗口
	Simulation Status Window	显示仿真状态窗口
	Toolbar	显示工具栏
	Status Bar	显示状态栏
	Workbook Mode	显示仿真波形窗口标签
	Alternate Display（Shift+F12）	显示切换
Simulation	Run	执行当前指定类型的仿真
	Edit Profile...	编辑修改当前的仿真分析类型与参数
	Add Trace...（Insert）	在仿真波形显示窗口中添加波形曲线
	Fourier	对显示的波形进行快速傅里叶变换（FFT）
	Performance Analysis...	进行设计性能分析
Trace	Cursor	使用标尺测量波形数据
	Macro...	宏命令

续表 B.1

主菜单	菜单命令	功　能
Trace	Measurement…	测量值函数管理
	Evaluate Measurement…	对波形进行求值测量
	Axis Setting…	设置 X 和 Y 坐标轴的范围、刻度等
	Add Y Axis（Ctrl + Y）	添加 Y 坐标轴
	Delete Y Axis（Ctrl + Shift + Y）	删除附加的 Y 坐标轴
	Add Plot to Window	在仿真波形窗口中增加一个波形显示区
	Delete Plot	删除选中的波形显示区
Plot	Unsynchronize X Axis	新增波形显示区采用单独的 X 轴刻度
	Digital Size…	与数字式信号的显示相关
	Label	为显示的信号波形添加标记字符
	AC	当前仿真波形窗口标签所对应的分析类型
	DC	
	Transient	
	Customize…	定制工具按钮、快捷键等
Tools	Option…	设置状态参数的选项
	New Window	新建仿真波形窗口
	Close	关闭当前选中的仿真波形窗口
	Close All	关闭所有的仿真波形窗口
Windows	Cascade	使仿真波形窗口层叠、水平或并列排列
	Tile Horizontally	
	Tile Vertically	
	Title…	修改仿真波形窗口的标题名称
	Display Control…	对显示的信号波形进行存储、调入、删除、恢复等处理
	Copy to Clipboard….	将窗口显示的波形复制到剪贴板上，供其他 Windows 应用程序调用
	PSpice A/D Help（F1）	PSpice A/D 帮助
	Web Resources	网络资源
	Documentation	PSpice A/D 文档

附录 C PSpice A/D 中常用的测量表达式

表 C.1

一般测量表达式	参 数	功 能
Max（1）	1：搜索轨迹名	搜寻波形的最大值
Min（1）	1：搜索轨迹名	搜寻波形的最小值
YatX（1，X_value）	1：搜索轨迹名 X_value：X 值	当 X 取某个值时求 Y 值
ZeroCross（1）	1：搜索轨迹名	计算零点值
交流分析测量表达式	参数	功能
Bandwidth（1，db_Level）	1：搜索轨迹名 db_level：下降电平	波形的带宽（需要选择 dB）
Bandwidth_Bandpass_3dB（1）	1：搜索轨迹名	波形的（3 dB）带宽
CenterFrequency（1，db_level）	1：搜索轨迹名 db_level：下降电平	计算 Y 轴最大值减去指定 dB 电平所对应的正斜坡和负斜坡的 X 值的中间点（即中心频率）
Cutoff_Highpass_3dB（1）	1：搜索轨迹名	高通滤波器的 3 dB 带宽
Cutoff_Lowpass_3dB（1）	1：搜索轨迹名	低通滤波器的 3 dB 带宽
GainMargin（1，2）	1：相位轨迹名 2：dB 增益轨迹名	在相频特性曲线中搜寻相位为 −180°所对应的 X 值，然后根据 X 值在幅频特性曲线中搜寻所对应的 dB 增益值（即增益裕度）
PhaseMargin（1，2）	1：dB 增益轨迹名 2：相位轨迹名	在幅频特性曲线中搜寻 0 dB 增益值所对应的 X 值，然后根据该 X 值在相频特性曲线中搜寻所对应的相位（即相位裕度）
瞬态分析的测量表达式	参数	功能
Risetime_NoOvershoot（1）	1：搜索轨迹名	计算无过冲阶跃响应曲线的上升时间
Risetime_StepResponse（1）	1：搜索轨迹名	计算阶跃响应曲线的上升时间
Falltime_NoOvershoot（1）	1：搜索轨迹名	计算无过冲阶跃响应波形的下降时间
Falltime_StepResponse（1	1：搜索轨迹名	阶跃响应曲线的下降时间
Pulsewidth（1）	1：搜索轨迹名	搜寻波形从上升沿的中间点的 Y 值到下降沿的该 Y 值之间的 X 值之差（即脉冲宽度）
DutyCycle（1）	1：搜索轨迹名	搜寻第一个周期或脉冲的占空比
SlewRate_Fall（1）	1：搜索轨迹名	计算波形的下降斜率
SlewRate_Rise（1）	1：搜索轨迹名	计算波形的上升斜率
Swing_Xrange（1，begin_x，end_x）	1：搜索轨迹名 begin_x：起始 X 值 end_x：终止 X 值	在指定的 X 范围内搜寻波形最大值与最小值之差

附录 D 元器件的 Smoke 参数表

表 D.1 电阻的 Smoke 参数表

Smoke 参数名	含义	元件属性参数名	Variable Table		标准降额值
			参数名	默认值	
PDM	电阻最大功耗	POWER	RMAX	0.25 W	0.55
RBA*（=1/SLPE）	温度对功耗变化率的倒数	SLOPE	RSMAX	0.005 W/°C	
RV	电压额定值	VOLTAGE	RVMAX		
TB, TMAX	电阻最高温度	MAX-TEMP	RTMAX	200 °C	1

表 D.2 电感的 Smoke 参数表

Smoke 参数名	含义	元件属性参数名	Variable Table		标准降额值
			参数名	默认值	
LI	电流额定值	CURRENT	LMAX	5 A	0.9
LV	电感特性值	DIELECTRIC	DSMAX	300 V	

表 D.3 电容的 Smoke 参数表

Smoke 参数名	含义	元件属性参数名	Variable Table 中		标准降额值
			参数名	默认值	
CI	电流最大值	CURRENT	CIMAX	1 A	
CV	电压额定值	VOLTAGE	CMAX	50 V	0.9
SLP*	温度降额变化率	SLOTE of volt temperature curve	CSMAX	0.005 V/°C	
TBRK*	截点温度	KNEE	CBMAX	125 °C	
TMAX*	最高温度	MAX_TEMP	CTMAX	125 °C	

表 D.4 电流源的 Smoke 参数表

Smoke 参数名	含义	元件属性参数名	Variable Table 中		标准降额值
			参数名	默认值	
IV	承受的最大电压	VOLTAGE	VMAX	12 V	

表 D.5　电压源的 Smoke 参数表

Smoke 参数名	含　义	元件属性参数名	Variable Table 中		标准降额值
			参数名	默认值	
VI	承受的最大电流	CURRENT	IMAX	1A	

表 D.6　双极性结型晶体管的 Smoke 参数表

Smoke 参数名	最大工作条件（含义）	标准降额值
IB	最大基极电流（A）	1
IC	最大集电极电流（A）	0.8
PDM	最大功耗	0.75
RCA	管壳到环境之间的热阻（°C/W）	
RJC	结点到管壳之间的热阻（°C/W）	
SBINT	二次击穿截止电流（A）	
SBMIN	最高温度下现实降额（二次击穿）	
SBSLP	二次击穿变化率	
SBTSLP	温度降额变化率（二次击穿）	
TJ	最高结点温度（°C）	1
VCB	集电极-基极最大电压（V）	1
VCE	集电极-发射极最大电压（V）	0.5
VEB	发射极-基极最大电压（V）	1

表 D.7　二极管的 Smoke 参数表

Smoke 参数名	最大工作条件（含义）	标准降额值
IF	最大正向电流（A）	0.8
PDM	最大功耗（W）	0.75
RCA	管壳到环境之间的热阻（C/W）	
RJC	结点到管壳之间的热阻（C/W）	
TJ	最高结点温度（C）	1
VR	最大反向电压（V）	0.5

表 D.8 IGBT 器件的 Smoke 参数表

Smoke 参数名	最大工作条件（含义）	标准降额值
IC	最大集电极电流（A）	0.8
IG	最大栅极电流（A）	1
PDM	最大功耗（W）	0.75
RCA	管壳到环境之间的热阻（°C/W）	
RJC	结点到管壳之间的热阻（°C/W）	
TJ	最高结点温度（°C）	1
VCE	集电极-发射极最大电压（V）	1
VCG	集电极-栅极最大电压（V）	1
VGEF	栅极-发射极最大正向电压（V）	1
VGER	栅极-发射极最大反向电压（V）	1

表 D.9 JFET/MESFET 场效应管的 Smoke 参数表

Smoke 参数名	最大工作条件（含义）	标准降额值
ID	最大漏极电流（A）	0.8
IG	最大正向栅极电流（A）	1
PDM	最大功耗（W）	0.75
RCA	管壳到环境之间的热阻（°C/W）	
RJC	结点到管壳之间的热阻（°C/W）	
TJ	最高结点温度（°C）	1
VDG	最大漏栅电压（V）	1
VDS	最大漏源电压（V）	1
VGS	最大栅源电压（V）	1

表 D.10 MOSFET/增强型 MOSFET 晶体管的 Smoke 参数表

Smoke 参数名	最大工作条件（含义）	标准降额值
ID	最大漏极电流（A）	0.8
IG	最大正向栅极电流（A）	1
PDM	最大功耗（W）	0.75
RCA	管壳到环境之间的热阻（°C/W）	
RJC	结点到管壳之间的热阻（°C/W）	
TJ	最高结点温度（°C）	1
VDG	最大漏栅电压（V）	1
VDS	最大漏源电压（V）	0.9
VGSF	最大正向栅源电压（V）	1
VGSR	最大负向栅源电压（V）	1

表 D.11 运算放大器的 Smoke 参数

Smoke 参数名	最大工作条件（含义）	标准降额值
IPLUS	输入电流（Non-inverting）（A）	1
IMINUS	输入电流（inverting）（A）	1
IOUT	输出电流（A）	1
VDIFF	差分输入电压（V）	1
VSMAX	电源最大电压（V）	1
VSMIN	电源最小电压（V）	1
VPMAX	最大输入电流（Non-inverting）（A）	1
VPMIN	最小输入电流（Non-inverting）（A）	1
VMMAX	最大输入电流（inverting）（A）	1
VMMIN	最小输入电流（inverting）（A）	1

参 考 文 献

[1] 贾新章，武岳山. 电子电路 CAD 技术[M]. 西安：西安电子科技大学出版社，2002.
[2] 张义和. 全能电路图设计 OrCAD Capture V9[M]. 北京：中国铁道出版社，2001.
[3] 王辅春. OrCAD 9 简明教程[M]. 北京：机械工业出版社，2002.
[4] 贾新章，武岳山. OrCAD 实用教程[M]. 西安：西安电子科技大学出版社，2003.
[5] 戚新波，刘宏飞，郑先锋，等. 电路的计算机辅助分析——MATLAB 与 PSpice 应用技术[M]. 北京：电子工业出版社，2007.
[6] 潘银松. 电子电路 CAD[M]. 重庆：重庆大学出版社，2007.
[7] 谭阳红，蒋文科，何怡刚. 基本 OrCAD 10.5 的电子电路分析与设计[M]. 北京：国防工业出版社，2007.
[8] 罗飞. 通用电路的计算机分析与设计：PSpice 应用教程[M]. 北京：中国水利水电出版社，2004.
[10] 李世琼，宗伟. 基于 PSpice 的电路计算机辅助分析[M]. 北京：中国电力出版社，2007.
[11] 邱光源. 电路 [M]. 5 版. 北京：高等教育出版社，2006.
[12] 康华光. 电子技术基础[M]. 5 版. 北京：高等教育出版社，2006.
[13] 陈大钦.电子技术基础—模拟部分(第五版)习题全解[M]. 北京:高等教育出版社,2006.
[14] 熊伟，侯传教，梁青，等.Multisim7 电路设计及仿真应用[M].北京：清华大学出版社，2005.
[15] 聂典. Multisim9 计算机仿真在电子电路设计中的应用[M]. 北京：电子工业出版社，2007.